Das schleswig-holsteinische Amt bei Erledigung
der Selbstverwaltungsangelegenheiten der amtsangehörigen Gemeinden

Verfassungs- und Verwaltungsrecht unter dem Grundgesetz

Herausgegeben von
Paul Kirchhof, Edzard Schmidt-Jortzig, Rainer Wahl

Band 7

PETER LANG
Frankfurt am Main · Bern · New York · Paris

Peter Engel

Das schleswig-holsteinische Amt bei Erledigung der Selbstverwaltungs- angelegenheiten der amtsangehörigen Gemeinden

PETER LANG
Frankfurt am Main · Bern · New York · Paris

CIP-Titelaufnahme der Deutschen Bibliothek

Engel, Peter:

Das schleswig-holsteinische Amt bei Erledigung der Selbstverwaltungsangelegenheiten der amtsangehörigen Gemeinden / Peter Engel. - Frankfurt am Main ; Bern ; New York ; Paris : Lang, 1990
  (Verfassungs- und Verwaltungsrecht unter dem Grundgesetz ; Bd. 7)
  Zugl.: Kiel, Univ., Diss., 1989
  ISBN 3-631-42234-2

NE: GT

Gedruckt mit Unterstützung
des Bundesinnenministeriums

D8
ISSN 0175-1425
ISBN 3-631-42234-2

© Verlag Peter Lang GmbH, Frankfurt am Main 1990
Alle Rechte vorbehalten.

Das Werk einschließlich aller seiner Teile ist urheberrechtlich geschützt. Jede Verwertung außerhalb der engen Grenzen des Urheberrechtsgesetzes ist ohne Zustimmung des Verlages unzulässig und strafbar. Das gilt insbesondere für Vervielfältigungen, Übersetzungen, Mikroverfilmungen und die Einspeicherung und Verarbeitung in elektronischen Systemen.

Printed in Germany 1 2 3 5 6 7

Vorwort

Im kommunalen Alltag des ländlichen Schleswig-Holstein nehmen die als Verwaltungsträger gebildeten Ämter in maßgeblicher Weise an der verfassungsrechtlich garantierten Selbstverwaltungstätigkeit der Gemeinden teil. Das einschlägige Gesetz - die Amtsordnung - hält dabei nur unzureichende Maßstäbe für eine sinnvolle, normativ gesicherte Aufgabenabgrenzung zwischen Amt und amtsangehörige Gemeinde bereit. In der Verwaltungswirklichkeit bestimmen deshalb geschicktes Lavieren und informale Absprache das Geschehen. Die genaue Zuständigkeitsbestimmung des Amtes im Bereich der amtsangehörig gemeindlichen Selbstverwaltungsangelegenheiten sowie deren rechtliche Begründung bereiten Wissenschaft und Verwaltungspraxis zum Teil erhebliche Schwierigkeiten.

In der vorliegenden Arbeit unternimmt es der Autor, durch gründliche, behutsame und eingängige Abschichtung die Nahtstelle der gesamten Amtskonstruktion aufzuzeigen und die Befugnisse und Verantwortlichkeiten der Amtsorgane im Verhältnis zur amtsangehörigen Gemeinde umfassend darzulegen. Hierbei verbindet er verwaltungspraktisches Einfühlungsvermögen mit juristisch methodischem Genauigkeitsanspruch und kann deshalb für seine Ergebnisse viel Überzeugungskraft mobilisieren. Zudem bemüht er sich um sehr behutsames, ausführliches Vorgehen bei der Argumentation, so daß auch die Verwaltungspraxis sich der Gefolgschaft, mindestens der fachlichen Auseinandersetzung kaum wird entziehen können. So gesehen handelt es sich bei der vorliegenden Untersuchung eigentlich um die erste Arbeit auf diesem Gebiet, die nicht nur in wissenschaftlicher Hinsicht überzeugend und aufschlußreich ist, sondern gerade auch der kommunalen Verwaltung und der Verwaltungsgerichtsbarkeit nachhaltige Entscheidungshilfe bietet. Hervorzuheben ist schließlich die überall spürbare Bemühung des Autors um eine angemessene Einbettung der Strukturen in die Dogmatik des allgemeinen Verwaltungsrechts, und es entstehen dadurch wichtige Ergänzungen zur Zuständigkeitssystematik, zu möglichen Organverschränkungen und zu den Formen mehrstufiger Aufgabenerfüllung.

Die Herausgeber   Kiel, Freiburg, Heidelberg
                       Herbst 1989

Vorwort des Autors

Die vorliegende Arbeit wurde im Februar 1989 von der Juristischen Fakultät der Christian-Albrechts-Universität zu Kiel als Dissertation angenommen.

Für die Drucklegung wurden teilweise neue Literaturangaben berücksichtigt.

Mein Dank richtet sich an erster Stelle an meinen akademischen Lehrer und Doktorvater Prof. Dr. Schmidt-Jortzig, der mich durch sehr viel persönliches Engagement und ermunternde Kritik ständig forderte und in umfassender Weise gefördert hat.
Zu besonderem Dank bin ich ihm auch für die anregende Zeit meiner Assistententätigkeit an seinem Lehrstuhl verpflichtet.
In diesem Zusammenhang möchte ich auch den Mitarbeitern des Lehrstuhls für die freundliche Zusammenarbeit und ständige Hilfsbereitschaft danken.
Verbunden bin auch Herrn Prof. von Unruh für die Übernahme des Zweitgutachtens.

Diese Arbeit wurde auch ermöglicht durch die durchweg spontane und anregende Bereitschaft zahlreicher Praktiker zum informativen Gespräch.

Die Arbeit ist in tiefer Dankbarkeit meinen Eltern gewidmet, die den Grundstock meiner akademischen Laufbahn schufen.

Peter Engel

Inhaltsverzeichnis

I. EINLEITUNG 1

    1. Die Aufgaben ländlicher Gemeinden 1

    2. Die Rolle der Schleswig-Holsteinischen Ämter 4

    3. Problemumschreibung 5

II. Grundlegung 6

    A. Normative Ausgangslage 6

    B. Verwaltungswirklichkeit 8

    C. Das Bedürfnis nach normativer Abgrenzung der
       Kompetenzbereiche von Amt und Gemeinde 10

    D. Ausblick 13

III. Verflechtung der Beziehungen von Amt und Gemeinde 15

    A. Vorgehensweise 15

    B. Der Begriff der Zuständigkeit 17

    C. Zuständigkeitsaufteilung zwischen Amt und Gemeinde 18
       1. Gemeindliche Sachverantwortung 18
       2. Verwaltungszuständigkeit der Ämter 19

3. Zuständigkeitsübertragung aufgrund der Zwecke
der Zuständigkeitsregelung 21
   a. Die Zwecke verbindlicher Zuständigkeitsfestlegung 22
      aa. Ordnungsfunktion 22
      bb. Ausschließlichkeitsfunktion 22
      cc. Festlegung der Tätigkeitsbereiche des
Amtswalters 24
      dd. Sicherung der Voraussehbarkeit staatlichen
Handelns 24
   b. Auswirkungen auf die Zuständigkeitsverteilung
zwischen Amt und Gemeinde 26

IV. Verfassungsrechtliche Vorgaben 27

V. Auslegung des § 3 I 1 AO 30

  A. Die Methode der Auslegung 30
  B. Die Ermittlung der Wortbedeutung 32
    1. Der Begriff der "Durchführung" im juristischen
Sprachgebrauch 32
    2. Der Begriff der "Durchführung" im allgemeinen
Sprachgebrauch 33
    3. Ergebnis der Wortauslegung 34
  C. Die historische Auslegung 34
    1. Historisch-dogmatische Grundlegung 36
      a. Die Regelung des § 3 I 1 AO vom 17. 06. 1952 37
      b. Die Änderung durch § 3 I AO vom 24. 05. 1966 37
         aa. Negative Erfahrungen aus der Regelung
von 1952 38
         bb. Ziele der Novellierung von 1966 43
         cc. Legislative Änderungen 1966 46
         dd. Stellungnahme der kommunalen Spitzen-
verbände zu den Änderungsvorhaben der
AO 1966 50

(1) Stellungnahme des Schleswig-Holsteinischen Gemeindetages ... 52
(2) Stellungnahme des Schleswig-Holsteinischen Landkreistages ... 52
ee. Zweifelsfragen über den Umfang der Aufgabenübertragung ... 52
c. Die Änderungsnovelle vom 05. 08. 1977 ... 54
2. Folgerungen aus dem historischen Umfeld des § 3 I 1 AO ... 55

D. Systematische Auslegung ... 56
1. Untaugliche Qualifikationsversuche der Aufgabenwahrnehmung durch das Amt ... 56
   a. Institutionsleihe ... 57
      aa. Rechtliche Qualifikation der Institutionsleihe ... 58
      bb. Übertragung auf § 3 I 1 AO ... 59
   b. Amtshilfe ... 61
2. Rückschlüsse aus dem organisatorischen Verhältnis Amt und Gemeinde ... 61
   a. Organisationsrechtliche Übergriffe der Gemeinden ... 63
   b. Zulässigkeit gemeindlicher Eingriffe in die Organisation des Amtes ... 64
      aa. Umfang der Organisationsgewalt ... 65
         (1) Organisationsbildungsbefugnis ... 67
         (2) Organisationserrichtungsbefugnis ... 69
         (3) Organisationseinrichtungsbefugnis ... 70
            (a) Abstrakte Betrachtungsweise ... 72
            (b) Konkrete Betrachtungsweise ... 74
      bb. Auswirkungen der Organisationsbefugnis ... 76
      cc. Rechtliche Qualität organisatorischer Vorkehrungen ... 77
      dd. Erforderlichkeit einer Rechtsgrundlage zum Eingriff in die Organisationsstruktur des Amtes ... 78
   c. Gesetzgeberische Entscheidung ... 79

    d. Untergesetzliche Ermächtigung zum Eingriff
       in die Organisationsstruktur des Amtes   82
    e. Ergebnis   85
3. Normative Ansatzpunkte für Eingriffsmöglichkeiten
   der Gemeinde   85
    a. Vergleich mit den amtsfreien Gemeinden   85
    b. Rückschlüsse aus der gesetzlichen Verantwortungs-
       zuweisung   87
    c. Ergebnis des Zusammenspiels der Regelungen von GO
       und AO   94
4. Zuständigkeitsabgrenzung für einzelne
   Verwaltungsabschnitte   95
    a. Planungsphase   96
       aa. Begriff und Aufgabe der Planung   99
       bb. Die Planungsberechtigung des Bürgermeisters
           und des Amtes   99
       cc. Abgrenzung der Planungszuständigkeiten von
           Amt und Gemeinde   103
         (1) Das Recht zur Erörterung der Planungs-
              ergebnisse   103
         (2) Versuch einer inhaltlich-abstrakten
              Abgrenzung der Planungszuständigkeiten   105
            (a) Aufteilung in einen politischen und
                 einen normativen Teil der Planung   106
            (b) Unmöglichkeit einer abstrakten
                 Abgrenzung   107
         (3) Abgrenzung der Planungszuständigkeiten
              in Teilbereichen   108
            (a) Das Einbringen von Initiativen   108
            (b) Die Ressourcenplanung   110
       dd. Zusammenfassung   111
    b. Die Entscheidungsphase   112
       aa. Grundsätzliche Alleinzuständigkeit der
           Gemeindevertretung   114
       bb. Mögliche Zuständigkeitsbereiche des
           Amtes   116
    c. Die Verwirklichungsphase   117

aa.	Die Aufgabenüberschneidung von Amt und Gemeindevertretung			117
bb.	Grenzziehung			119
	(1)	Handlungsaufträge der Gemeindevertretung		120
	(2)	Beschlüsse mit Verbindlichkeitswirkungen nach außen		121
		(a)	Mehrstufigkeit der Aufgabenerledigung durch Amt und Gemeinde	122
		(b)	Gesetzliche Zuständigkeitsverteilung bei der Aufgabenverwirklichung durch Amt und Gemeinde	128

      (aa) Die restriktive Auffassung
           Galettes   129
      (bb) Dogmatische Klärung der Einschaltung des Amtes bei der
           Aufgabenverwirklichung   131
        /1/ Verwaltungshilfe   131
           /a/ Darstellung des Instituts
                Verwaltungshilfe   132
           /b/ Stellungnahme   133
        /2/ Mandatsverhältnis   135
           /a/ Inhaltliche Klärung des
                Mandatsbegriffs   136
           /b/ Stellungnahme   137
        /3/ Delegation   139
           /a/ Das Institut der Delegation   140
           /b/ Stellungnahme   141
                /aa/ Die devolvierende Delegation   142
                /bb/ Die konservierende Delegation   143
                    /aaa/ Gründe für die Annahme einer konservierenden Delegation   148
                    /bbb/ Inanspruchnahme des Amtes in verwaltungs-

				technischer Hinsicht	156
			/ccc/	Stellungnahme	159
			/ddd/	Sachliche Verantwortung des Bürgermeisters	162
			/eee/	Einwand von Laux	170
		(3)	Das Vorliegen von Differenzen zwischen Amt und Gemeinde		172
	cc.	Ergebnis			176

E. Teleologische Interpretation   178
  1. Das Gebot möglichst ortsnaher Verwaltung   178
  2. Das Erfordernis einer zweckmäßigen Aufgabenerfüllung   179
  3. Wirtschaftlichkeit   183
  4. Tatsächliche Schwierigkeiten bei der Trennung der Aufgabenerledigung   187
  5. Ergebnis   190

VI. Zusammenfassung   191

I. EINLEITUNG

Der modernen öffentlichen Verwaltung der Gegenwart wird ein hohes Maß an Leistungsfähigkeit und Qualifikation abverlangt. Das ist die Folge der immer komplexer werdenden Lebensverhältnisse, die der öffentlichen Verwaltung fortwährend neue, oft verflochtene administrative Aufgaben stellen, deren Bewältigung in zunehmenden Maße eine Technisierung und Spezialisierung der Verwaltung erfordert[1].

1. Die Aufgaben ländlicher Gemeinden

Auch die ländlichen Gemeinden sehen sich, nicht zuletzt wegen der räumlichen und soziologischen Nähe zu städtischen Ballungsgebieten und deren Ausstrahlungswirkungen auf den dörflichen Raum, den Erwartungen der Bevölkerung nach wirtschaftlichen, sozialen und kulturellen Leistungen ausgesetzt[2]. Gerade die Verwaltung einer ländlichen Gemeinde muß erhebliche Anstrengungen unternehmen, um dem hohen Anspruchsniveau ihrer Einwohner gerecht werden zu können.

Einen verfassungsrechtlichen Auftrag zum Handeln auch des kleinsten kommunalen Verwaltungsträgers begründet das Sozialstaatsprinzip in Art. 20 I GG durch die Forderung sozialer Chancengleichheit, die eine echte, unmittelbar geltende, alle

---

1) **Stüer**, Funktionalreform, S. 1; **Gröttrup**, Die kommunale Leistungsverwaltung, S. 7 f.; **Lange**, DÖV 1985, 169 (173 f.); **Schink**, Rechtsnachfolge, S. 10; **Mombaur**, in Festgabe v. Unruh, S. 503 (503f.); **Hesse**, Grundzüge, Rn. 210.

2) Statt anderer **Loewenich**, Der Landkreis 1987, 529 (530); für die ländlichen Gemeinden Schleswig-Holsteins vgl. nur **Frahm**, Die Gemeinde 1967, 124 f.; Sachverständigengutachten, Rn. 265 (S.170). Auf diese Problematik weist eindrucksvoll auch der frühere schleswig-holsteinische Innenminister **Schlegelberger** in Sten. Bericht Lt. S-H, 5./S.1890, hin, der in der ersten Lesung des Gesetzwurfs einer S-H Amtsordnung ausführt, daß das Niveaugefälle zwischen Stadt und Land nicht mehr als unabwendbares Naturereignis hingenommen werden könne.

Staatsgewalten bindende "Staatsleitlinie"[3] darstellt. Das Sozialstaatsprinzip verpflichtet darüber hinaus alle staatliche Gewalt zur Schaffung einheitlicher und möglichst gleichwertiger Lebensbedingungen ihrer Staatseinwohner[4].

In dem Bestreben, den durch das Sozialstaatsprinzip aufgestellten Zielanforderungen gerecht zu werden, und dem Bemühen, sich an den gewandelten Bedürfnissen und Interessen der Bevölkerung zu orientieren, sind sowohl die einzelnen Aufgabenbereiche kommunaler Daseinsvorsorge als auch das normative Regelwerk der Gemeinden ständigen Veränderungen unterworfen.

Art. 28 I 1 und 2 GG verpflichten die Gemeinde -hier insbesondere die Gemeindevertretung- im Bereich der Selbstverwaltungsangelegenheiten, auf die sich wandelnden Aufgaben im örtlichen Bereich einzugehen. Aufgrund ihrer grundsätzlichen Entscheidungskompetenz (§§ 27 I SH-GO; im weiteren GO)[5] obliegt der Gemeindevertretung die souveräne, gestalterische Bewerkstelligung all der vielfältigen Maßnahmen, die aufgegriffen, formuliert und entschieden werden wollen[6].

---

3) Zum Begriff: **Herzog**, in Maunz-Dürig-Herzog-Scholz, GG, Art. 20, Rn. 6f., 36 - 40, wo er zutreffend bemerkt, daß das Sozialstaatsprinzip als Staatszielbestimmung wegen der mannigfachen Aussagen kaum auf einen definitorisch präzisen Nenner zu bringen ist; siehe auch **v. Mutius**, VerwA 64 (1973), 183 (193); BVerfGE 1, 97 (105); **Zacher**, in FS für Ipsen, (1977), S. 207 (227); **Maunz/Zippelius**, Staatsrecht, § 13 I 1-3.

4) So u.a. **Siecken**, Die Sozialstaatsklausel des Grundgesetzes, S. 281f.; **Häberle**, in FS Küchenhoff, (1972), S. 453ff.; **Wagener**, DÖV 1976, 253 (256); **Lücke**, AöR 107 (1982), 15 (17ff.); pointiert **Badura**, Verwaltungsrecht des liberalen Rechtsstaates, S. 23f., der davon ausgeht, daß "der soziale Rechtsstaat seine Verwirklichung im Verwaltungsstaat gefunden habe"; zutreffend auch **Bitterberg**, Die Gemeinde 1985, 313 unten.

5) Dazu statt vieler Stimmen in der rechtswissenschaftlichen Literatur nur **Schmidt-Jortzig**, ZG 1987, 193 (194 m.w.N in Fn. 2); **Pfaff**, VerwA 70 (1979), 1 (15f.); vgl. in diesem Zusammenhang auch den Aufgabenkatalog in Art. 83 BayVerf.

6) Ausführlich dazu **Schmidt-Jortzig**, Kommunalrecht, Rn. 192-199; **Seewald**, Bes. VerwR, I B Rn. 194; **v. Mutius**, Probleme mehrstufiger Erfüllung, S. 19 (24); **Lehmann-Grube**,

Angesichts tatsächlich und rechtlich schwieriger Zusammenhänge, die durch die erhebliche Zunahme der den gemeindlichen Bereich betreffenden Rechtssätze noch komplizierter werden, müssen die Gemeindevertreter oftmals auf den Sachverstand der Verwaltungsexekutive[7] zugreifen, um zu einer abgewogenen Entscheidung zu gelangen[8].

Das ist deshalb noch um so notwendiger, weil neben der Tendenz zunehmender wirtschaftlicher und politischer Verflechtung der kommunalen Aufgaben, insbesondere im Bereich des Umweltschutzes und der gemeindlichen Raumgestaltung, in jüngster Zeit umfangreiche Planungserfordernisse ins Blickfeld gerückt sind. Wegen ihrer weitreichenden Auswirkungen für die gemeindliche Zukunft, aber auch wegen der schwierigen rechtlichen Probleme, werden die gemeindlichen Vertretungen gerade auf diesem Feld nachhaltig gefordert[9].

---

7) HdKWP II, S. 119 (120ff.); **Scholler**, HdKWP II, S. 165ff. m.w.N.
Wenn nachfolgend von Verwaltung gesprochen wird, soll dieser Begriff im engeren Sinne als Vollzug (Konkretion) aufgefaßt werden. Diese Beschreibung ist deshalb erforderlich, weil auch die Tätigkeit der Gemeindevertretung Verwaltung darstellt, dazu statt vieler nur BVerfGE 21, 54 (62f.); 57, 43 (59); BayVerfGH, BayVBl. 1984, 621f.; **Wurzel**, Gemeinderat als Parlament?, passim; **Achterberg**, AöR 109 (1984), 505 (527 m.w.N); **Frowein**, HdKWP II, S. 81 (83f.); **Schmidt-Jortzig**, Kommunalrecht, Rn. 71 m.w.N.

8) **Schmidt-Jortzig**, Kommunalrecht, Rn. 231, der dem Gemeindevorsteher als dem Leiter der Verwaltung einen erheblichen Einfluß auf die allgemeine Führung der Gemeinde zuerkennt; **Frotscher**, Festgabe v.Unruh, S. 127 (139) spricht von einer "Dominanz" der Verwaltung; vgl. auch **Klüber**, Gemeinderecht, S. 135; **v. Mutius**, in Festgabe v. Unruh, S.227 (230 "Überforderung der gewählten Amtsträger"); ders., Gutachten E zum 53. DJT., S. 74; **Barschel**, Festgabe v. Unruh, S. 1171 (1183).

9) Ausführlich zu dem Regelungsfeld der Gemeindevertretung **v. Mutius**, in Probleme mehrstufiger Erfüllung, S. 19 (20); ders., in Festgabe von Unruh, S. 227 (246f.); **Weber**, Selbstverwaltung und Demokratie, S. 100f.; **Blümel**, VVDStRL 36 (1977), 170 (186ff.); **Stüer**, Funktionalreform, S. 173ff. jeweils mit weiteren Nachweisen. Zur Reichweite der Problematik und den Schwierigkeiten des Volksvertreter angesichts der Komplexität von Planungsentscheidungen auch für den räumlichen Bereich einer Gemeinde vgl. nur **Püttner**, Verwaltungslehre, § 19 I 1.

2. Die Rolle der schleswig-holsteinischen Ämter

Im ländlichen schleswig-holsteinischen Raum geben die Ämter den amtsangehörigen Gemeinden bei der Bewältigung ihrer Aufgaben umfangreiche Hilfestellungen. Sie sehen sich jedoch häufig noch weitergehenden Forderungen nach planender Gestaltung, Koordination und anderweitiger Unterstützung gegenüber.
Aber nicht nur bei der Beschlußvorbereitung offenbart sich das Amt aufgrund seiner Informationsverarbeitungskapazität als de facto wirkungsvolle und einflußreiche Verwaltungsgröße.
Auch im Vollzug der gemeindlichen Entscheidungen erfüllen die Ämter in erheblichem Umfange Verwaltungsaufgaben. So bedarf es bei Verwirklichung der von der Gemeindevertretung gefaßten Beschlüsse umfangreicher Überlegungen, der Einbringung von Rechtskunde und Sachverstand sowie tatsächlicher Maßnahmen.
In der ländlich-kommunalen Verwaltungswirklichkeit nehmen die Ämter in großem Umfange die Abwicklung der gemeindlichen Entscheidungen wahr, so daß sie bereits als "Management" der Gemeinde bezeichnet werden, bzw. davon ausgegangen wird, daß die kleineren Gemeinden aufgrund ihres Bevölkerungs- und Gebietszuschnitts ohne das jeweilige Amt nicht lebensfähig wären[10].
Begünstigt wird die weitreichenden Einflußmöglichkeit der Ämter auf die gemeindliche Aufgabenerfüllung durch die hohe Qualifikation ihres Personals[11], der großen Erfahrung in den Bedürfnisstrukturen der gemeindlichen Öffentlichkeit sowie das hohe Niveau der sächlichen Amtsausstattung. Hinzu tritt die personelle Beständigkeit der Ämter[12], deren Besetzung nicht, wie bei

---

10) **Baltzer**, Die Gemeinde 1985, 315f.; in eine ähnliche Richtung **Bitterberg**, Die Gemeinde 1985, 313.

11) Vgl. § 15 I 2 AO, wonach der leitende Verwaltungsbeamte des Amtes die Laufbahnprüfung für den gehobenen Dienst abgelegt haben muß.

12) Zu diesem Aspekt eingehend: **Schönfelder**, Rat und Verwaltung, S. 80 - 82; ebenso auch **Schmidt-Jortzig**, Kommunalrecht, Rn. 231.

den Gemeindevertretungen, alle vier Jahre einer Neuwahl (vgl. § 1 I GKWG S-H) ausgesetzt sind.

3. Problemumschreibung

Bereits diese Skizze macht deutlich, daß den Ämtern im kommunalen Alltag gegenüber den amtsangehörigen Gemeinden in vielen Belangen eine gewisse Prävalenz zukommt. Die genaue Bestimmung und Abgrenzung der Betätigungsfelder des Amtes von denen der amtsangehörigen Gemeinden im Bereich der gemeindlichen Selbstverwaltungsangelegenheiten sowie deren rechtliche Begründung bereiten der Wissenschaft und der Verwaltungspraxis jedoch zum Teil noch erhebliche Schwierigkeiten und offenbaren viele Unsicherheiten[13]. Der Grund ist nicht selten darin zu finden, daß die tatsächlichen Einwirkungs- und Einflußmöglichkeiten von den Kenntnissen und dem Selbstbewußtsein der beteiligten Personen geprägt sind, mit der Folge, daß sich erfahrene oder sachkundige, in der Verwaltungspraxis bewährte Vertreter durchsetzen. Aus diesem Grunde ist sowohl bei den Ämtern als auch bei den Bürgermeistern und Gemeindevertretungsmitgliedern die Forderung nach deutlicher Abgrenzung der Aufgabenbereiche von Amt und amtsangehöriger Gemeinde sowie nach einer Garantie des für jeden angemessenen eigenverantwortlichen Wirkungsbereichs und damit eines zufriedenstellenden Aufgabenfelds verständlich. Dies Verlangen ist unüberhörbar[14].
Ein solcher Anspruch wird auch von einem arbeitspsychologischen Aspekt mitgetragen. Der Wunsch nach einer festumrissenen Tätigkeitssphäre zur selbständigen Erledigung hat Bedeutung für

---

[13] An dieser Stelle soll als Vorgriff dieser Hinweis ohne nähere Begründung genügen.

[14] **Bitterberg**, Die Gemeinde 1985, 313 deutet auf die "ausgeprägte willensbildende Identität des Amtes hin", die nicht selten zu erheblichen Differenzen mit angehörigen Gemeinden führt; siehe zu dem Problem auch **Baltzer**, Die Gemeinde 1985, 315f.

Führung, Selbstverwirklichung, Zufriedenheit und Motivation der Funktionswalter[15].
Die bestehende Unklarheit der zugewiesenen Aufgabengebiete im Dualismus zwischen Amt und amtsangehöriger Gemeinde begünstigt hingegen Erschwernisse im Arbeitsablauf. Durch Mißverständnisse, Widersprüchlichkeiten oder schlichte Unkenntnis können Abwicklungshindernisse mit der Folge entstehen, daß bestimmte Aufgaben doppelt, gegensätzlich oder gar nicht erfüllt werden[16].
Angesichts dieser Problemlage soll es Aufgabe der vorliegenden Arbeit sein, eine allgemein geltende Regelhaftigkeit und einen verläßlichen Aufgabenbezugsrahmen im Verhältnis der Ämter zu ihren amtsangehörigen Gemeinden bei der Erledigung der Selbstverwaltungsangelegenheiten herauszuarbeiten.

II. Grundlegung

A. Normative Ausgangslage

Für das Bemühen, bei der Durchführung der gemeindlichen Selbstverwaltungsangelegenheiten, die den amtsangehörigen Gemeinden zugewiesenen Befugnisse von denen der Ämter abzugrenzen, andererseits aber auch die zwischen Amt und amtsangehörigen Gemeinden bestehenden Abhängigkeiten aufzuzeigen, sind die Bestimmungen der Amtsordnung (AO) und der Gemeindeordnung (GO) als Ausgangspunkt vorgegeben. Hauptsächlicher Gegenstand der Betrachtungen ist dabei § 3 I 1 AO.

---

15) Statt vieler hierzu nur **Mayntz**, Soziologie der öffentlichen Verwaltung, S. 109ff. (bes. S.112f.); **Hegner**, Verwaltungsführung S. 77, wonach eine Identifikation der Mitarbeiter mit den Betriebsaufgaben nur gewährleistet ist, wenn ein ausreichendes selbstverantwortlich zu gestaltendes Betätigungsfeld zur Verfügung steht.

16) Zum Problem der fehlenden Abstimmung der Aufgabenbereiche in der Verwaltung vgl. nur **Battis**, Allg. VerwR, Rn. 53ff.; **Bull**, Allg. VerwR, Rn. 169.

Nach dieser Vorschrift führt das Amt die Selbstverwaltungsaufgaben der amtsangehörigen Gemeinden nach den Beschlüssen der Gemeinde durch. Diese Festlegung gilt es, bei der Beantwortung der Fragen um die gegenseitige Abstimmung der Aufgabenbereiche von Amt und Gemeinde im Auge zu behalten und als positiv-rechtliche Grundlage in das Theoriengebäude aufzunehmen[17]. Nur so können Ausrichtung und Erfassung der möglichen Sinngehalte des Gesetzes geleistet werden[18].

Der vom Gesetzgeber gewählte Begriff der "Durchführung" der Selbstverwaltungsaufgaben hat in der rechtswissenschaftlichen Literatur zu erheblichen Zweifeln Anlaß gegeben und zu sehr unterschiedlichen, in sich uneinheitlichen Auslegungen der Norm geführt[19]. Einerseits wurde etwa die Befürchtung geäußert, daß § 3 I 1 AO wegen seiner mißverständlichen, konturenlosen Fassung ungeeignet sein könnte, im verwaltungsmäßigen Außenverhältnis der Ämter gegenüber den Gemeinden als Ermächtigung zu dienen, und es sich daher lediglich um eine verwaltungsinterne Anordnungen handele[20]. Andererseits wird in § 3 I 1 AO eine hinreichende rechtliche Anordnung gesehen, nach welcher dem Amt auch im Bereich der Selbstverwaltungsangelegenheiten außenwirksame Regelungsbefugnisse zustehen[21].

---

[17] Es wird aus pragmatischen Gründen leicht übersehen, daß auch kommunalrechtliche Gesetze durchaus geeignet sind, erhebliche Probleme aufzuwerfen, die sich befriedigend nur durch eine umfassende begriffliche Aufarbeitung erschließen lassen; vgl. dazu **Schmidt-Jortzig**, Organisationshoheit, S. 5, der einen Mangel an theoretischer Aufarbeitung kommunaler Probleme in Lehre und Praxis konstatiert.

[18] Zur strengen Beachtung der gesetzlichen Grundlage für deren Interpretation und anwendende Konkretisierung auch **v. Mutius**, in Festgabe v. Unruh, S. 227 (242f.).

[19] Vgl. insoweit nur **Laux**, Die Gemeinde 1967, 282; **Galette**, GO, § 55 Abs. 5, Erl. 2 und 5; **Koehler**, Die Gemeinde 1967, 349 (350 Rn.1.31); VG Schleswig, Die Gemeinde 1967, 204f.; OVG Lüneburg, OVGE 26, 449 (452); **Thiem**, Die Gemeinde 1967, 279f.; **Bracker**, AO, § 3, Rn. 2a,aa; **Foerster**, § 3 AO, Anm. 2.

[20] Siehe **Galette**, GO, § 55 Abs. 5, Erl. 5.

[21] Statt anderer OVG Lüneburg, OVGE 26, 449ff.

Schon dieser Streit macht deutlich, daß allein aus dem Begriff der "Durchführung" i. S. des § 3 I 1 AO keine Erkenntnisse gewonnen werden können, die geeignet sind, Maßstäbe für eine sinnvolle, normativ gesicherte Aufgabenabgrenzung zwischen Amt und amtsangehörige Gemeinde zu liefern. Eine zufriedenstellende Abgrenzung der beiden konkurrierenden Verwaltungsträger[22] sollte bei der Normierung des § 3 AO n.F auch gar nicht erbracht werden, wie der damalige schleswig-holsteinische Innenminister Schlegelberger freimütig einräumte[23]. Dabei wies er nicht zu Unrecht darauf hin, daß die Problematik der ungenauen Wirkungsbereiche des Amtes und seiner Organe, insbesondere die des Amtsschreibers (heute leitender Verwaltungsbeamter), auch nach der (heute noch geltenden) Neufassung weiterhin bestünde. Seiner Ansicht nach müßten sich auch im Regelungsbereich des § 3 I 1 AO n.F. "die Praxis und das Leben die Bahn brechen".

B. Verwaltungswirklichkeit

In der Tat ist nicht zu übersehen, daß sich die tägliche Verwaltungspraxis der Ämter und der amtsangehörigen Gemeinden vornehmlich in typisierten Abläufen und eingespielten Regeln realisiert, die durch enge und oftmals vertrauensvolle Zusammenarbeit, langjährige persönliche Erfahrungen und Einschätzungen der Beteiligten geprägt sind[24].
So nimmt es nicht Wunder, daß viele Vorgänge mit den dabei auftretenden Zwistigkeiten auf dem sog. "kleinen Dienstweg"

---

22) Allgemein zum Problem der mangelnden Konkretisierung des Handlungsraums des Verwaltungsträgers **Scholz**, VVDStRL 34 (1976), 145 (173); **Schmidt-Aßmann**, VVDStRL 34 (1976), 221 (226 oben).

23) Sten. Bericht Lt. S-H, 5./ S. 2227.

24) Statt vieler N.N, Die Gemeinde 1966, 33 (35), wo auf den Verwaltungsstil, das Fingerspitzengefühl und die gekonnte Menschenführung der Aufgabenträger abstellt wird; außerdem **Baltzer**, Die Gemeinde 1985, 315, der deutlich macht, daß Konfrontationen zwischen den amtsangehörigen Gemeinden und dem Amt für beide von Schaden sind, weil beide eine "Schicksalsgemeinschaft" darstellen.

bereinigt werden, also auf informellen, rechtlich nicht oder nur bruchstückhaft geregelten Wegen. Dadurch bleiben tiefergreifende Differenzen zwischen den konkurrierenden Vertretern der Ämter und der amtsangehörigen Gemeinden weitgehend aus oder treten aufgrund der informellen Klärung nicht nach außen in Erscheinung.

Gerade in jüngerer Zeit kann jedoch die scheinbare Einhelligkeit immer weniger darüber hinwegtäuschen, daß Konflikte zwischen den beiden Verwaltungsträgern bestehen, die nicht mehr im Vorfeld bereinigt werden können und daher in die Öffentlichkeit gelangen. Als Folge hiervon sehen sich die Kommunalaufsichtsbehörden und auch die Verwaltungsgerichte zunehmend als Vermittler und Entscheidungsträger im Kompetenzstreit zwischen Ämtern und Gemeinden[25].

Begünstigt wird diese Entwicklung durch Neubesetzungen der gemeindlichen Vertretungen mit Mitgliedern unterschiedlichster politischer Anschauung, die den Bürgermeistern, aber auch den Amtsvorstehern und leitenden Verwaltungsbeamten, oft ein Höchstmaß an Kooperationswilligkeit abverlangen.

Daneben werden die Verwaltungspositionen in den Ämtern zunehmend mit jüngeren Kräften besetzt, die nicht ohne weiteres bereit sind, die vorgegebenen, bisher anerkannten und erprobten Aufgabenbereiche und -abgrenzungen hinzunehmen.

Verallgemeinernd läßt sich feststellen, daß ein Arrangement der Aufgabenansprüche zweier Verwaltungsträger mit informellen Mitteln im Wege "politischen Fingerspitzengefühls und menschlichen Taktes"[26] nur dann möglich ist, wenn alle Beteiligten zu einem solch informellen gemeinsamen Tätigwerden bereit sind.

Das aber ist keineswegs immer sichergestellt. Insbesondere bei den immer schwierigeren, hochkomplexen Planungsentscheidungen,

---

[25] So haben sich die Gerichte häufig insbesondere mit Fragen der Zuständigkeit zum Erlaß von Außenrechtsmaßnahmen einer amtsangehörigen Gemeinde befassen müssen; dazu nur VG Schleswig, Die Gemeinde 1986, 361f. ; VG Schleswig, Die Gemeinde 1967, 204f.; OVG Lüneburg, OVGE 26, 449ff.

[26] So **Schlegelberger**, Sten. Bericht Lt. S-H, 5./ S. 2227, der auf eine Einigung der Beteiligten hoffte, die ohne "große Zuständigkeitsvorschriften" zu einer selbstverständlichen Harmonie gelangen werden.

die Amt und Gemeinde betreffen und die erhebliche Auswirkungen auf die Zukunft des kommunalen Gemeinwesens haben, wird solche Eintracht immer seltener.
Somit läßt die Bewältigung dieser Fragen im kommunalen Verwaltungsalltag nunmehr eine eingehende Untersuchung der gegenseitigen Abhängigkeiten und Tätigkeitsbereiche der Ämter und amtsangehörigen Gemeinden bei der Durchführung der gemeindlichen Selbstverwaltungsangelegenheiten dringend angezeigt erscheinen. Nur dann lassen sich konfliktträchtige Situationen zwischen den beiden Verwaltungsträgern lösen, wenn eine vertrauensvolle Zusammenarbeit nicht mehr gegeben ist.

C. Das Bedürfnis nach normativer Abgrenzung der Kompetenzbereiche von Amt und Gemeinde

Eine Klärung des angelegten Kompetenzkonflikts zwischen Ämtern und Gemeinden, möglicherweise sogar die Entwicklung und Bereitstellung eines Mittels zur Verhinderung von Spannungsfällen bei der Ausübung von kommunaler Verwaltungstätigkeit, ist vom richtigen Rollenverständnis der Beteiligten abhängig.
Damit einhergehen muß auch die Bemühung, eine möglichst klare Trennung der Aufgabenbereiche herbeizuführen.
Es müssen den verschiedenen Amtswaltern Wahrnehmungsbereiche zugewiesen und zugleich Grenzen gezogen werden. Es gilt, "Vortrittsregeln" für die eine oder andere Seite zu erarbeiten. Die jeweiligen Verantwortlichkeiten der Verwaltungsträger müssen in einer plan- und sinnvollen Zuordnung der Aufgabenkreise entwickelt und harmonisiert werden.
Die Festlegung der Verantwortlichkeiten und gleichzeitige Abgrenzung der Zuständigkeiten darf dabei nicht (allein) dem Takt, der Persönlichkeit und der sozialen Geschicklichkeit der betroffenen Amtswalter überlassen bleiben[27]. Zugrundegelegt

---

27) Zu der Persönlichkeit als Entscheidungsfaktor ausführlich **Nocke**, Wissen in der Organisation, S. 57f.; **Morstein Marx**, Das Dilemma des Verwaltungsmannes, S. 13f.

werden müssen vielmehr als rechtlichen Determinanten die einschlägigen Kommunalgesetze, sofern diese eine Regelung zur Lösung des potentiellen Konflikts getroffen haben[28].

Die Dringlichkeit einer normativen Ableitung der Lösungsregeln wird durch einen überragenden Aspekt verdeutlicht. Eine nicht ausreichend geklärte Gemengelage zwischen Amt und amtsangehöriger Gemeinde stößt auf Vorbehalte, die sich vor allem gegen die mangelnde Transparenz eindeutiger Kompetenzen und Verantwortlichkeiten richten[29]. Diese Vorbehalte ergeben sich aus dem Verlangen nach Rechtssicherheit, deren Verwirklichung eine Forderung des Rechtsstaatsprinzips darstellt. Dies wiederum setzt die Voraussehbarkeit des staatlichen Handelns -auch in der kommunalen Verwaltung- voraus[30]. Kommunales staatliches Handeln ist aber nur dann im Sinne des Rechtsstaatsprinzips ausreichend voraussehbar, wenn die Zurechenbarkeit des Verwaltungshandelns zu einer bestimmten Behörde sichergestellt ist[31].
Diese Prämisse hat einen doppelten Aspekt. Zum einen wird das

---

28) Dieser Schluß ist nicht zuletzt Ausfluß des Gesetzesvorrangs.

29) Zu dem Gebot eindeutiger Zuständigkeitsabgrenzungen im Bereich der Verwaltung allgemein **Erichsen**, Probleme mehrstufiger Erfüllung, S.3 (14); **Loeser**, Mischverwaltung, S. 53f. m.w.N.; **Ronellenfitsch**, Mischverwaltung, passim; **Loschelder**, in Festgabe v. Unruh, S. 381f. m.w.N. in Fn. 3; **Schmidt-Jortzig/Wolffgang**, VerwA 75 (1984), 107 (124); **Wolffgang**, Interkommunales Zusammenwirken, S. 155f.; siehe auch BVerfGE 11, 105 (124); 39, 96 (120f.); 41, 291 (311); 63, 1 (38f.).

30) Ständige Rechtsprechung des BVerfG: BVerfGE 2, 380 (403); 3, 225 (237); 7, 87 (92); 13, 261 (271); 15, 313 (319); 20, 323 (331); 25, 269 (290); 30, 1 (24f.); 35, 41 (47); 49, 148 (160); siehe auch **Stern**, StaatsR, § 20 IV 4 f. m.w.N.; **Ossenbühl**, NVwZ 1982, 465 (467); **Laubinger**, VerwA 73 (1982), 60 (83 m.w.N.).

31) Statt vieler **Mußgnug**, Das Recht auf den gesetzlichen Verwaltungsbeamten?, S. 16f.; **Schenke**, VerwA 68 (1977), 118 (129); **Schwan**, Zuständigkeitsregelungen und Vorbehalt des Gesetzes, S. 121; **Schmidt**, DÖV 1977, 774 (775f.); **Schmidt-Jortzig**, DÖV 1981, 393f.; **Schmidt-Jortzig/Wolffgang**, VerwA 75 (1984), 107 (124); vgl. auch schon **Odenbreit**, Das rheinisch-westfälische Amt, S. 356 Fn. 56.

Verfahren für den einzelnen Bürger voraus- und überschaubar[32]. Zum anderen erfolgt eine eindeutige Übertragung von Wahrnehmungspflichten auf die Amtswalter bestimmter Hoheitsträger, so daß auch bei den konkurrierenden Verwaltungsträgern keine Zweifel darüber bestehen, zu wessen Zuständigkeitsbereich eine konkret wahrzunehmende Aufgabe gehört[33].
Wenn die einschlägigen Vorschriften der Kommunalgesetze, insbesondere § 3 I 1 AO, bestimmten Anforderungen genügen und inhaltlich eine Aufgabenverteilung abgesteckt haben, so ist diese geeignet, Unregelmäßigkeiten und Zufälligkeiten bei der Verteilung der Hoheitsgewalt auszuschalten[34].

Schon diese kurzen Überlegungen verdeutlichen das Erfordernis einer verläßlichen normativen Festlegung der einzelnen Handlungsräume bei der Erledigung gemeindlicher Selbstverwaltungsangelegenheiten im amtsangehörigen Raum.
Aber gerade aufgrund der Bürokratie beider Hoheitsträger in dem beschriebenen Bereich sind die Zuständigkeits- und Verantwortungsbereiche oft nur schwer auszumachen.
In der Praxis haben sich vereinzelt Aufgabenteilungen zwischen Ämtern und Gemeinden im Selbstverwaltungsbereich vollzogen, die von Amt zu Amt unterschiedlich beurteilt werden und für Außenstehende kaum noch nachvollziehbar sind. So bewegen sich etwa Bürgermeister auf der administrativen Ebene, in dem sie Verwaltungsakte erlassen oder Zusagen erteilen, die rechtlich bereits eine Bindung erzeugen.

Darüberhinaus gilt es, Entwicklungen entgegenzutreten, die eine Übertragung von originären gemeindlichen Aufgabenfeldern auf

---

[32] Statt vieler **Steinberg**, DÖV 1982, 619 (622); **Frenzel**, Der Staat Bd. 18 (1979), 592 (592f., 598).

[33] Zu dem Aspekt der Übertragung von Amtspflichten auf die Amtswalter nur **Hill**, Das fehlerhafte Verfahren und seine Folgen im Verwaltungsrecht, S. 204.

[34] Ausführlich **Stettner**, Kompetenzlehre, S. 306f.

das Amt forcieren[35]. Die Entscheidung für eine spezialisierte Kommunalverwaltung, die mit der Etablierung des Amtes als Verwaltungsträger beabsichtigt war[36], birgt die Gefahr, daß zu ihren Gunsten Verwaltungsvorgänge aus der Regelungsgewalt der ehrenamtlich geführten Gemeindevertretung und damit aus der Entscheidungssphäre der gewählten Vertreter herausverlagert werden[37].

Um sich aber einem Vordringen des Amtes in die grundlegenden Regelungsfelder der Gemeinde entgegenstellen zu können, ist es erst einmal nötig, sich Gewißheit über die Rechtsstellung des Amtes bei Erledigung der gemeindlichen Selbstverwaltungsangelegenheiten sowie die Befugnisse und Verantwortlichkeiten seiner Organe im Verhältnis zur amtsangehörigen Gemeinde zu verschaffen[38].

D. Ausblick

Da es sich um eine juristische Klärung unter Einbeziehung von Realanalysen handelt, und die vollziehende Verwaltung einen

---

[35] Zu diesen Entwicklungen im vergleichbaren Verhältnis zwischen Gemeindevertretung und Verwaltung v. **Mutius**, Gutachten zum 53. DJT, S. 74f.; ders., JuS 1976, 652 (655); **Klüber**, Handbuch der Kommunalpolitik, S. 249f.; allgemein zur Machtverlagerung auf das informierende Subsystem **Fürst**, Kommunale Entscheidungsprozesse, S. 165, 172.

[36] Ausführlich N.N., Die Gemeinde 1966, 33 (34f.); N.N., Die Gemeinde 1966, 145 (146f. m.w.N).

[37] Zu der Substanzverlagerung von der Gemeindevertretung auf die Verwaltung **Wallerath**, DÖV 1986, 533 (540), der, wenn auch einschränkend, eine Dominanz der Verwaltung gegenüber der Gemeindevertretung erkennt; zur Verengung des kommunalen Handlungsspielraums der Vertretungskörperschaft vgl. auch Literaturbericht von **Schäfer/Volger**, AfK 16 (1977), S. 68ff. m.w.N. auf S. 80-82.

[38] So auch N.N, Die Gemeinde 1966, 33 (35), wo ausgeführt wird, daß der "Ausgangspunkt die genaue Kenntnis der gestellten Aufgaben des Amtes" ist.

eigenständigen, oft nicht einschätzbaren Aktionismus entfaltet[39], kann kaum erwartet werden, daß alle Erkenntnisansprüche befriedigt werden. Die soziale Wirklichkeit, das Geflecht der politischen, personellen, informellen, technischen, betriebswirtschaftlichen und letztlich auch finanziellen Verbindungslinien ist zu komplex, als daß es durch empirisch-deskriptive Einsichten in allen Belangen erfaßt werden kann[40].

Die Aufgabe, eine möglichst genaue Grenze zwischen den beteiligten Verwaltungsträgern unter Berücksichtigung aller bestehenden rechtlichen und tatsächlichen Verwicklungen zu ziehen, muß aber bewältigt werden, gilt es doch, den Bereich der legitimen, ja erwünschten Zusammenarbeit zwischen Ämtern und amtsangehörigen Gemeinden von dem Feld unzulässiger Einmischungen abzugrenzen.
Dabei können wegen der beschriebenen Vielfalt der verwaltungsmäßigen Vorgänge oftmals nur Orientierungslinien gegeben werden. Doch werden diese Anstrengungen, eingedenk ihres unvollständigen Wesens, vor allem der Praxis hoffentlich Anhalt, Hilfestellung und Ansatzpunkte für eine mögliche Konfliktlösung geben[41].

---

39) Zu den Versuchen einer Begriffsklärung und Festlegung möglicher Aktionsfelder zutreffend **Forsthoff**, VerwR, § 1, Nr. 1; **Wolff/Bachof**, VerwR II, § 2 III; **Bull**, Allg. VerwR, § 1 Rn 20.

40) Ähnlich auch **Loschelder**, Festgabe v. Unruh, S. 381 (384), der das Institut der mehrstufigen Aufgabenerfüllung als Grenze der Möglichkeit ansieht, feste Regeln über die Verteilung auf einen bestimmten Verwaltungsträger zu erarbeiten.

41) Konstatiert wird von **Brohm**, VVDStRL 30 (1972), 245 (295), daß sich die Mitwirkungsformen der interkommunalen Zusammenarbeit "weitgehend neben den Grundsätzen der Verwaltungsdogmatik" entwickelt haben. Gleichwohl soll, trotz Kenntnis der Schwierigkeiten ganzheitlicher Betrachtung, die Beteiligung des Amtes bei der Erledigung der gemeindlichen Selbstverwaltungsangelegenheiten auch auf ihre rechtliche Zulässigkeit untersucht werden; vgl. zu den Modellen mehrgliedriger Verwaltungsorganisationseinheiten nur **Schimanke**, AfK 16 (1977), 211 (223ff.); **Dieckmann**, Problemaufriß, S. 19ff.; **Laux**, DÖV 1981, 861ff.

III. Verflechtung der Beziehungen von Amt und Gemeinde

A. Vorgehensweise

Als Glied der öffentlichen Verwaltung sind auch die Ämter verpflichtet, ihren "Amtsauftrag"[42] zu erfüllen. Die durch die Amtsordnung rechtlich fixierte Institution des Amtes ist zum Zwecke des Vollzuges von kommunalen Verwaltungsaufgaben gebildet worden[43]. Bei der Betrachtung des Aufbaus der Kommunalverwaltung im ländlichen Raum Schleswig-Holsteins läßt sich erkennen, daß die Ämter und die ihnen angehörigen Gemeinden durch ein Geflecht verschiedenster Beziehungen untereinander verbunden sind. Die tatsächliche und rechtliche Ausformung dieser Verbindung beider Verwaltungsträger mit ihrer engen arbeitsteiligen Verzahnung läßt ein isoliertes Vorgehen bei der Bestimmung der Handlungsräume der Ämter beim Vollzug der gemeindlichen Selbstverwaltungsangelegenheiten nicht ratsam erscheinen[44]. Bei einer solchen Anschauung muß berücksichtigt werden, daß die vom Gesetzgeber vorgenommene Machtverteilung zwischen Amt und Gemeinde und die Bemessung der beiderseitigen Aktionsfelder miteinander korrelierende Berechtigungen und Verpflichtungen offenbar werden läßt, die lediglich auf einen in den kommunalen

---

42) Begriff nach **Reuß**, DVBl. 1959, 533 (534).

43) Allgemein zum Sinn und Zweck der Errichtung von Verwaltungsträgern und Einrichtung von Behörden vgl. nur **Forsthoff**, VerwR, § 23 I Nr. 1, der ausführt "Die Behörde steht zu den Aufgaben im Verhältnis des Mittels zum Zweck".

44) Wie eng die Verbindung zwischen dem Amt und der angehörigen Gemeinde geknüpft ist, läßt bereits § 1 I 2 AO erkennen. Hiernach dient das Amt der Stärkung der Selbstverwaltung der amtsangehörigen Gemeinden. Durch die Bestimmung wird deutlich der Wille des Gesetzgebers unterstrichen, im Bereich der Selbstverwaltung eine umfassende, enge und kooperative Aufgabenwahrnehmung beider Hoheitsträger im gesamten Bereich der Erledigung der Selbstverwaltungsaufgaben zu erreichen.

Bereich eingebetteten Tätigkeitsbereich der Ämter schließen lassen. Daraus wird deutlich, daß eine Lösung des vorliegenden Konkurrenzproblems nicht, wie teilweise beabsichtigt oder zumindest befürchtet wird[45], durch eine auf Konfrontation angelegte Betrachtung der Tätigkeitsbereiche beider Hoheitsträger erreicht werden kann. Es soll vielmehr ein Ansatz gewählt werden, der den gemeinschaftliche Zweck beider Hoheitsträger sowie die gegenseitige Koordinierungs- und Ausgleichsfunktion aufzeigt und verdeutlicht[46].

Ziel der Arbeit ist vordringlich die Klärung der Frage, ob das Amt mit der ihm gemäß § 3 I 1 AO übertragenen "Durchführung" der Selbstverwaltungsaufgaben eine eigene, auf gesetzlicher Grundlage beruhende, nicht von der jeweiligen Gemeinde zu beeinträchtigende, Entscheidungsautonomie eröffnende Zuständigkeit innehat. Weiter muß geklärt werden, ob im Bereich der Erledigung der Selbstverwaltungsangelegenheiten dem Amt als neuem Zuständigkeitsträger per Gesetz zusätzliche Aufgaben übertragen worden sind. Letztlich und hauptsächlich wird es um die Lösung des Problems gehen, ob es sich um einen Fall gesetzlicher Auftragsverwaltung handelt, die es dem Amt ermöglicht, die Selbstverwaltungsangelegenheiten der amtsangehörigen Gemeinden im eigenen Namen gegenüber außenstehenden Dritten zu verwirklichen.

---

45) Zum positiven Zuständigkeitsverständnis nur **Ehmke**, VVDStRL 20 (1963), 53f., 89f. unter Berufung auf BVerfGE 4, 7 (15); 8, 274 (328f.) und 6, 55 (81); für das Verhältnis Amt - Gemeinde jüngst **Baltzer**, Die Gemeinde 1985, 315; **Bitterberg**, Die Gemeinde 1985, 313 (315).

46) Man wird von der Tatsache ausgehen müssen, daß sich in der Verwaltungswirklichkeit umfassende und vielfältige Kooperationsformen zwischen Amt und Gemeinde herausgeformt haben. Diese Tatsache kann allerdings, auch wenn der Blick auf die Realität unverzichtbarer Bestandteil einer sinnvollen Auslegung ist, nicht die gegebenen normativen Reglementierungen überspielen und zu Pauschalierungen Anlaß geben.

B. Der Begriff der Zuständigkeit

Um Aufschluß über den hier in bezug auf die schleswig-holsteinischen Ämter vorliegenden Verwaltungstypus zu erlangen, ist zunächst der mögliche Inhalt, der sich aus einer "Zuständigkeit" ergibt, zu klären, um zu vermeiden, daß durch Mehrdeutigkeiten Mißverständnisse entstehen oder aufrecht erhalten bleiben[47].

Die zahlreich angebotenen Erklärungen, die sich um den Begriff der Zuständigkeit und den Folgerungen aus ihrer Inhaberschaft ranken, sind in der Sache weitgehend deckungsgleich, weichen jedoch in vielen Nuancen voneinander ab.

So bezeichnet Rasch als Zuständigkeit die Gesamtheit der auf den materiellen Organisationsnormen beruhenden Aufgaben, Befugnisse und Verpflichtungen eines Verwaltungsträgers[48].

Weitgehend deckungsgleich ist die Zuständigkeitsdefinition von Kopp, der als Hauptmerkmal der Zuständigkeit die Zurechnung einer bestimmten Aufgabe zu einem bestimmten Verwaltungsträger herausarbeitet[49].

In eine andere Richtung argumentiert Krüger, der in seiner Begriffsbestimmung das Schwergewicht auf die Feststellung der beauftragten Stelle legt und die Zuständigkeit als Befugnis für eine bestimmte Stelle bezeichnet, eine vorgeschriebene Angelegenheit zu erledigen[50].

---

47) Zur Notwendigkeit einer Begriffsbestimmung statt vieler **Wolff/Bachof**, VerwR II, § 74 I e: "Wie oft läßt sich größere Klarheit nur durch genauere Unterscheidung und eindeutige Termini erreichen". Gerade in der zum Teil sehr leidenschaftlich geführten Diskussion um die Stellung des Amtes im kommunalen Gefüge lassen einige Ausführungen den wichtigen Grundkonsens bei der begrifflichen Einordnung vermissen, wodurch teilweise Mißverständnisse geradezu heraufbeschworen werden.

48) **Rasch**, Die staatliche Verwaltungsorganisation, S. 27.

49) **Kopp**, VwVfG, § 3 Rn. 3; ähnlich **Ule/Laubinger**, VwVfG, § 10 I 2; **Finkelnburg/Lässig**, VwVfG § 3 Rn. 4.

50) **Krüger**, Allgemeine Staatslehre, S. 104; ähnlich **Maurer**, Allg.VerwR, § 21 Rn. 44; **Faber**, VerwR, § 9 IV.

Ähnlich ist auch die begriffliche Einordnung von Forsthoff, der das Schwergewicht auf die durch die Zuständigkeitsregelung geschaffene Behördenbindung legt und auf ihre Funktion zur Einweisung in ein konkretes Aufgabengebiet hinweist[51].

Die Reihe der Beschreibungen des Zuständigkeitsbegriffs ließe sich fortsetzen. Bei allen begrifflichen Klärungsversuchen ist jedoch übereinstimmend festzustellen, daß trotz der beschriebenen Nuancierungen in den verschiedenen Ansätzen die gemeinsame Grundposition besteht, daß die Zuständigkeit als die staatlichen Stellen zugewiesene eigene Handlungsmacht zur Setzung von Hoheitsakten zu begreifen ist[52].

C. Zuständigkeitsaufteilung zwischen Amt und Gemeinde

1. Gemeindliche Sachverantwortung

Bei der hier interessierenden Frage der Verteilung der Aufgaben zwischen Amt und Gemeinde bei der Erledigung der Selbstverwaltungsangelegenheiten kann es keinem Zweifel unterliegen, daß der inhaltlich-sachliche, also der materiell-rechtliche Gehalt aller Selbstverwaltungsangelegenheiten, die von der Gemeinde initiiert, aufgegriffen und in Vollzug gebracht werden müssen, weiterhin der Gemeinde in eigener Trägerschaft verbleiben. Diese Eigen- oder Endzuständigkeit[53] der Gemeinde muß deshalb den Grundtatbestand abgeben, und zwar unabhängig davon, welcher Inhalt dem Begriff der "Durchführung" der Selbstverwaltungsangelegenheiten durch das Amt zukommt. Die materiell gemeindliche

---

51) **Forsthoff**, VerwR, § 23, 2c.
52) Zu den vielfältigen Bemühungen der einheitlichen Beschreibung des Begriffs Zuständigkeit vgl. nur **Stettner**, Kompetenzlehre, S. 35; **Adami**, Zuständigkeit, S. 5-9.
53) Ausführlich und grundlegend zu diesen Begriffen und Unterscheidungen **Wolff/Bachof**, VerwR II, §§ 72 I b 1, 74 I f.

Qualität seiner Wahrnehmungsgegenstände wird nicht berührt. Der Gemeinde sind die Selbstverwaltungsangelegenheiten als Verpflichtungen und Berechtigungen zugewiesen. Als Rechtsträger der Selbstverwaltungsaufgaben ist ihr die Verantwortung für deren Inangriffnahme und Verwirklichung, die sogenannte Sachverantwortung, auferlegt.

Mit dieser Feststellung ist aber noch nicht entschieden, ob die Gemeinde auch die grundsätzliche Zuständigkeit zur eigenverantwortlichen Umsetzung ihrer Beschlüsse in Außenrechtsakte, also die sogenannte Verwaltungszuständigkeit, innehat oder ob die Kompetenz[54], diese Außenrechtswahrnehmung in eigenem Namen zu bewerkstelligen, durch § 3 I 1 AO den Ämtern übertragen wird.

2. Verwaltungszuständigkeit der Ämter

Als Begründungsansatz für die Möglichkeit der Aufteilung der Zuständigkeit in eine Grundzuständigkeit entsprechend der Sachverantwortung und eine Durchführungszuständigkeit, folgend aus der Verwaltungszuständigkeit, könnten die Erkenntnisse über die Wahrnehmungszuständigkeiten dienen, die einen Zugang zu den abgestuften organisatorischen Gliederungen der beteiligten Hoheitsträger eröffnen[55].

Die Wahrnehmungszuständigkeit als organisationsrechtliche Zuständigkeit enthält "die Zuordnung der Aufgabe, die einer Organisation eigenzuständig obliegen, auf ein Wahrnehmungssub-

---

54) Hinsichtlich der Begriffsbestimmung der "Kompetenz" wird **Wolff/Bachof**, VerwR II, § 72 I c 1 gefolgt. Danach ist als Kompetenz der Gegenstand der Wahrnehmungsverpflichtung, also die in Aussicht gestellte Aufgabe zu verstehen; sich an diese Terminologie anlehnend **Wolffgang**, Interkommunales Zusammenwirken, S. 29 Fn. 53; **Bull**, Allg. VerwR, Rn. 170; anders aber **Schlink**, Amtshilfe, S. 142, 143, der nicht nur die Aufgabe, sondern auch die Befugnisse, die der Erfüllung dienen, als Kompetenz ansieht; ablehnend auch **Stettner**, Kompetenzlehre, S. 36f. mit eingehender Begründung.

55) Grundlegend **Wolff/Bachoff**, VerwR II, §§ 71 – 78, bes. § 72 I b 1, 2, c 3.

jekt"[56].

Überwiegend wird die Erfüllung der Aufgaben durch die eigenen Organe derjenigen juristischen Person, der die Aufgaben im Sinne der Eigen- oder Endzuständigkeit übertragen worden sind, übernommen. Die so in Anspruch genommenen Organe oder Organteileteile nehmen als nichtrechtsfähige Subjekte die ihnen übertragenen Wahrnehmungszuständigkeiten ihres mit einer Endzuständigkeit ausgestatteten Hoheitsträger wahr[57].
In dieser typischen Konstellation werden also eigenzustehende Aufgaben einer juristischen Person durch ihre eigenen Organe vollzogen[58].

Zwingend ist die eigene Aufgabenerledigung aber nicht. Vielmehr können durch organisatorische Rechtssätze Aufgabenkreise der einem Verwaltungsträger in End- oder Eigenzuständigkeit übertragenen Verpflichtungen durch andere juristische Personen in sogenannter "rechtstechnischer" Trägerschaft wahrgenommen werden[59].
Hierbei ist es durchaus möglich, daß die so einbezogene juristische Person die zugewiesene Aufgaben als eigene wahrnimmt und diese ihr daher selbst zugerechnet werden[60].
Es handelt sich dann für sie bezüglich des materiell-sachlichen Gehalts der Aufgabe um eine "fremde" Angelegenheit, um eine "eigene" aber insoweit, wie eine Zuständigkeit zur Wahrnehmung

---

[56] Ausdrücklich **Wolff/Bachof**, VerwR II, § 72 I c 4.

[57] Vgl. dazu statt anderer **Achterberg**, VerwR, § 20 Rn. 52; **Maurer**, Allg. VerwR, § 21 Rn. 19; **Bull**, Allg. VerwR, § 3 Rn. 166; **Wolff/Bachof**, VerwR II, § 72 I c 4, § 74 I f 1.

[58] **Wolffgang**, Interkommunales Zusammenwirken, S. 24 bezeichnet die vorliegende typische Situation treffend als "eigene konstitutive Wahrnehmungszuständigkeit".

[59] Statt vieler **Wolff/Bachof**, VerwR II, § 72 I c 4; **Wolffgang**, Interkommunales Zusammenwirken, S. 22; BVerwG DVBl. 1983, 1152 (1153); **Becker**, Verwaltungsaufgaben, S. 187 (199); **Schnapp**, Amtsrecht, S. 93; **Rupp**, Grundfragen, S. 81; **Schwabe**, DVBl. 1974, 69 (70f.).

[60] Siehe nur **Wolffgang**, Interkommunales Zusammenwirken, S. 22; **Schmidt-Jortzig**, Kommunalrecht, Rn. 554 für die Fremdverwaltungsangelegenheit der Gemeinden; ders., DÖV 1981, 393 (394); **Schmidt-Jortzig/Wolffgang**, VerwA 75 (1984), 107 (120); **Steinberg**, AöR 110 (1985), 419 (424).

der Aufgabe bzw. Aufgabenteile angesprochen wird[61].

Im Rahmen dieser Abhandlung kann es nur um die Prüfung der Frage gehen, ob das Amt im Bereich der Durchführung der Beschlüsse der Gemeindevertretung eine eigene (Wahrnehmungs-)Zuständigkeit normativ übertragen erhalten hat, also der jeweiligen Gemeinde - hier insbesondere durch § 3 I 1 AO - die Befugnis zur Verwirklichung der Außenrechtsverbindlichkeit ihrer Selbstverwaltungsangelegenheiten definitiv entzogen wird[62].

3. Zuständigkeitsübertragung aufgrund der Zwecke der Zuständigkeitsregelung

Ist mit der Begriffserklärung ein Bild über das Wesen der Zuständigkeit nebst ihren Erscheinungsformen gewonnen worden, so muß jetzt deutlich gemacht werden, welche rechtlichen und tatsächlichen Auswirkungen und Verpflichtungen sich für den Handlungsraum des Amtes ergeben würden, wenn ihm durch § 3 I 1 AO die Wahrnehmungszuständigkeit für die Selbstverwaltungsangelegenheiten der amtsangehörigen Gemeinden übertragen werden. Die Konsequenzen sind derart facettenreich, daß hier eine

---

61) **Schmidt-Jortzig/Wolffgang**, VerwA 75 (1984), 102 (120) umschreiben die Wahrnehmung der betreffenden, in fremder Eigen- oder Endzuständigkeit stehenden Angelegenheit als "eigenes verwaltungsmäßiges Anliegen" des nunmehr beteiligten Hoheitsträgers.

62) Daß es sich hier <u>nur</u> um die Durchführung im Sinne von § 3 I 1 AO handeln kann, wird in der Diskussion nicht immer deutlich genug gesehen. So werden insbesondere in der Praxis aufkommende Fragen im Zusammenhang mit § 3 I 1 AO mit der Übertragung von Selbstverwaltungsaufgaben nach § 5 I AO verglichen und gleichgesetzt. Bei der (fakultativen) Übertragung gemäß § 5 I AO wird den Ämtern jedoch die Eigen- oder Endzuständigkeit mit der Folge übertragen, daß die entäußernden Gemeinden vollständig von der Aufgabenerledigung und -verantwortung befreit sind.

Darstellung nur ansatzweise erfolgen kann[63].

a. **Die Zwecke verbindlicher Zuständigkeitsfestlegung**

Um die Folgen einer Zuständigkeitsübertragung von den Gemeinden auf das Amt ermitteln zu können, ist zunächst eine Klärung der Zwecke einer verbindlichen Zuständigkeitsfestlegung nötig.

aa. **Ordnungsfunktion**

Zuerst ist festzustellen, daß die Zuständigkeitsordnung in der auf Arbeitsteilung angelegten Verwaltungsorganisation der Zuweisung von Aufgaben auf bestimmte Hoheitsträger dient[64]. Durch die Übertragung von Zuständigkeiten auf einen Hoheitsträger erfolgt eine Koordination[65] der Verwaltungsaufgaben nebst dem Auftrag ihrer Erledigung. Deutlich wird hieraus eine Ordnungsfunktion[66] der Zuständigkeit erkennbar, die einer unorganisierten, zufälligen oder beliebigen Aufgabenwahrnehmung eine deutliche Absage erteilt.

bb. **Ausschließlichkeitsfunktion**

Mit der Steuerung der Aufgabenerfüllung durch die Zuständigkeitsordnung und die dadurch bezweckte Übertragung der Verwaltungsaufgaben auf die einzelnen Handlungssubjekte wird die Verteilung der Aufgabenerfüllung auf die verschiedenen Verwal-

---

63) Vgl. dazu statt vieler eingehend und umfassend nur **Stettner**, Kompetenzlehre, passim.
64) Statt vieler **Adami**, Zuständigkeit, S. 7; Für **Meyer**, Die Verwaltungsorganisation, S. 36f. ist die Verteilung der Zuständigkeiten das wichtigste Strukturproblem von Organisationen.
65) Zum Begriff **Rückwardt**, Koordination des Verwaltungshandelns, S. 11, 36f., 51f. m.w.N.
66) Zur Ordnungsfunktion der Zuständigkeit nur **Stettner**, Kompetenzlehre, S. 19, 41 und besonders 306ff. mit weiteren Nachweisen.

tungsträger rechtsverbindlich festgelegt. Eigenmächtigkeiten oder Hinwegsetzungen über die vorgeschriebenen Regelungen sind unzulässig (Ausschließlichkeitsfunktion der Zuständigkeit)[67]. Das bedeutet zunächst, daß der so per Gesetz bedachte Hoheitsträger ohne gesetzliche Grundlage nicht befugt ist, seine Handlungsmacht auf andere Hoheitsträger zu übertragen[68]. Es ist ihnen demnach verwehrt, eigengestaltete formalisierte oder informelle verwaltungsbezogene Übereinkünfte zu treffen, die Rechtslagen schaffen, die dem normativ vorgegebenen Regelwerk widersprechen.

Zum anderen genießen die so ausgestatteten Träger in dem vorgegebenen Rahmen kompetentielle Absicherung und Schutz gegen dritte Mitwirkungsansprüche oder Konkurrenz.

Mit der konkreten Zuständigkeitsbestimmung einer geht der grundsätzliche Ausschluß aller anderen Hoheitsträger von der Wahrnehmung der zugewiesenen Sachaufgabe[69].

---

[67] Vgl. nur **Achterberg**, VerwR., § 13 Rn. 29; **Forsthoff**, VerwR, § 23, 2 c; **Schmidt-Jortzig**, Kommununalrecht, Rn. 409, Rn. 585; **Krüger**, Allg. Staatslehre, S. 108f.; **Finkelnburg/ Lässig**, VwVfG, § 3 Rn. 8; **Schink**, Rechtsnachfolge, S. 108f. m.w.N.; **Kopp**, VwVfG, § 3 Rn. 3-6 m.w.N.; **Erichsen**, Probleme mehrstufiger Erfüllung, S.3 (14); OVG Lüneburg, OVGE 24, 487 (489); BVerfG NJW 1981, 329 (334).

[68] BVerfGE 4, 115 (139); 32, 145 (156); 44, 322 (348) unter Hinweis auf E 33, 125 (158); 55, 274 (301); 63, 1 (39); **Kopp**, VwVfG, § 3 Rn. 5; **Wolff/Bachof**, VerwR II, § 72 IV a; **Ule/Laubinger**, VwVfG, § 10 VI 1; **Erichsen**, in Probleme mehrstufiger Erfüllung, S. 3 (4); **Finkelnburg/Lässig**, VwVfG, § 3 Rn.8 m.w.N.; eingehend auch **Sachs**, VerwA 74 (1983), 25f. (besonders S. 38f.).

[69] Vgl. nur **Meyer/Borgs**, VwVfG, § 3 Rn. 3; **Wolff/ Bachof**, VerwR II, § 72 IV a; **Schlink**, Amtshilfe, S. 109; In der Verwaltungswirklichkeit wird der Grundsatz der Ausschließlichkeit einer Zuständigkeit in vielfältiger Weise unterlaufen. **Schmidt-Jortzig**, DÖV 1981, 393 (398) bezeichnet die unstatthaften, aber in der Verwaltungspraxis anzutreffenden (und damit zuständigkeitsbeeinträchtigenden) Einwirkungen im Bereich der Aufgaben zur Erfüllung nach Weisung durch die Länderaufsicht als sog. (unzulässige) "Sonderaufsicht" und kennzeichnet hiermit deren rechtlichen Makel.

cc. **Festlegung der Tätigkeitsbereiche des Amtswalters**

Die Festlegung und Bestimmung des Umfangs einer übertragenen Zuständigkeit ist aber auch unter einem anderen Aspekt von erheblicher Bedeutung. Die aufgrund normativer Anordnung erfolgte Festschreibung von Aufgaben begründet eine kompetentielle Ämterordnung[70].
Die von den Zuständigkeitsnormen betroffenen Amtswalter genießen eine feste, zuverlässige Verteilung der Aufgaben, die ihren Tätigkeitsbereich festlegen. Damit wird die Hauptpflicht für den betroffenen Amtswalter, nämlich die Erfüllung der konkret zugewiesen Aufgabe, kanonisiert[71].
So entfaltet sich durch die zuständigkeitszuweisende Norm für den Amtswalter eine Bindungswirkung und Inpflichtnahme, die durch die dienstrechtlichen Rechtssätze (siehe nur § 68 I LBG) vervollständigt wird[72].

dd. **Sicherung der Voraussehbarkeit staatlichen Handelns**

Die Beständigkeit der normativen Festlegung der Zuständigkeit hat aber noch eine weitere zentrale Auswirkung, die in der Meß- und Voraussehbarkeit der einmal festgelegten Zuständigkeitsordnung liegt. Der Amtswalter, "im Schnittpunkt des Staat-

---

[70] Amt in diesem Zusammenhang ist im Sinne eines institutionell bestimmten Aufgaben- und Zuständigkeitsbereichs eines bestimmten Amtswalters zu verstehen vgl. dazu **Schnapp**, Amtsrecht, S. 148f. m.w.N.; **Rudolf**, in Erichsen/Martens, VerwR, § 56 III 1; **Krüger**, Allgemeine Staatslehre, S. 256; **Stettner**, Kompetenzlehre, S. 146ff., insbes. S. 148 oben.

[71] Zu dem Problemkreis der Sicht des Amtswalters eingehend **Schnapp**, Amtsrecht S. 84 m.w.N.; **Rupp**, Grundfragen, S. 48; zum Erfordernis einer hochgradig formalisierten Verwaltung aus der Sicht der Amtswalter nur **Jarass**, Politik und Bürokratie als Elemente der Gewaltenteilung, S.100ff.

[72] Dazu im einzelnen **Schnapp**, Amtsrecht, S. 148 m.w.N.; ders. AöR 105 (1980), 243 (251); **Rudolf**, in Erichsen/Martens, VerwR, § 56 III 1; **Stettner**, Kompetenzlehre, S. 149f.

Bürger-Verhältnisses"[73] setzt aufgrund der rechtlich bindenden Vorgaben der Zuständigkeitsordnung die Außenrechtsnormen im Verhältnis zum Bürger um. Die Hoheitsakte müssen unter Beachtung der einschlägigen Verfahrensvorschriften, also auch unter richtiger Einbeziehung der Zuständigkeitsvorschriften, zustande kommen[74].

Die strenge Anordnung des Verwaltungsverfahrensrecht[75] bezüglich der Beachtung der Zuständigkeitsvorschriften wird verständlich, gilt es doch, die vollständige und sachgerechte Erledigung der verschiedenen Aufgaben durch die hierfür bestimmten Stellen zu gewährleisten[76], um so letztlich eine korrekte Rechtsanwendung sicherzustellen[77].

Dem liegt die Erkenntnis zugrunde, daß der Bürger eine verfahrensrechtliche Position innehat, die ihm ein Recht auf zuständigkeitsgemäßes Handeln der Behörde verbürgen soll[78]. Er soll sich allein an die für ihn zuständige Behörde halten können, die ihrerseits die zuständigkeitszuweisenden Normen als unverzichtbare Handlungsvoraussetzung ihrer Tätigkeit zugrunde

---

73) Formulierung von **Schnapp**, Amtsrecht, S. 84.

74) Vgl. statt vieler nur **Kopp**, VwVfG, § 3 Rn. 4; **Finkelnburg/Lässig**, VwVfG, § 3 Rn. 12; **Wolff/ Bachof**, VerwR II, § 72 IV c; **Schink**, Rechtsnachfolge, S. 109.

75) Die Garantiefunktion des Verwaltungsverfahrensrechts zur Gewährleistung der rechtmäßigen Rechtsanwendung ist völlig unstreitig; vgl. statt vieler nur **Badura**, in Erichsen/Martens, VerwR, § 5 II m.w.N.; **Hill**, Das fehlerhafte Verfahren und seine Folgen im Verwaltungsrecht, passim; ständige Rechtsprechung des BVerfG; siehe nur BVerfGE 42, 64 (73); 53, 30 (65ff.,74ff. Mülheim-Kärlich); 54, 277 (291); 56, 203 (233).

76) **Häberle**, FS zum 50jährigen Bestehen des Richard Boorberg Verlags (1977), S. 47f., 55; BVerfGE 53, S. 30 (65ff., 74ff. Mülheim-Kärlich).

77) Dazu nur **Badura**, in Erichsen/Martens, Allg. VerwR, § 37 I, § 40 II 6, § 41 III 1; **Laubinger**, VerwA 73 (1982), 60 ff.; vgl. als gesetzliche Verfahrensbestimmungen nur §§ 113 II Nr. 3, 115 LVwG/S-H.

78) Statt vieler **Forsthoff**, VerwR, § 12a; **Fuchs**, Beauftragte, S. 123; **Schmidt**, DÖV 1977, 774 (776); **Krüger**, Allg. Staatslehre, S. 108 f; **Ossenbühl**, Verwaltungsvorschriften und Grundgesetz, S. 505 f; **Schnapp**, Amtsrecht, S. 205; **Mußgnug**, Das Recht auf den gesetzlichen Verwaltungsbeamten?, passim.

zu legen hat[79].

Damit werden Problemkreise berührt, die die Interessen des Bürgers an der Kenntnis der Behörde, die in seinen Angelegenheiten tätig werden soll, betreffen. Es handelt sich hierbei um eine Ausprägung des Rechtsstaatsprinzips, das, wie erwähnt, neben der Gesetzmäßigkeit der Verwaltung (Art. 20 III GG) auch die Voraussehbarkeit des staatlichen Handelns postuliert. Um diesem unabdingbaren Erfordernis Rechnung tragen zu können, muß das Verwaltungshandeln einer bestimmten Behörde zurechenbar sein[80].

Einem solchen hohen Anspruch kann aber nur durch nachvollziehbare, transparente Zuständigkeiten genügt werden, die deutliche Verpflichtungen und Berechtigungen für den jeweiligen Verwaltungsträger festlegen. Die Erfüllung der aufgestellten Anforderungen hat umso mehr Gültigkeit, als es gilt, einer Verkürzung des Rechtsschutzes, der durch Art. 19 IV GG von Verfassungs wegen ein Riegel vorgeschoben ist, entgegenzuwirken[81].

b. Auswirkungen auf die Zuständigkeitsverteilung zwischen Amt und Gemeinde

Es wird deutlich, daß die in der kommunalen Verwaltungswirklichkeit teilweise anzutreffende Gemengelage, die gegenseitige Verwischung und Vermischung der Zuständigkeitsbereiche bezüglich der Erfüllung der Kompetenzen im Verhältnis Amt und

---

[79] Den verpflichtenden Charakter eines zugewiesenen Zuständigkeitsbereichs betont zu Recht **Erichsen**, Probleme mehrstufiger Erfüllung, S. 3 (14 unter Bezugnahme auf BVerfG NJW 1981, 329 (334)); vgl. auch **Knack**, VwVfG, vor § 3 Rn. 12; **Kopp**, VwVfG, § 3 Rn. 4; **Schmidt**, DÖV 1977, 774 (776); **Maurer**, Allg. VerwR, § 21; **Battis**, Allg. VerwR, Rn. 53.

[80] Ständige Rechtsprechung vgl. nur BVerfGE 2, 380 (403); 3, 225 (237); 7, 89 (92); 33, 125 (158).

[81] So ausdrücklich **Schmidt-Jortzig**, DÖV 1981, 393; dazu auch **Rüfner**, VVDStRL 28 (1970), 187 (205); **Rupp**, DVBl. 1963, 577 (578); **Friauf**, Der Staat Bd. 9 (1970), 223 (239); BVerfGE 21, 209 (214f.); 55, 207 (225f.).

Gemeinde dann rechtlich nicht hinnehmbar ist, wenn dem Amt eine eigene Wahrnehmungszuständigkeit mit einem umrissenen Aufgabenkomplex zugeordnet ist. Die Konstituierung einer normativen Zuständigkeit dient nämlich, wie gezeigt, dazu, die aufeinander bezogenen und wechselseitig korrespondierenden Aufgabenfelder in Einklang zu bringen, indem sie sie zwingend dem vorgesehenen Verwaltungsträger zuordnet und so eine zufällige, gar personenabhängige Ermächtigung zur Wahrnehmung einer öffentlichen Aufgabe ausschließt.

Als Träger öffentlicher Gewalt sind auch die Gemeinden und die Ämter gehalten, ihre Aktivitäten allein auf kompetenzrechtlich fundierte Zuständigkeitswahrnehmung zu stützen.

Diesem legitimen Anspruch können beide Hoheitsträger aber nur folgen, wenn die Ausrichtung der normativ zugewiesenen organisationsrechtlichen Wahrnehmungszuständigkeiten offenbar ist.

IV. Verfassungsrechtliche Vorgaben

Die Einschaltung des Amtes in das Geflecht mehrstufiger kommunaler Aufgabenerledigung berührt innerhalb des Verwaltungsgefüges den Handlungsraum der jeweiligen amtsangehörigen Gemeinde, indem durch die autoritative Einschaltung des Amtes in die Erledigung der Selbstverwaltungsangelegenheiten durch § 3 I 1 AO notwendig auch die verfassungsrechtliche Gewährleistung des gemeindlichen Selbstverwaltungsrechts angetastet wird[82].

---

[82] Unberücksichtigt bleiben kann hier, daß die Bestimmung der Reichweite und der Grenzen der verfassungsrechtlichen Vorgaben des Art. 28 II GG im Einzelfall zu erheblichen Zweifelsfragen Anlaß geben kann. Ebensowenig ist auch nicht annähernd ein verallgemeinerungsfähiger Konsens über den Umfang des unantastbaren Kernbereichs des gemeindlichen Selbstverwaltungsrechts zu finden; vgl. statt vieler nur die Zusammenfassungen und Überblicke, insbesondere auch zu der wegweisenden Rechtsprechung des BVerfG v. **Mutius**, in Festgabe v. Unruh, S. 227 (235ff.); ders., Jura 1982, 28ff.; **Knemeyer**, Festgabe v. Unruh, S. 209ff.; **Blümel**, Festgabe v. Unruh, S. 265 (269ff.);

Dabei wird man von einer grundsätzlichen Verfassungsgemäßheit der Regelung des § 3 I 1 AO ausgehen können, und zwar unabhängig davon, wie der Begriff der "Durchführung" bestimmt wird, ist doch der gemeindlichen Eigengestaltungssphäre unbestritten ein breiter Raum verblieben[83]. Der Aktionsbereich der Gemeinde erscheint bereits auf den ersten Blick nicht unerträglich verkürzt, und die Grenze der zulässigen Beschränkung nicht überschritten[84]. Nach der vorherrschenden und zutreffenden Interpretation des auch in Art. 28 II GG enthaltenen Vorbehalts "im Rahmen der Gesetze" könnte eine Verletzung des gemeindlichen Selbstverwaltungsrechts und damit eine Verfassungswidrigkeit erst dann angenommen werden, wenn durch die normativen Vorgaben der AO und der anderen hier einschlägigen Vorschriften der Grundsatz der Verhältnismäßigkeit[85] nicht

---

Wolffgang, Interkommunales Zusammenwirken, S. 134ff. (insbesondere S. 142f.); **Schmidt-Jortzig**, Kommunalrecht, Rn. 460ff.; ders.,Die Einrichtungsgarantie der Verfassung, S. 33ff.; **Salzwedel**, DÖV 1969, 810f.; **Weber**, Selbstverwaltung und Demokratie, S. 11, 69, 80ff., 126 jeweils mit zahlreichen weiteren Nachweisen; v. **Unruh**, DÖV 1986, 217 (219f.).
Keinem Zweifel kann unterliegen, daß der schleswig-holsteinische Gesetzgeber durch die Änderung des § 3 I 1 AO jedenfalls der durch Art. 28 II GG gewährleisteten institutionellen Selbstverwaltungsgarantie der amtsangehörigen Gemeinden Rechnung zu tragen hatte; so allgemein für die erzwungene mehrstufige Aufgabenerfüllung auch **Loschelder**, in Festgabe v. Unruh, S. 381 (392); ders., Kommunale Selbstverwaltungsgarantie und gemeindliche Gebietsgestaltung, passim; **Rengeling**, HdKWP II, S. 385 (392); v. **Mutius**, Probleme mehrstufiger Erfüllung, S. 19 (33f.), der für die genannte Konstellation insbesondere die Abwehrfunktion der Selbstverwaltungsgarantie hervorhebt.

83) Vgl. statt vieler die zusammenfassende Stellungnahme in: Die Gemeinde 1966, 145ff.

84) Ähnlich allgemein auch v. **Mutius**, Probleme mehrstufiger Erfüllung, S. 19 (34), der zu Recht von einer grundsätzlichen Vermutung für die Zulässigkeit einer erzwungenen mehrstufigen Aufgabenwahrnehmung aufgrund eines legislativen Aktes ausgeht.

85) Es handelt sich hierbei um das aus dem Rechtsstaatsprinzip ableitbaren Übermaßverbots, das als Regelungskomponenten den Grundsatz der Eignung des Mittels, das Prinzip der Erforderlichkeit sowie das Prinzip der Verhältnismäßigkeit umfaßt; vgl. nur BVerfGE 23, 127 (133); 25, 1

eingehalten wurde[86].

Verfassungsmäßige Bedenken, die speziell aus dem Blickwinkel kommunaler Selbstverwaltung gegen die dualistische Aufgabenerledigung zwischen den Ämtern und den amtsangehörigen Gemeinden vorgebracht werden, sind äußerst selten[87]. Das dürfte nicht zuletzt auf die Entscheidung des BVerfG vom 24. Juli 1979 zurückzuführen sein[88].

Gegenstand der Entscheidung war ein Normkontrollantrag, der darauf gerichtet war, die Frage zu klären, ob es sich bei den Ämtern um Gemeindeverbände im Sinne von Art. 2 II, 3 I LS/S-H handelt, die eine vom Volke gewählte Vertretung haben müssen.

Im Rahmen der Urteilsgründe wurden auch Fragen der Stellung des Amtes als eigenständiger Funktionsträger im kommunalen Verwaltungsaufbau bei Erledigung der Selbstverwaltungsangelegenheiten berührt, diesbezügliche verfassungsrechtliche Zweifel aber nicht geäußert[89].

Auch wenn in der bundesverfassungsgerichtlichen Entscheidung nicht expressis verbis zur Stellung des Amts in bezug auf die

---

(17f.); 30, 292 (316); 33, 171 (187); 49, 24 (58); **Grabitz**, AöR 98 (1973), 568 (571ff.).

86) Zum Begriff, Ausmaß und Reichweite des durch Art. 28 II GG jedenfalls zu verbleibenden Wesensgehalts der kommunalen Selbstverwaltung vgl. als zusammenfassenden Überblick nur **Blümel**, in Festgabe v. Unruh, S. 265 (269ff. mit zahlreichen weiteren Nachweisen).

87) Es soll an dieser Stelle die Auffassung von **Galette**, GO, § 55 Abs. 5, Erl. 5 angedeutet werden, der erhebliche Zweifel an der Verfassungsmäßigkeit des § 3 I 1 AO wegen mangelnder hinreichender Bestimmtheit äußert. Auf diesen Einwand wird an anderer Stelle noch einzugehen sein.

88) BVerfGE 52, 95ff. So reizvoll die Nachprüfung der letztlich erfolgten bundesverfassungsrechtlichen Entscheidung auch sein mag, am Ergebnis dürften keine Zweifel bestehen; vgl. auch **Schmidt-Jortzig**, Kommunalrecht, Rn. 374 Fn. 28 unter Berufung auf BVerfGE 52, S. 95f. "..hat das BVerfG zur Verfassungsmäßigkeit der AO ein -hoffentlich- abschließendes Wort gesprochen"; vgl. auch **Bracker**, AO, § 3 Erl. 2c.

89) BVerfGE 52, 95 (116ff.) unter Berufung auf BVerwG, Die Gemeinde 1972, 216 (217) und Die Gemeinde 1972, 239ff. sowie OVG Lüneburg, OVGE 26, 487 (498); siehe auch OVG Lüneburg, OVGE 10, 440 (446f.); 19, 402 (405f.); 26, 449 (455f.); 26, 505 (507f.).

hier interessierende Fragestellung eingegangen wird, so lassen sich doch aus den Urteilsgründen deutliche Schlüsse ziehen, die eine Verfassungswidrigkeit der Amtsverfassung, insbesondere des § 3 I 1 AO, als fernliegend erscheinen lassen.
Daher wird als grundsätzliche Ausgangslage anerkannt, daß die Amtsverfassung die durch Art. 28 II GG geschützte gemeindlichen Selbstverwaltung in zulässiger Weise begrenzt. Eine gezielte und umfassende Untersuchung in eine solche Richtung wird daher unterbleiben.

V. Auslegung des § 3 I 1 AO

In dem Bemühen um Erschließung des § 3 I 1 AO zur Gewinnung von Erkenntnissen, in welchem Umfange möglicherweise Wahrnehmungszuständigkeiten bei Erledigung gemeindlicher Aufgaben dem Amt übertragen worden sind, ist die Norm des § 3 I 1 AO mit Hilfe der hierfür durch die juristische Methodenlehre bereitgestellten Instrumente[90] auszulegen[91].

A. Die Methode der Auslegung

Die Interpretation einer Norm knüpft an den Gesetzestext mit

---

90) Zu den apparativen Möglichkeiten der Auslegung grundlegend **Larenz**, Methodenlehre, S. 305 ff.; siehe auch **Baumann**, Einführung, § 4 III 1 c; **Rinken**, Einführung, insbes. S. 150ff., 175ff., 214ff. m.w.N.

91) Dazu auch **Schmidt-Jortzig**, Organisationhoheit, S. 4, der einen vielfachen Mangel an "geduldiger Auslegungsarbeit" zur vollständigen und sinnvollen Erfassung kommunalrechtlicher Normen feststellt; ähnlich auch **Bull**, Allg. VerwR, Rn. 406, welcher mit guter Begründung sogar die Möglichkeit eines Mißtrauen und einer latenten Angst der Rechtsanwender gegen die theoretische Durchdringung ihrer Praxis aufzeigt.

dessen Sinngehalten an[92]. Es müssen dabei die möglichen verschiedenen Begriffsinhalte eines Normtextes fruchtbar gemacht werden, um die zutreffende Bedeutung zu ermitteln, gilt es doch, Bezüge und Orientierungen für die rechtsanwendende Praxis zu gewinnen.
Bei der Vorgehensweise wird methodisch nach der sog. objektiven Theorie zu verfahren sein[93].
Dabei dient der Ermittlung des Regelungsgehalts einer Norm zunächst der Wortsinn (grammatische Auslegung), ergänzt durch Berücksichtigung ihres Zusammenhangs mit anderen Normen (systematische Auslegung); desweiteren sind die aus den Gesetzesmaterialien und anderen Quellen gewonnenen Erkenntnisse der Entstehungsgeschichte zu berücksichtigen (historische Interpretation) sowie der Zweck der Norm (teleologische Auslegung) heranzuziehen[94].

---

[92] **Larenz**, Methodenlehre, S. 299; **Menger/Erichsen**, VerwA 58 (1967), 70 (80); **Hesse**, Grundzüge, § 2 IV; **Germann**, Probleme und Methoden der Rechtsfindung, S. 104ff. m.w.N.; **Hruschka**, Das Verstehen von Rechtstexten, S. 5.

[93] Im Gegensatz zu den Anhängern der subjektiven Theorie, die bei ihrem Vorgehen allein auf die historischen Normvorstellungen des Gesetzgebers bei Abfassung des Textes abstellen. Doch kann der Regelungsgehalt einer Norm nicht durch Ermittlung eines Willens des erlassenden Gesetzgebers, der gleichsam alle zukünftigen Zweifelsfragen in Betracht zieht, erklärt werden; eindrucksvoll **Radbruch**, Rechtsphilosophie, S. 211 "Der Staat spricht nicht in den persönlichen Äußerungen der an der Entstehung des Gesetzes Beteiligten, sondern nur im Gesetz selbst"; ebenso BVerfGE 11, 126 (129ff.); **Larenz**, Methodenlehre, S. 314ff.; **Ehmke**, VVDStRL 20 (1963), 53 (74); **Kriele**, Theorie der Rechtsgewinnung, S.174; **Engisch**, Einführung in das juristische Denken, S. 88f.; **Erichsen**, StaatsR. und VfGbkt. I, S. 37 m.w.N.; **Stern**, StaatsR I, § 2 II 3 b.

[94] Vgl. statt vieler nur BVerfGE 11, 126 (129ff.); daß für die Interpretation von Zuständigkeitsnormen die allgemeinen Interpretationsregeln gelten, betont ausdrücklich **Stettner**, Kompetenzlehre, S. 382.

B. Die Ermittlung der Wortbedeutung

Bei der Deutung des § 3 I 1 AO ist zunächst vom Wortlaut auszugehen, dem es vorrangig obliegt, Sinngehalte mitzuteilen[95], bestimmt er doch grundsätzlich die Grenze der möglichen Bedeutungsinhalte der betreffenden Norm[96].

1. Der Begriff der "Durchführung" im juristischen Sprachgebrauch

In erster Linie ist nach der spezifisch juristischen Bedeutung zu fragen[97].
Allein der schleswig-holsteinische Gesetzgeber gebraucht den Begriff der Durchführung in einer Vielzahl von Normen in zum Teil sehr verschiedenem Zusammenhang[98]. Gewöhnlich werden aber solche Betätigungsfelder der Hoheitsträger bzw. deren Organe beschrieben, die im weitesten Sinne als Vollzug anzusehen sind.

Auch in der juristischen Literatur erfährt der Begriff "Durchführung" ein tatbestandlich umfangreiches Anwendungsfeld und wird häufig synonym als Ausführung oder Vollzug gebraucht[99]. Die anerkannt tatbestandliche Weite und die verschiedentliche

---

[95] Zur wichtigen Bedeutung des Wortlauts einer Norm **Larenz**, Methodenlehre, S. 299; **Hesse**, Grundzüge, § 2 IV; **Germann**, Probleme und Methoden der Rechtsfindung, S. 104 m.w.N.

[96] **Dahm**, Deutsches Recht, S. 42; **Lampe**, Juristische Semantik, S. 15f.; **Schlink**, Der Staat, Bd. 19 (1980), 73 (100).

[97] Dazu nur **Bull**, Allg. VerwR, Rn. 415.

[98] Siehe nur §§ 21, 33 I Nr. 3, 34, 35 II, 80 b LVwG; 27 I 1, 49 I 2, 2 Hs., 49 IV 3, 60 IV GO; 26 AO; Überschrift zu § 5 DVO/GO.

[99] Vgl. statt vieler nur **Schmidt-Jortzig**, Kommunalrecht, Rn. 540, 543, der den außenwirksamen Vollzug der staatlichen Aufgaben durch die Gemeinde im eigenen Namen (Fremdverwaltungsaufgaben) als Durchführung bezeichnet.

Verwendung des Begriffs der "Durchführung"[100] lassen jedoch nicht ohne weiteres eine verläßliche Aussage darüber zu, ob § 3 I 1 AO dem Amt die eigennamige, außenwirksame Wahrnehmungszuständigkeit der gemeindlichen Selbstverwaltungsaufgaben überträgt.

2. Der Begriff der "Durchführung" im allgemeinen Sprachgebrauch

Bei methodenrichtiger Auslegung des Wortsinns einer Norm ist, soweit der spezifisch juristische Sprachgebrauch keine eindeutige Begriffsklärung zuläßt, auf die Wortbedeutung im allgemeinen zurückzugreifen[101].

Das Wort "durchführen" wird nach Mackensen als die "Verwirklichung (eines Plans) oder die Vollendung (einer Arbeit) beschrieben"[102].
Brockhaus definiert den Begriff als "das Umsetzen in die Tat, die praktische Verwirklichung einer begonnenen oder geplanten Aufgabe"[103].
Meyers Großes Konversationslexikon bezeichnet als Durchführung "den Teil in größeren musikalischen Kompositionsnormen, in dem die (vorher aufgestellten) Hauptgedanken (Themata) des Satzes frei verarbeitet werden"[104].
Die aufgezeigten allgemeinen Definitionsbemühungen legen das Verständnis nahe, daß es sich nach der Wortbedeutung bei der dem Amt obliegenden "Durchführung" um die Verwirklichung der

---

100) Pointiert **Galette**, GO, § 55 Abs. 5, Erl. 5: "Die Durchführung ist eine allgemeine Umschreibung zahlreicher möglicher Maßnahmen"; vgl. aber auch **v. Mutius**, Probleme mehrstufiger Erfüllung, S. 19 (47), der die Übernahme einer Aufgabenerledigung zur Durchführung auf die Wahrnehmung im Namen des Übertragenden beschränkt.
101) Larenz, Methodenlehre, S. 305f.
102) **Mackensen**, Deutsches Wörterbuch, S. 271
103) **Brockhaus**, Stichwort: "Durchführung".
104) **Meyers** Großes Konversationslexikon, S. 298

Beschlüsse der Gemeinde, also ein nach außen in den Rechtsverkehr wirkendes, abwickelndes Verhalten handelt. Danach muß zu den Beschlüssen der Gemeinde insbesondere ein zusätzliches, nicht nur verwaltungsinternes Konkretionserfordernis durch das Amt hinzukommen, sollen die gemeindlichen Willensbetätigungen Außenwirksamkeit entfalten.

3. Ergebnis der Wortlautauslegung

Nichtsdestoweniger bietet die Wortlautauslegung für eine endgültige Festlegung und Bestimmung des Aufgabenbereichs des Amtes keine endgültig zufriedenstellende Klärung[105]. So läßt sich insbesondere noch nicht mit hinreichender Gewißheit sagen, ob das Amt bei der Durchführung der Selbstverwaltungsangelegenheiten lediglich als unselbständiger, weisungsgebundener Helfer der Gemeinde (Erfüllungsgehilfe) tätig wird, wie es die Formulierung "nach den Beschlüssen der Gemeinde" nahelegen könnte[106], also nur ein verwaltungstechnisches Hilfsinstitut[107] darstellt, welchem nur die technische Durchführung obliegt, oder ob das Amt bei der Durchführung der Selbstverwaltungsangelegenheiten als selbständiger, eigennamig nach außen handelnder Verwaltungsträger auftritt.

C. Die historische Auslegung

Weiteren Aufschluß für die Untersuchungen könnte die histo-

---

105) Zum gleichen Ergebnis gelangt OVG Lüneburg, OVGE 26, 449 (450).
   Der Gesetzgeber hat auch bewußt den nicht sehr aufschlußreichen Wortlaut des § 3 I 1 AO in Kauf genommen; dazu nur **Schlegelberger**, Sten. Bericht. Lt. S-H, 5./ S. 2227.
106) Zu diesem Aspekt vgl. nur OVG Lüneburg, OVGE 26, 449 (451).
107) Begriff von **Göb**, HdKWP I (1956), S. 377 (392).

rische Betrachtungsweise geben, bieten sich doch Vergleiche und Rückschlüsse mit Modellen und gesetzlichen Regelungen einer kommunalen mehrstufigen Aufgabenerfüllung anderer Bundesländer wegen der Einzigartigkeit der schleswig-holsteinischen Amtsverfassung nur sehr bedingt an[108]. Nun entspricht es zwar der herkömmlichen Vorgehensweise, für die Auslegung einer Norm die Entstehungsgeschichte häufig erst zur Unterstützung der vorher gewonnenen Ergebnisse heranzuziehen[109]. Im Rahmen der vorliegenden Abhandlung ist jedoch eine Schilderung der jüngeren Entwicklung der Amtverfassung, ihre Akzeptanz bei Einführung und bei Änderungen im kommunalen Verwaltungsgefüge sowie weitere, möglicherweise anders geartete Reformansätze zunächst angebracht, um dem Verständnis und der Erklärbarkeit der heutigen Amtsverfassung den Weg zu bereiten und daher aus dem historischen Zusammenhang der Regelungen über die Amtsverfassung Aufschlüsse über den Norminhalt der in § 3 I 1 AO niedergelegten Übertragung der "Durchführung" der Selbstverwaltungsangelegenheiten auf die Ämter zu gewinnen.

Die Zuhilfenahme der historischen Betrachtungsweise, die Schaffung eines Überblicks über wirksame und erfolglose Verwaltungsreformversuche in Schleswig-Holstein können insoweit zur Normauslegung herangezogen werden, als sie dem Gesetzgeber bei der Novellierung der Amtsordnung und damit der Schaffung des § 3 I 1 AO als Grundlage für die Entscheidungsfindung über juristische Problemlagen gedient haben. Schon dort können Vorstellungen und gewünschte Entwicklungen in der kommunalen Aufgabenerledigung, wie sie sich durch die Neufassung der AO

---

[108] Einen Überblick über unterschiedliche Rechtsformen interkommunaler Zusammenarbeit in der kommunalen bundesrepublikanischen Verwaltungslandschaft gibt **Rengeling**, HdKWP II, S. 385 (396ff.).

[109] So insbesondere das BVerfG, das in seiner Rechtsprechung starke Zurückhaltung gegenüber der historischen Betrachtungsweise erkennen läßt; vgl.nur BVerfGE 8, 274 (307); 11, 126 (129f.); 33, 52 (73); 35, 263 (278f.); 36, 342 (362); aber auch 41, 205 (220f.); 56, 192 (204f.); vgl. auch **Badura**, NJW 1981, 1337 (1339); allgemein zur historischen Interpretation **Larenz**, Methodenlehre, S. 315f.; **Coing**, Grundzüge der Rechtsphilosophie, S. 314; **Starck**, VVDStRL 34 (1976), 43 (72).

verwirklichen sollten, angelegt sein[110].

1. Historisch-dogmatische Grundlegung

Angesichts der langen Tradition der Amtsverfassung in der kommunalen Landschaft Schleswig-Holsteins besteht bei einer rückblickenden Betrachtung die Schwierigkeit, eine zeitliche Zäsur einzubringen und einen Zeitpunkt festzulegen, von dem ab im Wege der historischen Norminterpretation Erkenntnisse aus dem historischen Zusammenhang für die Ermittlung des Bedeutungsinhalts von § 3 I 1 AO zu gewinnen sind, ohne in Gefahr zu geraten, erhebliche Tatsachen zu unterdrücken[111].
Als Einschnitt erscheint die grundlegende Änderung des § 3 I 1 AO durch das Gesetz vom 24. 5. 1966[112] geeignet. Zum einen ist der zeitliche Abstand zur Gegenwart und damit zu den, die Auslegungsfrage erst akut werden lassenden tatsächlichen Schwierigkeiten der kommunalen Verwaltungspraxis verhältnismäßig überschaubar, zum anderen hat der Gesetzgeber mit der damaligen Änderung der AO dem Amt in Schleswig-Holstein sein neuartiges, heute noch geltendes Gepräge gegeben.

---

110) Es entspricht in der Tat in Schleswig-Holstein einer bewährten Tradition, beabsichtigte grundlegende Änderungen des kommunalen Regelungsfeldes mit mannigfachen politischen, persönlichen und rechtlichen Äußerungen zu begleiten; vgl. im übrigen **Schimanke**, Verwaltungsreform Baden-Württemberg, S. 58, der zutreffend auf die Bedeutung der historischen Betrachtungsweise bei Erkenntnisprozessen über einen Verwaltungsaufbau hinweist.

111) Zur Geschichte der Amtsverfassung Schleswig-Holstein **Bracker**, AO, Einleitung; ders., Die Gemeinde 1970, 149f.; **Laux**, Die Gemeinde 1960, 81ff., 101ff., 121ff.; **Rietdorf**, Die Gemeinde 1953, 124ff.; **Rudzio**, Neuordnung, S. 115ff.; hauptsächlich für die Kirchspielslandgemeinden eingehend **Elsner**, Kirchspielslandgemeinden, passim.

112) GVOBl. S-H. S. 91.

a. Die Regelung des § 3 I 1 AO vom 17. 06. 1952

Nach den bis dahin geltenden Regelungen der AO vom 17. 6. 1952[113] waren die amtsangehörigen Gemeinden berechtigt, die Durchführung der Selbstverwaltungsangelegenheiten einzeln oder insgesamt auf das Amt zu übertragen, konnten aber diesen Aufgabenkomplex auch selbst wahrnehmen[114]. Daneben bestand für die amtsangehörigen Gemeinden die jederzeitige Möglichkeit, durch Beschluß der Gemeindevertretung, welcher nicht der Zustimmung anderer Hoheitsträger brauchte, dem Amt die zunächst übertragene Durchführung der Selbstverwaltungsaufgaben mit der Folge zu entziehen, daß wiederum sie allein für die vollständige und alleinige Aufgabenerledigung dieser Selbstverwaltungsangelegenheiten zuständig und verantwortlich waren[115].

b. Die Änderung durch § 3 I AO vom 24. 05. 1966

Durch die Neufassung des § 3 I 1 AO vom 24. 05. 1966 wurde den amtsangehörigen Gemeinden das Recht der freiwilligen und disponiblen Übertragung der Durchführung der Selbstverwaltungsaufgaben auf das Amt entzogen. Darüber hinaus wurde auch das Recht, die Aufgabenerledigung der "Durchführung" durch einfachen Beschluß der Gemeindevertretung wieder an sich zu bringen, beseitigt. Eine Ausnahme bildete lediglich die Regelung des § 3 I 2 AO, wonach die Zustimmung der Kommunalaufsichtsbehörde

---

113) GVOBl. S-H. S. 95.
114) Zu den kommunalen Reformbemühungen in der Zeit vom Kriegsende bis zum Erlaß der AO 1952 allgemein **Rudzio**, Neuordnung, passim; **Bacmeister**, Reform, S. 225ff.; siehe auch BVerfGE 52, 95 (113f.).
115) Der "a maiore ad minus Schluß" war unbestritten, vgl. nur **Rietdorf**, Die Gemeinde 1953, 124 (127); **Dunker**, Die Gemeinde 1964, 171 (172); **Willing**, Die Gemeinde 1964, 242; **Elsner**, Kirchspielslandgemeinden, S. 176.

notwendig war, wenn eine amtsangehörige Gemeinde einzelne Selbstverwaltungsangelegenheiten selbst durchführen will. Der grundlegenden Gesetzesänderung sind eingehende Beratungen und Stellungnahmen vorausgegangen, wobei die Notwendigkeit einer umfassenden Verwaltungsstrukturreform zur Bewältigung der bereits anstehenden und zukünftig erwarteten administrativen Aufgaben allgemein anerkannt wurde[116].

Nicht nur in Schleswig-Holstein, sondern auch in anderen Bundesländern wurden erhebliche Anstrengungen unternommen, die Zuständigkeitsverteilung auf die verschiedenen Verwaltungsebenen eingehend zu prüfen, neu zu ordnen und auch neue Wege der Aufgabenerledigung einzuschlagen[117].

aa. Negative Erfahrungen aus der Regelung von 1952

Gegenstand der Überlegungen und Reformbemühungen in den einzelnen Bundesländern war in erster Linie die Stärkung der Verwaltungskraft[118] in den ländlichen Gebieten. Die kommunalen Verwaltungsträger konnten oftmals nur mit größter Mühe eine sachgerechte Bewältigung der anstehenden Aufgaben gewährleisten.

Die quantitative und qualitative Entwicklung der öffentlichen Aufgaben, die Funktionsverlagerung von einer Ordnungs- zu einer überwiegenden Leistungsverwaltung mit erheblich gestiegenen Erwartungen der Bürger, fand ihren Niederschlag auch bei den kleinen Gemeinden, denen ein nicht unerheblicher Anteil der

---

[116] Siehe nur die zusammenfassende chronologische Betrachtung: N.N., Die Gemeinde 1966, 145ff.

[117] Es sollten grundsätzlich für alle Hoheitsträger zufriedenstellende Konzepte und Lösungen gefunden werden, um den Anforderungen einer effizienten und effektiven Aufgabenerledigung gerecht werden zu können; ausführlich dazu statt vieler nur **Stüer**, Funktionalreform, S. 138ff. mit zahlreichen Nachweisen.

[118] Allgemein zur Terminologie der Verwaltungskraft **Wagener**, Neubau der Verwaltung, S. 4-9.

Erfüllung der Verwaltungsaufgaben anvertraut war[119]. Die Mühen und Probleme, die namentlich den sowohl finanziell als auch personell unzureichend ausgestatteten ländlichen Gemeinden aufgrund der auf sie zukommenden Herausforderungen entstanden, offenbarten Defizite in der Verwaltungs-, Veranstaltungs- und Finanzkraft der ländlichen Gemeinden. Häufig bestand bei diesen nicht einmal ein eingerichteter Verwaltungsapparat, der in der Lage war, einen sachgerechten Vollzug der Aufgaben zu gewährleisten[120].

Auch in Schleswig-Holstein war die ländliche kommunale Verwaltungssituation durch einen wachsenden Aufgabenkanon gekennzeichnet, dessen Wahrnehmung den kleineren Gemeinden, aber auch den Ämtern in ihrer bisherigen Struktur, erhebliche Schwierigkeiten bereitete. Auch hier schlug sich der Wandel und die Ausdehnung der Selbstverwaltungsangelegenheiten nieder. Die sachgerechte Bewältigung dieser Aufgaben bedingte administrative Anstrengungen, denen eine ohne fachliche Ausstattung arbeitende, ehrenamtliche Gemeindeverwaltung schwerlich entsprechen konnte, fehlte ihnen doch die geeignete Größe und die ausreichende Ausstattung[121].
Trotz der Möglichkeit der gemeinschaftlichen Aufgabenwahrnehmung durch Einbeziehung des Amtes bei der Erfüllung der Selbstverwaltungsangelegenheiten, behielten sich viele amtsangehörige

---

[119] Auch in den ländlichen Gemeinden fallen grundsätzlich die gleichen Aufgaben wie einem größeren Ort an; vgl. zur Zunahme der öffentlichen Aufgaben und zur Veränderung der tradierten Betätigungsfelder der Gemeinde nur **Stüer**, Funktionalreform, S. 216; **Grawert**, VVDStRL 36 (1977), 277 (280f); **Köttgen**, Selbstverwaltung, S. 246f; **von der Heide**, Der Landkreis 1965, 72f.; **Thieme**, DVBl. 1966, 325 (328); **Hoppe/Rengeling**, Rechtsschutz, S. 48; **Göb**, Die Gemeinde 1965, 204f.; **Scheuner**, Die Gemeinde 1966, 65 (66f.).

[120] Zu den Schwierigkeiten einer Unterhaltung und Optimierung des personellen Verwaltungsapparats für eine kleine Gemeinde vgl. nur **Engelke**, Die Gemeinde 1955, 144 (bes. 145f.); **Hergenham**, Die Gemeinde 1964, 266f.

[121] Für den ländlichen schleswig-holsteinischen Bereich bereits **Dunker**, Die Gemeinde 1951, 125f.; **Geiger**, Die Gemeinde 1967, 4; **Donath**, Die Gemeinde 1964, 252 (253); allgemein dazu auch **Köttgen**, AfK (3) 1964, 155 (178).

Gemeinden ganz oder größtenteils die alleinige Aufgabenerledigung vor[122]. Anders war dies nur, bedingt durch eine andere historische Entwicklung, in den Kirchspielslandgemeinden im Westen Schleswig-Holsteins[123].
Die Gründe für die mangelnde Inanspruchnahme der Leistungen des Amtes waren vielfältiger Natur. Sie entzogen sich zumeist einer rationalen Nachprüfbarkeit, entsprangen sie doch oftmals der persönlichen Motivation der Betroffenen[124].
Der Umstand, daß sich die Gemeinde noch weitgehend die alleinige Erledigung ihrer Beschlüsse vorbehielten, hatte noch einen nachteiligen Effekt. Begünstigt durch die geringe Zahl zu betreuender Einwohner[125] und durch die Ungewißheit der ständigen Möglichkeit der Aufgabenquantitätsänderung durch Aufgabenentzug aufgrund einseitiger Erklärung durch die Gemeindevertretungen der amtsangehörigen Gemeinden, konnte der Personalbedarf und die sachliche Ausstattung des Amtes mit den damit verbundenen Kosten nur sehr schwer für längere Zeit bestimmt werden[126]. Dementsprechend bereitete es den Ämtern zum Teil

---

[122]   Dazu **Willing**, Die Gemeinde 1964, 242 (244); siehe auch die eindrucksvolle Aufzählung bei **Becker**, Die Gemeinde 1965, 6; **Körner**, Die Gemeinde 1967, 63f., der auch die fehlende Bereitschaft der Aufgabenübertragung kritisiert; vgl. bereits **Dölz**, Wortprotokoll vom 14.06.1948, Ltg. SH., S. 34, der ausführt, daß Ämter "leere Hülsen" zu bleiben drohen, solange in vielen Gemeinden die Verwaltungsarbeit nicht übertragen wird.

[123]   Die aus den ehemaligen Kirchspielslandgemeinden gebildeten Ämter wurden aufgrund ihrer geschichtlich gewachsenen Bedeutung weiterhin weitgehend selbstverständlich als leistungsfähige Verwaltungsträger in Anspruch genommen dazu **Elsner**, Kirchspielslandgemeinden, passim.

[124]   Darauf weist deutlich **Petersen**, Die Gemeinde 1965, 2 (4) hin; dazu auch N.N., Die Gemeinde 1966, 33 (35).

[125]   Die Mindestzahl sollte nach § 2 II AO in der Fassung vom 17.06.1952 in der Regel nicht weniger als lediglich 3000 Einwohner umfassen.

[126]   Die prekäre Ausstattungssituation wurde noch dadurch verschärft, daß die Aufgaben zur Erfüllung nach Weisung, deren Erledigung auch seinerzeit schon allein dem Amt oblag, im Vergleich zu heute, nicht annähernd so erheblichen Umfang hatten. So bestand auch aus dieser Richtung kaum eine Anlaß zur Verbesserung des innerern Aufbaus des Amtes.

erhebliche Probleme, wie sie die Bedarfsplanung bezüglich des erforderlichen Personals, deren rationalen Einsatzes sowie die Steigerung der Attraktivität des Arbeitsfeldes nebst Aufstiegsmöglichkeiten vorzunehmen hatten[127]. Angesichts der schwierigen langfristigen Planung des Aufgabenumfangs war den Ämtern eine vorsichtige Einschätzung nicht zu verdenken.

Da die amtsangehörigen Gemeinden nur in geringem Umfange Aufgabenbereiche den Ämtern zur Wahrnehmung übertrugen, waren diese schon personell nicht in der Lage, ihre Mitgliedsgemeinden effektiv und umfassend zu unterstützen[128]. Andererseits konnten beabsichtigte Übertragungen von Betätigungsfeldern durch die Gemeinde auf das Amt häufig wegen deren mißlichen Ausstattung nur sehr bedingt vorgenommen werden. So verblieb die alleinige Bearbeitung der Selbstverwaltungsangelegenheiten dann doch letztlich den Bürgermeistern der amtsangehörigen Gemeinden.

Damit brachte die 1952 geschaffene Amtsverfassung zwar formal eine Verbesserung der Verwaltungsstruktur im ländlichen Raum, zumindest aber für den Vollzug der Selbstverwaltungsangelegenheiten angesichts der teilweise geringen Neigung in den Gemeindevertretungen, freiwillig zugunsten des Amtes auf Erledigungstätigkeiten zu verzichten, keine durchgreifende Entlastung für die Bürgermeister, denen weiterhin der Großteil der

---

[127] Siehe zur Entwicklung des Umfangs der Aufgaben zur Erfüllung nach Weisung nur **Stober**, Kommunalrecht, § 7 I a.
Siehe im einzelnen zur Verwaltungskraft des Amtes vor der Änderung der AO 1966 **Galette**, Die Gemeinde 1959, 143 f; **Kujath**, Die Gemeinde 1964, 179; **Willing**, Die Gemeinde 1964, 242 (244); **Thee**, Sten. Bericht Lt. S-H, 5./ S. 1900, der darauf hinweist, daß das Amt für das Personal schon dadurch keinen Anreiz bietet, weil Aufstiegsmöglichkeiten wegen der geringen Größe und des geringen Aufgabenvolumens nicht gegeben sind.

[128] **Dunker**, Die Gemeinde 1964, 171 (172), weist mit Nachdruck auf die für das Amt "unbefriedigende" Situation hin; vgl. zutreffend auch **Becker**, Die Gemeinde 1965, 6 (8); Sachverständigengutachten, S. 180, wo auch eine strikte Abhängigkeit der Verwaltungskraft von der persönlichen und sächlichen Ausstattung eines Trägers anerkannt wird.

Verwaltungsarbeit oblag[129].
Deren (zweifellos großes) Engagement bei der administrativen Tätigkeit konnte nicht verhindern, daß wegen der Verkomplizierung des Verwaltungsverfahrensrechts kommunale Maßnahmen mehr und mehr als rechtswidrig aufgehoben und Gemeindesatzungen für nichtig erklärt wurden[130].
Durch die Beschäftigung mit der täglichen Verwaltungsarbeit, die neben der Bearbeitung des Schriftverkehrs auch Publikumssprechstunden und mannigfaltige andere organisatorische Vorkehrungen umfaßte, hatte der Bürgermeister zwar häufig selbst unmittelbaren Kontakt mit den Problemen und Wünschen der Gemeindebewohner; es bestand aber die Gefahr, daß er schon aus zeitlichen Gründen seiner vordringlichen Aufgabe, innerhalb der Gemeindevertretung zu agieren und die Geschicke der Gemeinde zu leiten, nicht mehr gerecht werden konnte[131].
Für den betroffenen Bürger bestand darüber hinaus namentlich die Schwierigkeit, den für sein Anliegen richtigen Ansprechpartner zu ermitteln.
Wegen des gesetzlich zulässigen breiten Betätigungsfeldes der Gemeinde in der Verwirklichung ihrer Beschlüsse und in der jederzeit widerruflichen Möglichkeit der Aufgabenverlagerung auf das Amt, war für Außenstehende oftmals nicht erkennbar, welche Stelle nun mit dem jeweiligen Verwaltungsvorgang befaßt war[132].

[129)] Siehe auch **Donath**, Die Gemeinde 1964, 252 (253); **Petersen**, Die Gemeinde 1965, 2; **Becker**, Die Gemeinde 1965, 6 (8), der darauf hinweist, daß die Verwaltungsarbeit des Bürgermeisters oft nur durch Familienmithilfe bewerkstelligt werden konnte.

[130)] So **Willing** bei der Anhörung der kommunalen Landesverbände beim Schleswig-Holst. Landtag nach dem Landtagsprotokoll vom 03.03.1966, abgedruckt in: Die Gemeinde 1966, 141.

[131)] So bereits **Hütteroth**, Die Gemeinde 1950, 192; N.N., Die Gemeinde 1966, 33 (35).

[132)] Es bedarf keiner besonderen Begründung, daß bei einer solchen Vorgehensweise Doppelarbeit und Reibungsverluste unausbleiblich waren. Weiterhin war es keine Seltenheit, daß ein Bürgermeister eine verwaltungsbezogenen Auskunft oder gar Zusage gab, obwohl er mit der betreffenden Angelegenheit gar nicht oder nicht mehr betraut oder vertraut war; vgl. nur **Poppner**, Die Gemeinde 1964, 217

Es wurden nicht zu Unrecht rechtliche Bedenken geäußert, ob die verschiedenen Stadien der Erledigung der Selbstverwaltungsangelegenheiten noch nachvollziehbar einem bestimmten Verwaltungssubjekt mit einer eindeutig ausmachbaren Verantwortung zugewiesen waren, oder ob in dem Verhältnis des Amtes zu den amtsangehörigen Gemeinden nicht die Grenze der rechtlich noch hinnehmbaren verwaltungsorganisatorischen Verbundverwaltung überschritten und das Gebot der eindeutigen Zuständigkeitsabgrenzung verletzt worden ist[133].

bb. Ziele der Novellierung von 1966

Der Gesetzgeber mußte also reagieren, wollte er die Leistungsfähigkeit der Verwaltung in den überwiegend kleinen und kleinsten Gemeinden des ländlichen Raums in Schleswig-Holstein vergrößern[134]. Da das gesetzliche Angebot und die Appelle zur freiwilligen Übertragung von Wahrnehmungszuständigkeiten von der amtsangehörigen Gemeinde auf das Amt nur bedingt akzeptiert wurden, konnten nur legislative Reformbemühungen eine Leistungssteigerung der dörflichen Verwaltungseinheiten erbringen.

Als wesentliche Ziele eines mehr oder minder generellen Erkenntnisprozesses galten hauptsächlich:
1. Verbesserung der Leistungsfähigkeit der vollziehenden Verwaltung,
2. Schaffung größerer Verwaltungseinheiten,
3. Rationalisierung und Spezialisierung des Verwaltungsapparats, insbesondere eine erhebliche Verstärkung durch

---

(218).
133) Vgl. nur **Schlegelberger**, Sten. Bericht Lt. S-H 5./ S. 2227-2231.
134) Zur Dringlichkeit einer bundesweit kommunalen verwaltungsorganisatorischen Veränderung in der damaligen Zeit nur **Forsthoff**, VerwR, § 26, der auf die Spannungslage der kleinen Gemeinden zwischen der historisch überkommenen Kommunalstruktur und den hohen Anforderungen der Gegenwart hinweist; siehe auch **Benne**, Verwaltungsstruktur des ländlichen Raumes, S. 4; **Köttgen**, Kommunale Selbstverwaltung, S. 237.

qualifiziertes hauptamtliches Personal,
4. Stärkung der kommunalen Vertretungen[135].

Im Gegensatz zu anderen Bundesländern[136] gingen in Schleswig-Holstein die konzeptionellen Überlegungen für eine kommunale Verwaltungsreform von Anfang an, von geringen Ausnahmen abgesehen[137], nicht in Richtung einer territorialen Neuordnung[138]. Die auf der Erhöhung der an die Kommunen gestellten Leistungsanforderungen beruhende notwendige stärkere Ausstattung der Verwaltung mit hauptamtlichen Kräften sollte nicht mit einer Minderung der Anzahl der Gemeinden verbunden werden[139]. Es wurde von dem Grundanliegen ausgegangen, daß auch kleinere Gemeinden ihre gewachsene Struktur behalten sollten und auf der Ebene der örtlichen Gemeinschaft die Mitwirkung der Bürger in den Gemeindevertretungen gesichert und verwirklicht bleiben

---

[135] Ausführlich zu den diskutierten Problemen und Vorstellungen zur Funktionalreform nur **Köstering**, HdkWP III, S. 39 (64); ders., in Festgabe v. Unruh, S. 1131 (1141f.); **Wolffgang**, Interkommunales Zusammenwirken, S. 230ff. m.w.N.; **Wagener**, Neubau der Verwaltung, passim; **Stüer**, Funktionalreform, passim, mit zahlreichen Nachweisen.

[136] Zu den Bestrebungen der verschiedenen Bundesländer vgl. im einzelnen nur **Stüer**, Funktionalreform, passim.

[137] **Strack**, Sten. Bericht Lt. S-H., 5./ S. 1898f. und 1905f.

[138] Der schleswig-holsteinische Landesgesetzgeber entschied sich von vornherein kategorisch gegen die Einführung des Typus der Groß- oder Einheitsgemeinde; dazu nur **Schlegelberger**, Sten. Bericht Lt. S-H, 5./ S. 1892f.; **Willing**, Die Gemeinde 1976, 137 (142).

[139] Sachverständigengutachten, S. 172,173, das bei der ländlichen Bevölkerung Schleswig-Holsteins von einer traditionel konservativen Geisteshaltung und von einem distanzierten Verhältnis zur Verwaltung und einer starken Bindung an die gewachsenen Örtlichkeiten bei deutlicher Zurückhaltung gegenüber Formen überörtlicher Zusammenarbeit ausgeht; **Loschelder**, in Festgabe v. Unruh, S. 381 (392) mit eingehender Begründung für die Lage in Schleswig-Holstein; **Thee**, Sten. Bericht Lt. S-H, 5./ S. 1900; **Wolgast**, Sten. Bericht Lt. S-H, 5./ S. 1902; **Ottens**, Gemeinderecht, S. 227f. Zu weiteren Gründen für die Beibehaltung des ursprünglichen gemeindlichen Aufgabenbestandes und seiner eigenen Wahrnehmung in den Reformdiskussionen nur **Thieme**, Afk 11 (1972), 358f; **Endruweit**, Afk 19 (1980), 1 (23); **Isbary**, Der Landkreis 1968, 7f.

sollte.

Der Gedanke der persönlichen Verbundenheit innerhalb der örtlichen Gemeinschaft wurde im Laufe der Diskussionen so prägend, daß eine Verringerung der Zahl der ehrenamtlichen Gemeindevertretungsmitglieder als Schwächung des demokratischen Elements der bürgerlichen Beteiligung empfunden und daher vehement abgelehnt wurde[140].

Die Anstrengungen zum Erhalt des bürgerschaftlichen Elements war nicht zuletzt Folge der vielfach auftretenden Widerstände einzelner Gemeinden und deren Verbände[141].

Andererseits mußte bei einer örtlichen Selbständigkeit auch kleinster Gemeinden häufig eine erhebliche Leistungsschwäche der Verwaltung in Kauf genommen werden. Wegen der Ausgleichs- und Unterstützungsfunktion der Kreise bestand überdies die Gefahr einer vermehrten Übernahme von Aufgaben durch den übergeordneten Verwaltungsträger[142]. Die Bestandsaufnahme und die Planungen der Verwaltungsreformen für den ländlichen Raum

---

[140] Der politische Rückhalt des Verwaltungsgeschehens wurde durch die gewachsenen Gemeindeeinheiten maßgeblich geprägt und beeinflußt. Auf die so entstehenden entscheidenden Anstöße sollte nicht verzichtet werden; vgl. dazu im einzelnen nur **Schlegelberger**, Sten. Bericht Lt. S-H., 5./ S. 1892f., der das Gewicht des politischen Gestaltungswillens und Selbständigkeit auch der kleinsten Gemeinde höher bewertet als die möglichen Vorteile einer organisatorischen Vergrößerung der Gemeinde; zum Substanzverlust des Selbstverwaltungsrechts durch den Entzug der Existenzberechtigung kleiner Gemeinden nur **Wagener**, Neubau der Verwaltung, S. 256; **Hoppe/Rengeling**, Rechtsschutz, S. 132; **Schmidt-Jortzig**, Organisationshoheit, S. 54f.

[141] Zu den vielfältigen und unterschiedlichen Begründungen für die Erhaltung der Daseinsberechtigungen gerade auch der kleinen Gemeinden in Schleswig-Holstein eindrucksvoll und ausführlich, ohne Verfassernennung, Die Gemeinde 1966, 33 (34f), wo die örtliche Gemeinschaft als "Aktivzelle" bezeichnet wird, die in einer Großgemeinde ihre Wirkungskraft verlöre; vgl. auch dazu **Schlegelberger**, Sten. Bericht Lt. S-H, 5./ S. 1892f.

[142] Sachverständigengutachten, S. 91; zu dem Problem der Hochzonung gemeindlicher Aufgaben auf höherstufige Verwaltungsebenen allgemein statt vieler, **Richter**, Verfassungsprobleme der kommunalen Funktionalreform, S. 147f.; **Püttner**, Verwaltungslehre, § 6 II; BVerfGE 23, 353 (368).

orientierten sich in Schleswig-Holstein an dem gegebenen kommunalen Organisationszuschnitt.
Die Ämter sollten nach übereinstimmender Überzeugung nicht nur erhalten bleiben, sondern nunmehr sogar als vorherrschende Organisationsform der örtlichen Verwaltungseinheit im ländlichen Bereich wirken[143].

cc. **Legislative Änderungen 1966**

Nötig waren aber zur Aufwertung des Amtes auch grundlegende legislative Änderungen, hatte sich doch ihre Einschaltung bei Erledigung der Selbstverwaltungsangelegenheiten aufgrund der bisherigen gesetzlichen Grundlagen nur als beschränkt tauglich erwiesen[144].
Dem Ziel der Stärkung der Leistungsfähigkeit der vollziehenden Verwaltung entsprechend, sollte zunächst die Mindestanzahl der durch das Amt zu betreuenden Einwohner auf 5000 erhöht werden[145], um so den räumlichen Zuschnitt des Amtes zu erweitern und größere Verwaltungseinheiten zu schaffen.
Es bedurfte jedoch noch weiterer Anstrengungen, damit das Amt zu einer leistungsfähigen Verwaltungseinheit gedeihen konnte[146].
Als wesentliche Neuerung wurde weiterhin vordringlich beabsichtigt, die Freiwilligkeit für die amtsangehörigen Gemeinden bezüglich der Einschaltung des Amtes bei Erledigung der Selbstverwaltungsangelegenheiten durch eine gesetzlichen Übertragung

---

143) Dazu zusammenfassend, N.N., Die Gemeinde 1966, 145ff.
144) **Schlegelberger**, Sten. Bericht Lt. S-H, 5./ S.1893; ders, Die Gemeinde 1965, 258 (262); **Thee**, Sten. Bericht Lt. SH, 5./ S. 1901; **Wolgast**, Sten. Bericht Lt., S-H, 5./S. 1902; **Göb**, Die Gemeinde 1965, 263 (266); **Becker**, Die Gemeinde 1965, 207f; **Willing**, Die Gemeinde 1965, 103 (107); ders., Die Gemeinde 1965, 256 (258).
145) Vgl. nur Regierungsentwurf eines Änderungsgesetzes der AO vom 14.12.1965, Landtagsdrucksache S-H, 1965, Nr. 646.
146) Zu den Vorstellungen zur Stärkung der Verwaltungskraft der Ämter in Schleswig-Holstein nur **Matthiesen**, Die Gemeinde 1964, 174.

abzulösen[147].

Der geplante gesetzliche Schritt galt als schwächste und zu Recht am wenigsten einschneidende Form des Zusammenschlusses selbständiger Gemeinden[148]. Um aber eine zufriedenstellende Qualität der Aufgabenerledigung in der kommunalen Verwaltung zu erreichen und dem Postulat der Verbesserung der Leistungsfähigkeit der öffentlichen Verwaltung mit seinen Ausprägungen[149] Rechnung tragen zu können, konzentrierten sich die weiteren Bestrebungen in eine andere Richtung. Die weitgehende Verwirklichung der Beschlüsse der Gemeinde hatte durch geschulte, hauptamtlich tätige Verwaltungsbedienstete zu erfolgen.

Die Unentbehrlichkeit eines angemessenen Personalbestandes und einer guten sachlichen Ausstattung sowie ein anspruchsvolles und quantitativ weitgehend gesichertes Betätigungsfeld des Amtes wurde als unabdingbares Ausgestaltungserfordernis zur Verwirklichung der aufgestellten Ziele angesehen. Es war also das Amt, welches als gestärkter Verwaltungsträger einen

---

147) **Schlegelberger**, Sten. Bericht Lt. S-H, 5./ S. 1890; Begründung zum Regierungsentwurf eines Änderungsgesetzes der AO vom 14.12.1965, Drucksache S-H Nr. 646, insbes. S. 11; vorsichtig in eine solche Richtung äußert sich auch **Elsner**, Kirchspielslandgemeinde, S. 178.

148) Andere Bundesländer haben letztlich Lösungen innerhalb der Funktional- und Gebietsreform gewählt, die die Eigenständigkeit der kleineren Gemeinden in größerem Maße als die Amtsverfassung Schleswig-Holstein beschränkt haben. In diesem Zusammenhang ist die Samtgemeinde (§§ 71f NdsGO) zu nennen, die mit umfangreichen, von der Ortsgemeinde ausgegliederten, eigenen Selbstverwaltungsangelegenheiten ausgestattet sind. Ferner ist die Verbandsgemeinde in Rheinland-Pfalz anzuführen, die ebenfalls anstelle der Ortsgemeinde eigenständig bestimmte Selbstverwaltungsaufgaben zur Erledigung gesetzlich übertragen erhalten hat (vgl. nur § 67 I RpfGO). Daneben hat die so gebildete Verbandsgemeinde bei einem dringenden öffentlichen Interesse noch eine Kompetenzen-Kompetenz zur Übernahme von Aufgaben der angehörigen Ortsgemeinden. Schließlich ist die dezentralisierte Einheitsgemeinde in Nordrhein-Westfalen errichtet worden (vgl. nur § 13 d GO NRW), die die Aufgaben der aufgelösten Gemeinden übernommen hat.

149) Zur Abmessung der Leistungsfähigkeit der Verwaltung statt anderer **Pappermann**, Funktionalreform, S. 16 (36 m.w.N.); **Wagener**, Neubau der Verwaltung, passim; **Reding**, Effizienz als Maßstab staatlicher Aktivitäten, passim.

effektiven Beitrag zur Erfüllung der anstehenden Selbstverwaltungsangelegenheiten der angehörigen Gemeinde beisteuern sollte[150]. In der Debatte um die Amtsverfassung schien sich einhellig die Ansicht herausgebildet zu haben, eine erzwungene mehrstufige Aufgabenerledigung einzuführen, die eine Verwaltung der Gemeinde entbehrlich macht.

Gefordert und beachtet wurde bei den Vorschlägen die Beibehaltung des Zuständigkeitskanons der Vertretung jeder Mitgliedsgemeinde und damit der politischen Willensbildung, der eine hohe Wertigkeit beigemessen wurde und die durch die geplanten gesetzlichen Änderungen keine Einschränkung erfahren sollte. Im Gegenteil zielte die Aufwertung der Ämter durch die Entlastung von den ausführenden Verwaltungsaufgaben und die Bereitstellung von verwaltungstechnischem Sachverstand gerade auf die möglichst weitgehende Erhaltung und sogar eine Verbesserung der bürgerschaftlichen Mitwirkung in den Gemeindevertretungen der amtsangehörigen Gemeinden[151].

Die Selbständigkeit und volle Funktionsfähigkeit des Amtes als wirksam agierender Verwaltungsträger hing nach den Vorstellungen des schleswig-holsteinischen Landesgesetzgebers maßgeblich von einer Neubeschreibung der Befugnisse des Bürgermeisters der amtsangehörigen Gemeinde ab.

Beabsichtigt war, ihn völlig von der Verwaltungsarbeit, die nicht mit seinem Vorsitzendenamt in der Gemeindevertretung zusammenhing, freizustellen[152]. Um den vollen Umfang und die einschneidenden Auswirkungen eines solchen Konzepts würdigen zu können, bedarf es einer kurzen Skizzierung der bis dato bestehenden Organrechte des Bürgermeisters einer amtsangehörigen

---

[150] Hierzu statt vieler, eingehend N.N., Die Gemeinde 1966, 145 (146).

[151] Vgl. nur **Schlegelberger**, Sten. Bericht Lt. S-H, 5./ S. 1895.

[152] Diese Intention durchzieht die Beratungen und Stellungnahmen gleich einem roten Faden; ausdrücklich hierzu statt vieler **Schlegelberger**, Sten. Bericht Lt. S-H, 5./ S. 2228; **Schoof**, Sten. Bericht Lt. S-H, 5./ S. 2219; N.N., Die Gemeinde 1966, 33 (35); N.N., Die Gemeinde 1966, 145f; Runderlaß des Innenministers vom 13.02.1968, Amtsbl. S-H, 1968, S. 96.

Gemeinde[153].

Gemäß §§ 56 I 1, 2 GO in der vor der Änderung der AO 1966 geltenden Fassung vom 24. 01. 1950[154] oblag ihm die Leitung der Verwaltung der Gemeinde mit dem Recht zum Erlaß konkreter Anordnungen gegenüber Dritten. Soweit er wirksame Außenmaßnahmen erlassen hat, stellte er als "Konkretionsorgan"[155] organisationsrechtlich die Verwaltungsbehörde der Gemeinde dar[156]. Innerhalb des ihm so angetrauten Kompetenzkanons oblag ihm damit grundsätzlich die uneingeschränkte Außenvertretung der Gemeinde[157]. Die überragende Stellung des Bürgermeisters trat dann insbesondere auch im Organisationsbereich der gemeindlichen Verwaltung hervor. Die ihm obliegende Leitung der Verwaltung war Hort für umfangreiche Geschäftsleitungsbefugnisse. So hatte er die technischen Voraussetzungen zu schaffen und zu optimieren, die erforderlich waren, damit die Amtswalter der Gemeinde die zugewiesenen Aufgaben erledigen konnten. Daneben oblag ihm auch die Leitung und Beaufsichtigung des Geschäftsgangs seiner Verwaltung[158].

---

153) Inwieweit der Bürgermeister einer amtsangehörigen Gemeinde seine organisationsrechtlichen Wahrnehmungszuständigkeiten tatsächlich ausgeübt hat, hing maßgeblich vom Umfang der Aufgabenerledigung ab, den sich die Gemeinde vorbehalten hatte.

154) GVOBl. S-H, S. 25ff.

155) Zum Begriff **Schmidt-Jortzig**, Kommunalrecht, Rn. 62, 230.

156) Zu der organisatorischen Stellung des Bürgermeisters nur **Wolff/Bachof**, VerwR II, § 75 I d 5; **Gönnenwein**, Gemeinderecht, S. 341; **Schmidt-Jortzig**, Kommunalrecht, Rn. 275; ders. DVBl. 1980, 719 (721); **Stober**, Kommunalrecht, § 5 V; OVG Koblenz, NVwZ 1983, 484.

157) Hierbei handelt es sich um die Kompetenz zur Wahrnehmung privat- und verwaltungsrechtlicher Zuständigkeiten der Gemeinde gegenüber anderen Personen; siehe hierzu im einzelnen **Wolff/ Bachof/Stober**, VerwR II, S. 106.

158) Zu den weitreichenden Ausprägungen im einzelnen vgl. nur **Vollert**, Die Organisationsgewalt, S. 26f.

dd. **Stellungnahme der kommunalen Spitzenverbände zu den Änderungsvorhaben der AO 1966**

Die Diskussionen und Beratungen über eine mögliche Verlagerung von Wahrnehmungszuständigkeiten vom Bürgermeister auf Organe des Amtes waren hauptsächlich durch vorsichtige Formulierungen geprägt. Es wurde betont, den Bürgermeister lediglich von der technischen Verwaltungstätigkeit befreien zu wollen, seine bisherigen Verantwortlichkeiten im übrigen aber unberührt zu lassen[159].
So konnte auf den ersten Blick der Eindruck entstehen, daß die Tätigkeit des Amtes sich weiterhin in einer Art Vollzugshilfe erschöpfe, deren Umfang vom jeweiligen Bürgermeister weiterhin weitgehend bestimmt und ausgerichtet werden konnte[160].
Doch verbarg sich hinter zunächst zurückhaltenden Äußerungen eine immer deutlicher werdende Intention. Das Amt sollte, wie bei den Aufgaben zur Erfüllung nach Weisung, auch die Selbstverwaltungsangelegenheiten der Gemeinde in eigener Zuständigkeit und Verantwortung ausführen. Begründet wurde die Auffassung mit den zunehmenden Anforderungen an die Qualität der Verwaltungsendprodukte sowie der Rechtssicherheit, die gewonnen werden konnte, wenn die betroffenen Bürger nunmehr in Verwaltungsangelegenheiten der Kommunen ausschließlich in Beziehung zum Amt träten[161].

(1) Stellungnahme des Schleswig-Holsteinischen Gemeindetages

Der Schleswig-Holsteinische Gemeindetag erkannte, welche tiefgreifenden gesetzgeberischen Bestrebungen zur Änderung der

---

[159] So die amtliche Begründung zu § 3 AO, Ltg. Drucksache SH, 1966, Drucksache 646, 1 (13); ebenso Runderlaß des Innenministers, Amtsbl. S-H. 1968, S. 96f.
[160] **Laux**, Die Gemeinde 1967, 282, spricht von einer verwaltungstechnischen Ausführung und einer Vorbereitung des Erlasses von Verwaltungsakten.
[161] Ausdrücklich **Schlegelberger**, Sten. Bericht S-H, 5./ S. 2228.

gemeindlichen Aufgabenerfüllung und den hierfür erforderlichen organisatorischen Voraussetzungen beabsichtigt waren. So schlug er in seiner Stellungnahme zum Regierungsentwurf des Gesetzes zur Änderung der AO eine flexible Handhabung der Aufgabenübertragung auf das Amt bezüglich der Bürgermeister vor, die sich noch in erheblichem Umfange selbst den Vollzug der Beschlüsse vorbehielten[162].

Die Neufassung des § 3 I 1 AO sollte weiterhin einen maßgeblichen Einfluß der Bürgermeister der amtsangehörigen Gemeinden am Verwaltungsprodukt bei Erledigung der Selbstverwaltungsangelegenheiten durch das Amt erkennen lassen. Die Teilnahme sollte durch seine Einvernahme realisiert werden[163].

Im übrigen wurde aber deutlich eine Stärkung der Aufgabenzuständigkeit des Amtes begrüßt und befürwortet[164].

Begründet wurde der Änderungsvorschlag vom Schleswig-Holsteinischen Gemeindetag mit rechtlichen Fragen, die entstünden, wenn die Mitwirkung des Bürgermeisters im Bereich der Durchführung nicht stärker herausgestellt würde[165].

Überzeugender erscheint aber der zweite Argumentationsansatz gegen die beabsichtigte Änderung des § 3 I 1 AO. Hauptsächlich seien es kommunalpolitische Gründe, die eine andauernde Beteiligung des Bürgermeisters bei der geplanten intensiveren Einschaltung des Amtes in die gemeindliche Aufgabenerledigung nötig machten.

In der Tat waren es vornehmlich persönliche Gründe, die für ein sensibles Vorgehen in einer Zuständigkeitsverlagerung vom

---

[162] Es handelt sich dabei augenscheinlich um ein Zugeständnis an die Bürgermeister, der auf einen Aufgabenbesitzstand hinausliefe.

[163] Abgedruckt in, Die Gemeinde 1966, 106 (108); siehe hierzu auch **Willing** bei der Anhörung der kommunalen Landesverbände beim Schleswig-Holst. Landtag nach dem Landtagsprotokoll vom 03.03.1966, abgedruckt in, Die Gemeinde 1966 141, der aus Gründen der "kommunalpolitischer Optik" die Ausschaltung des Bürgermeisters bei der Durchführung der Selbstverwaltungsangelegenheit nicht für tunlich hält. (veröffentl. auch in, Die Gemeinde 1976, 137 (141).

[164] Brief abgedruckt in: Die Gemeinde 1966, 106f.

[165] Um welche Art von rechtlichen Schwierigkeiten es sich dabei handeln könnte, wurde leider offengelassen.

Bürgermeister auf das Amt sprachen. So wurde ein Nachlassen im ehrenamtlichen Engagement der Bürgermeister bei einem allzu rigiden normativen Vorgehen befürchtet, wenn die Mitwirkungsrechte der Bürgermeister bei der Durchführung der Selbstverwaltungsaufgaben derart kupiert würden.

(2) Stellungnahme des Schleswig-Holsteinischen Landkreistages

Auch der Schleswig-Holsteinische Landkreistag sah in seinen Gegenvorschlägen zum Gesetzentwurf der Änderung der AO eine gemeinsame Durchführung der Beschlüsse von Bürgermeister und Amt vor.
Darüberhinaus sollte die Gemeinde auch weiterhin das alleinige und abschließende Beschlußrecht über die Entscheidung haben, ob sie punktuell oder umfassend alle Selbstverwaltungsangelegenheiten selbst erledigen will[166].
Die Empfehlungen der beiden Kommunalverbände machen das Bestreben deutlich, Mitwirkungsbefugnisse der Gemeinde und insbesondere des Bürgermeisters mit dem damit verbundenen Einfluß auf die vollständige Aufgabenerledigung zu begründen und zu kodifizeren[167].

ee. Zweifelsfragen über den Umfang der Aufgabenübertragung

Diesen Vorschlägen wurde aber bei der endgültigen Normierung des § 3 I 1 AO nicht entsprochen.
Der Umstand kann als deutliches Anzeichen gewertet werden, daß dem Amt allein und eigenverantwortlich die Verwirklichung der Beschlüsse der Gemeinde in den Rechtsverkehr obliegt.
Die Zielsetzungen des Gesetzgebers, nämlich die Befreiung des Bürgermeisters von der ausführenden Verwaltungstätigkeit und

---

166) Brief abgedruckt in, Die Gemeinde 1966, 109f.
167) Mit einer normativen Berücksichtigung der Anregungen wäre das Verfahrenserfordernis der Mitwirkung des Bürgermeisters nötig, soll die Außenrechtsmaßnahme nicht an einem formellen Mangel leiden; siehe zu den rechtlichen Ausmassen der Einvernahme ausführlich nur **Heinze**, VerwA 52 (1961), S. 159ff. und 275ff.; **Wolff/ Bachof**, VerwR II, § 77 V a.

der damit verbundenen Verantwortung, fand geteilte Aufnahme. Es bestanden allenorts Zweifelsfragen, welche Wahrnehmungsrechte nunmehr im einzelnen der "Durchführung" i. S. von § 3 I 1 AO unterfallen sollten. So wurde aus dem § 3 I 1 AO einerseits auf eine Zuständigkeit des Amtes für den Erlaß der Außenrechtsmaßnahme im eigenen Namen und eigener Verantwortung auch im Bereich der Selbstverwaltungsangelegenheiten geschlossen[168]. Auf der anderen Seite konnte es sich bei diesem Begriff um einen allgemeinen Ausdruck für die Erledigung zahlreicher, größtenteils vorbereitender, unterstützender Maßnahmen handeln. Die Zuständigkeit zum gemeindlichen außenrechtserheblichen Verwaltungshandeln verbliebe weiterhin dem Gemeindeorgan Bürgermeister[169].

Das Unbehagen gegenüber einer erstarkten Amtsverwaltung war schnell auszumachen. Das Vordringen eines hauptberuflich geführten Verwaltungsapparats in die Zuständigkeit der Gemeinde wurde als Schwächung, sogar als "Tod" der Selbstverwaltung, angesehen[170].

Der Runderlaß des Innenministers vom 13. 2. 1968[171] brachte wenig Licht in das interpretatorische Dunkel. Die Formulierungen sind geprägt von Unsicherheit. So wurde zwar deutlich eine Befreiung des ehrenamtlichen Bürgermeisters von den verwaltungstechnischen Aufgaben als Behörde hervorgehoben, andererseits sollte er das Recht haben, weiter bei der Durchführung mitzuwirken, wenn er "es für angebracht hält". Erhebliche Schwierigkeiten blieben aber, um die derart vorgegebene Veränderung der Bedeutung des Amtes von der "Schreibstube" der Gemeinde zum eigenständigen und -verantwortlichen Verwaltungsträger auch bei Erledigung der Selbstverwaltungsangelegenheiten zu begreifen, haftete dem Amt doch bisher unbe-

---

[168] VG Schleswig, Die Gemeinde 1967, 204f.; OVG Lüneburg, OVGE 26, 449 (452); **Thiem**, Die Gemeinde 1967, 279.

[169] **Laux**, Die Gemeinde 1967, 282; **Galette**, GO, § 55 Abs.5, Erl. 2 und 5; **Köhler**, Die Gemeinde 1967, 349 (350 Rn.1.31).

[170] **Willing**, Die Gemeinde 1976, 137 (142) weist auf diese kommunalpolitische Argumentation hin.

[171] Amtsblatt S-H, S. 94f.

stritten ein Hilfscharakter an[172].

c. **Die Änderungsnovelle vom 05. 08. 1977**

Die unterschiedlichen Vorstöße gegen eine derartige Erstarkung des Amtes wurden durch den weiterhin geltenden Wortlaut des § 1 I AO, der die Funktion der Ämter in der Erleichterung und Unterstützung der angehörigen Gemeinden in der Verwaltungsführung sah, in erheblichem Maße unterstützt, sprach sich dieser doch noch augenscheinlich für einen Hilfscharakter des Amtes bei Erledigung der gemeindlichen Selbstverwaltungsangelegenheiten aus.
Der Wortlaut dieser Vorschrift wurde dann, weitgehend unbeachtet, durch das Gesetz zur Änderung des kommunalen Verfassungsrechts vom 5.8.1977[173] in die noch heute geltende Fassung geändert und entzog so der Argumentation für einen Zweckbehelfscharakter des Amtes den Boden.

Die diesem Reformgesetz zugrundeliegenden Erörterungen, Vorschläge und Diskussionen hatten als Zielsetzungen die Steigerung der Verwaltungskraft und das Streben nach einer leistungsfähigen, hauptberuflichen Verwaltung zur Erfüllung der Aufgaben der ehrenamtlich geleiteten Gemeinden vor Augen[174]. Die Bestrebungen gingen soweit, die ehrenamtliche Leitung der Amtsverwaltung durch eine hauptamtliche zu ersetzen, um so den eigenständigen Stellenwert des Amtes in der kommunalen Verwaltungswirklichkeit zu unterstreichen[175].

---

172) Resümierend dazu **Willing**, Die Gemeinde 1976, 137 (141); vgl. auch **Baltzer**, Die Gemeinde 1985, 315 (317), der darauf hinweist, daß das Amt vielerorts (auch heute noch) als "verwaltungsorganisatorischer Zweckbehelf" angesehen wird.
173) GVOBl. S-H, S. 210f.
174) Dazu zusammenfassend: **Willing**, Die Gemeinde 1977, 261ff.
175) Vorschlag des Schleswig-Holsteinischen Gemeindetages, abgedruckt in, Gemeinde 1976, 344 (353f.).

Wurde der Vorstoß wegen der befürchteten Gefahr, durch die Zulassung eines hauptamtlich geführten Amtes Tendenzen in Richtung zur Großgemeinde Vorschub zu leisten[176], abgelehnt, so war das Bemühen nicht zu übersehen, die Neugestaltung der Aufgaben des Amtes nicht nur als bloße Korrektur abtun zu lassen.

Zwar wurde mit dem Änderungsgesetz vom 5.8.1977 nicht der Wortlaut des § 3 I 1 AO geändert, doch kann aus der Wortlautänderung des § 1 I AO zumindest die gesetzgeberische Entscheidung für einen hauptberuflichen Verwaltungsunterbau beim Vollzug der Selbstverwaltungsangelegenheiten gesehen werden. Es deuten Anzeichen darauf hin, daß vermittels einer Neubewertung des Amtes, eine Erstarkung der Aufgabenstruktur einhergehen sollte. Die Stellung des Amtes, welche bis dahin von einer Hilfsfunktion gekennzeichnet war, wurde verändert.

2. Folgerungen aus dem historischen Umfeld des § 3 I 1 AO

Auch wenn deutliche Hinweise für eine Neubewertung des Amtes durch eine qualitative Verbesserung und Erstarkung der Aufgabenstruktur gegeben sind, läßt sich allein mittels der historischen Auslegung noch nicht der Schluß ziehen, daß das Amt ermächtigt sein soll, im Wege der Durchführung der Selbstverwaltungsangelegenheiten organisatorisch selbständig und eigenverantwortlich die Außenrechtsmaßnahmen für die amtsangehörigen Gemeinden im eigenem Namen zu erlassen. Zu viele Zweifel bleiben in der Lehre, aber auch in der täglichen Verwaltungspraxis, die sich zu einer Anerkennung des Amtes als eigenverantwortlich ausführende Behörde für die Selbstverwaltungsangelegenheiten zum Teil, letztlich wegen der eindeutigen Rechtsprechung der Verwaltungsgerichte, nur sehr zögernd durchgerungen haben.

---

[176] Vgl. nur **Willing**, Die Gemeinde 1977, 261 (265).

D. Systematische Auslegung

Zur Beantwortung der Fragen nach der möglichen Aufteilung der Erledigungszuständigkeit bezüglich der Selbstverwaltungsangelegenheiten der amtsangehörigen Gemeinde auf verschiedene Verwaltungsstellen, der Feststellung ihrer gegenseitigen Wirkungsmöglichkeiten und Abhängigkeiten ist nunmehr der Weg der systematischen Auslegung einzuschlagen.

Dabei geht es vornehmlich um Ermittlung der möglichen Bedeutungsvarianten, die dem Ausdruck "durchführen" im Zusammenhang innerhalb der Norm und durch das Verständnis innerhalb des engeren und weiteren gesetzlichen Umfeldes zukommen können[177].

Das angestrebte Ziel ist, die klärungsbedürftige Normpassage des § 3 I 1 AO im Zusammenhang des Regelwerks der GO und AO zu einem geschlossenen Bild zu vervollständigen. Hierbei soll von einer sachlichen Kongruenz zwischen den einzelnen Gesetzesbestimmungen ausgegangen werden[178].

Bei der anzustellenden Konkordanzprüfung sind Vorgriffe auf den Sinn und Zweck der Norm ebenso unumgänglich wie Rückblenden auf die Intentionen des Gesetzgebers, will der Bedeutungszusammenhang auch mit seinen zugrundeliegenden Prinzipien und Entscheidungen vollständig erhellt und erkannt werden[179].

1. Untaugliche Qualifikationsversuche der Aufgabenwahrnehmung durch das Amt

Die Inanspruchnahme des Amtes zur Erfüllung der Aufgaben der

---

177) Zur systematischen Auslegung vgl. statt anderer nur **Larenz**, Methodenlehre, S.309ff.
178) Zu dieser berechtigten Prämisse vgl. nur **Larenz**, Methodenlehre, S. 310; **Achterberg**, VerwR, § 17 Rn. 1f. mit zahlreichen Nachweisen.
179) Dazu auch **Larenz**, Methodenlehre, S. 313; dazu auch **Achterberg**, VerwR, § 17 Rn.16.

amtsangehörigen Gemeinde kann (theoretisch) auf höchst unterschiedlichen Systemen beruhen, die weitgespannte Möglichkeiten für das Tätigwerden des Amtes in Selbstverwaltungsangelegenheiten offen lassen[180]. So ist denkbar, daß die Tätigkeit des Amtes innerhalb der Erledigung der Selbstverwaltungsangelegenheiten einer umfassenden gemeindlichen Weisungsmacht, sowohl organisatorischer als auch fachlicher Natur unterliegt. Ebenso wäre vorstellbar, daß die Amtsverwaltung weitgehend eigenverantwortlich und organisatorisch selbständig ist und dabei lediglich an die fachlichen Beschlüsse der Gemeindevertretungen der amtsangehörigen Gemeinden gebunden ist.

a. Institutionsleihe

In die erste Richtung könnte der Runderlaß des Innenministers vom 13.02.1968[181] zielen, wenn er die Einbeziehung des Amtes in die kommunale Verwaltungstätigkeit als "Behördenleihe" apostrophiert. Insofern könnte die Einschaltung des Amtes Institutionsleihe sein[182].

---

180) Vgl. nur den Überblick zu Erscheinungsformen der kommunalen mehrstufigen Aufgabenerledigung **Bogner**, HdKWP I, S. 316ff.; **Rengeling**, HdKWP II; S. 385ff.; zu den verfassungs- und verwaltungsrechtlichen Möglichkeiten nur **Erichsen**, Probleme mehrstufiger Erfüllung, S.3f; zu den Determinanten v. **Mutius**, Probleme mehrstufiger Erfüllung, S. 19 (22f.); **Loschelder**, in Festgabe v. Unruh, S. 381 ff. jeweils mit zahlreichen Nachweisen.

181) Amtsbl. S-H. 1968, S. 96f. Vgl. auch **Koehler**, Die Gemeinde 1967, 349 (350), der das Amt aus der Sicht der Gemeinde als "geliehene Institution" bezeichnet.

182) Zur Institutionsleihe (Organleihe) nur **Wolff/ Bachof**, VerwR I, § 4 I c 2 mit zahlreichen Nachweisen; dies. VerwR II, § 75 I a 1; **Wolff /Bachof/Stober**, VerwR II, § 86 Rn. 197; § 89 Rn. 40; BVerfGE 63, 1 (31f.); BVerwG NJW 1976, 1468 (1469) unter Berufung auf BVerfGE 32, 145 (154); **Schlink**, Amtshilfe, S. 164 m.w.N.in Fn. 38.

aa. Rechtliche Qualifikation der Institutionsleihe

Bei der Institutionsleihe[183] findet, trotz ansonsten unterschiedlich beurteilter Begriffsinhalte und Wesensmerkmale[184], nach allgemeiner Auffassung keine Zuständigkeitsverschiebung statt. Es wird lediglich eine bestehende Einrichtung mit der Wahrnehmung von Kompetenzen des Entleihers beauftragt. Auf diesem Wege handeln die betroffenen Amtswalter der geliehenen Einrichtung im Hinblick auf die in Frage stehenden Angelegenheiten nicht als deren Organglieder, sondern werden zu solchen des Entleihers erklärt[185]. Erlassende Behörde der Außenrechtsmaßnahme ist demnach der entleihende Verwaltungsträger, in dessen Namen gehandelt wird.

Auf das hier zu untersuchende Verhältnis angewendet, würde die Annahme einer Institutionsleihe die Konsequenz haben, daß die Verwaltungstätigkeit des Amtes in Selbstverwaltungsangelegenheiten in die gemeindliche Verwaltungshierarchie integriert wäre und das Amt wie eine Abteilung der Gemeindebehörde zu beurteilen wäre. Zwingende Folge wäre eine Unterstellung und ausdrückliche Weisungsbindung an die zuständigen gemeindlichen Organe[186].

Mit der Institutionsleihe wäre für die Gemeinde die Möglichkeit eröffnet, in erheblichem Umfang den Vollzug der gemeindlichen

---

183) Im folgenden soll als terminologischer Oberbegriff der Ausdruck Institutionsleihe verwendet werden; vgl. zur einheitlichen Begriffswahl auch **Wolff/Bachof**, VerwR I, § 4 I c; dies. VerwR II, § 1 a I; BVerfGE 63, S. 1 (31); **Seele**, HdKWP III, S. 69 (77).

184) BVerfGE 63, 1 (32) deutet zurecht auf die allgemein "fehlenden Umrisse und Unklarheiten" bei der begrifflichen Terminologie der Institutionsleihe hin.

185) Vgl. statt vieler nur BVerfGE 63, 1 (30-32 m.w.N.); **Wolffgang**, Interkommunales Zusammenwirken S. 50; **Kopp**, VwVfG, § 1 Rn. 25, 28, 29; **Erichsen**, Probleme mehrstufiger Erfüllung, S. 3 (12); **Wolff/Bachof**, VerwR II; § 75 I a 1; **Schmidt-Eichstaedt**, HdKWP III, S. 9 (28).

186) Zum Charakteristikum der Weisungsunterworfenheit siehe nur BVerfGE, 63, 1 (31ff.); BVerwG NJW 1976, 1468 (1469); **Kisker**, Kooperation im Bundesstaat, S. 174; **Schmidt-Eichstaedt**, HdKWP III, S. 9 (28).

Selbstverwaltungsaufgaben auch bei Einschaltung des Amtes zu steuern und zu überwachen[187].

Neben organisatorischen Wirkungen dieser Weisungsunterworfenheit bei der geliehenen Einrichtung[188] ergeben sich aber noch weitere, augenfälligere rechtliche Konsequenzen. So würde ausschließlich der beteiligten Gemeinde die getroffenen Maßnahmen zugerechnet werden[189].

bb. Übertragung auf § 3 I 1 AO

Fraglich ist, ob der schleswig-holsteinische Gesetzgeber durch die Normierung des § 3 I 1 AO tatsächlich festgelegt hat, daß das Amt mit seiner Behördeneinrichtung als geliehene Institution der jeweiligen Gemeinde fungieren soll.
Für die Beanspruchung der Amtsverwaltung als vollziehende Gemeindebehörde sprächen verwaltungsökonomische Gründe, besteht doch auf diesem Wege die Möglichkeit, den Verwaltungsaufwand für die amtsangehörigen Gemeinden zu bündeln und so kostengünstig zu erledigen. Hinzu tritt, daß die Gemeinde auf einen funktionsfähigen und bewährten Verwaltungsapparat zurückgreifen könnte, um ein Höchstmaß an Sachkenntnis und Erfahrung bei der Ermittlung des Verwaltungsprodukts einzubringen[190].

Bedenken gegen die Annahme einer Institutionsleihe könnten sich jedoch schon daraus ergeben, daß zwingend eine eigene entleih-

---

[187] Hierbei handeln die in das gemeindliche Verwaltungsgefüge inkorporierten Amtsbediensteten ohne oder zumindest nur mit sehr gelockerter Rückbindung an ihre orginäre Trägerkörperschaft; vgl. hierzu nur **Schmidt-Eichstaedt**, HdKWP Bd. III, S. 9, (28); **Seele**, HdKWP, S. 69 (77); **Maurer**, Allg. VerwR, § 21 Rn. 54; **Achterberg**, VerwR, § 13 Rn. 18.

[188] Ausdrücklich hierzu BVerwG NJW 1976, 1468 (1469); BVerfGE 63, 1 (31); **Seele**, in HdKWP III, S. 69 (78); **Dehmel**, Übertragener Wirkungskreis, 56f.; **Maurer**, Allg. VerwR, § 21 Rn. 54.

[189] Es wäre die Gemeinde dann gemäß § 73 I Nr. 3 VwGO Widerspruchsbehörde und nach § 78 I 1. Alt. VwGO Gegner einer Gestaltungsklage.

[190] Zum verwaltungsökonomischen Nutzen der Organleihe nur **Wolff/Bachof**, VerwR II, § 75 I a 1; **Fuchs**, Beauftragte, S. 116.

bare, inkorporationsfähige Behörde mit einem aufgabenbezogenen, organisatorisch durchgebildeten Exekutivapparat vorauszusetzen ist, da er ansonsten überhaupt nicht unterstellungsfähig ist. Die Einbeziehung des Amtes in die Aufgabendurchführung soll aber doch gerade den ohnehin spärlichen gemeindlichen Verwaltungsunterbau entbehrlich machen (vgl. dazu § 15 III 2 AO). Ein weiterer deutlicher Hinweis für die Ablehnung einer Institutionsleihe liegt in der fehlenden Aufgabenzuweisung an ein bestimmtes Amtsorgan bzw. -behörde[191].

§ 3 I 1 AO bezieht das Amt insgesamt in das kommunale Verwaltungsgefüge bei Durchführung der Selbstverwaltungsangelegenheiten ein.

Neben diesem Argument gewinnt auch ein anderer Umstand an Gewicht: Es fehlt eine normativ ausdrückliche Einbindung des Amtes in die gemeindliche Verwaltungshierarchie bei der Durchführung der Selbstverwaltungsangelegenheiten.

Angesichts des Ausnahmecharakters der Institutionsleihe[192] hätte der Gesetzgeber eine bestimmtere, unmißverständliche Formulierung wählen müssen[193]. Diese zugegebenermaßen formale Begründung erfährt dadurch eine Bestätigung, daß weder der Wortlaut noch die Entstehungsgeschichte greifbare Hinweise auf die Konstituierung einer Institutionsleihe enthalten[194].

Schon aufgrund dieser ersten Überlegungen steht fest, daß die Zusammenarbeit zwischen Amt und amtsangehöriger Gemeinde dogmatisch nicht als Institutionsleihe zu qualifizieren ist.

---

191) Dafür, daß eine Norm eine Institutionsleihe anordnet, stellt die Zuweisung an ein bestimmtes Organ ein Indiz dar; zu diesem Aspekt **Schmidt-Jortzig**, Kommunalrecht, Rn. 251.
192) So ausdrücklich BVerfGE 63, 1 (41).
193) Vgl. etwa § 1 des Gesetzes über die Errichtung allgemeiner unterer Landesbehörden; Art. 37 I 2 BayGO; § 150 HeGO; § 62 I Ziff. 3,4,5 NdsGO.
194) Auch in der Praxis werden Gedanken, das Amt als geliehenes Organ der Gemeinde anzusehen, nicht ernstlich erwogen.

b. Amtshilfe

Eine weitere Untersuchung kann sich nur auf Rechtsinstitute erstrecken, die auf eine dauerhafte und regelmäßige Zusammenarbeit eingerichtet sind. Damit können mögliche Überlegungsansätze, die vorhandene Einrichtung der dauernden Kooperation von Amt und Gemeinde bei Durchführung der Selbstverwaltungsangelegenheiten als Amtshilfe im Sinne der §§ 32 ff. LVwG/S-H[195] zu charakterisieren, ausscheiden.

Ein kennzeichnendes Merkmal dieses Rechtsinstituts ist die nach Bedarf vereinzelte, nicht ständige Ersuchung um ergänzende Hilfeleistung oder Beistand bei Erledigung von Maßnahmen[196]. Abgestellt wird a priori auf den grundsätzlichen Einzelfall, den Ausnahmecharakter der Hilfeleistung. Die Kooperation von Amt und Gemeinde ist aber ein beständiges, auf Dauer angelegtes Zusammenwirken. Daher kann die Annahme einer Amtshilfe zur Beschreibung der Beziehungen zwischen den beteiligten Hoheitsträger nicht in Betracht gezogen werden.

2. Rückschlüsse aus dem organisatorischen Verhältnis Amt und Gemeinde

Wenn auch die amtsangehörigen Gemeinden eine Akzeptanz zur

---

195) Zu den begrifflichen Bemühungsversuchen vgl. statt vieler nur **Ule/Laubinger**, VwVfG, § 11 II. **Schmidt-Jortzig**, Probleme mehrstufiger Erfüllung, S. 59 (70 mit Nachweisen in Fn. 37, 38) weist auf die noch nicht völlig geklärten, rechtlich bedenklichen Formen dauernder unselbständiger Unterstützungstätigkeiten durch eine verstetigte Amtshilfe ("erweiterte Amtshilfe") hin.

196) **Schlink**, Amtshilfe, S. 206; **Wessel**, Amtshilfe, S. 67; **Schmidt-Jortzig**, Probleme mehrstufiger Erfüllung, S. 59 (70); **Wolff/Bachof**, VerwR II, § 77 VI b 7; **Wolffgang**, Interkommunales Zusammenwirken, S. 52.

Anerkennung des Amtes als eigennamig handelnde Behörde in Selbstverwaltungsangelegenheiten erkennen lassen, werden nicht selten doch durch umfangreiche und detaillierte Beschlüsse der jeweiligen Gemeindevertretungen die Handlungsbereiche des Amtes bestimmt[197].

Dabei steht mancherorts die Überlegung im Vordergrund, es habe allein die Gemeinde darüber zu befinden, in welcher Art und Weise ihre Selbstverwaltungsangelegenheiten zu realisieren sind.

Das Verhalten wird namentlich aus dem Verständnis einer Allmacht über alle Bereiche der Aufgabenerledigung der Selbstverwaltungsangelegenheiten bestimmt; in diesem Zusammenhang dürfte insbesondere die Tatsache Gewicht erhalten, daß sich die Bürgermeister situativ durch ihr Verhalten Teilnahmemöglichkeiten im Amtsbereich zu wahren bzw. zu verbessern suchen, sind sie doch neben einer zügigen und gemeindegerechten Umsetzung der Beschlüsse manchmal auch an persönlichen Kraftproben interessiert.

Bereits hier wird ein Spannungsfeld zwischen vollziehender Verwaltung und gemeindlicher Steuerung sichtbar. Dem Amt und seiner Organisation wird, bedingt auch durch ein historisch gewachsenes Verständnis, weiterhin allenfalls ein gemeindlicher Hilfscharakter zugebilligt, das Entscheidungseinflüsse und Weisungen der angehörigen Gemeinden in großem Umfange hinzunehmen hat[198].

---

197) Es soll hier nicht der Eindruck eines allgemein, auf Konfrontation angelegten Spannungsverhältnisses zwischen beiden Hoheitsträgern, suggeriert werden. Doch sind weitreichende Differenzen, wie die Wirklichkeit zeigt, nicht ausgeschlossen.

198) Der Ausspruch von **Rietdorf**, Die Gemeinde 1952, 124 (127), wonach das Amt "um der Gemeinde willen da ist und nicht umgekehrt" findet auch nach heutigem Verständnis Eingang in die Überlegungen der Bürgermeister; vgl. hierzu jüngst auch **Baltzer**, Die Gemeinde 1985, 315 (317).

a. Organisationsrechtliche Übergriffe der Gemeinden

Nicht selten sind Tendenzen erkennbar, die auf diesem Wege organisationsrechtliche Maßgaben der Gemeinde in die Sphäre der Ämter für zulässig halten. Unterstützung findet diese Praxisauffassung auch von literarischer Seite. Galette, ein entschiedener Verfechter größtmöglicher Bewahrung gemeindlicher Eigenständigkeit, nimmt an, daß der jeweilige Bürgermeister auch nach Änderung des § 3 I 1 AO weiterhin die erlassende Behörde für Außenrechtsmaßnahmen darstellt[199]. Daneben oblägen ihm weiterhin umfangreichste Verwaltungsleitungsrechte für den Bereich der Ausführung der Beschlüsse der Gemeindevertretungen[200], insbesondere die Befugnis, in Abstimmung mit dem Amtsvorsteher die Bediensteten des Amtes mit der Zeichnung von Verwaltungsakten im Namen der Gemeinde zu beauftragen[201].

Desgleichen wertet auch Koehler das Amt bei der Durchführung der Selbstverwaltungsangelegenheiten als eine gemeindliche Institution, welches nur abgeleitete Rechte hat und sich "den gemeindlichen Interessen in vollem Umfang unterordnen muß"[202].

Die Feststellungen von Galette, Koehler sowie der Erlaß des Innenministers vom 13. 02. 1968[203] schließen also die teilweise

---

[199] **Galette**, GO, § 55 Abs. 5, Erl. 5.
[200] **Galette**, GO, § 55 Abs. 5, Erl. 5.
[201] **Galette**, GO, § 55 Abs.5, Erl. 5; mit der Ausstattung des Bürgermeisters mit der Delegation von Zeichnungsrechten auf Amtsbedienstete werden Regelungsbereiche des Amtes berührt, die die innerorganisatorische Struktur, insbesondere die Geschäftsverteilung betreffen.
[202] **Koehler**, Die Gemeinde 1967, 349 (352 Nr. 2.1.)
[203] Aus dem Runderlaß des Innenministers vom 13.02.1968, Amtsblatt S-H, S. 96 insbesondere die Formulierung, "der Bürgermeister könne Maßnahmen ergreifen, wenn er es für angebracht hält"; an diese Formulierung anlehnend **Henf**, Die Gemeinde 1985, 321 (322).

anzutreffende Vorstellung nicht aus, daß die Gemeinde weitgehende organisatorische Rechte im Bereich des Amtes geltend machen darf. Eine so verstandene Gestaltungsfreiheit der Gemeinden im Bereich der dem Amt überlassenen exekutiven Durchführung muß auf eine mehr oder minder generelle Aufhebung der organisatorischen Trennung der beteiligten Hoheitsträger hinauslaufen.

b. Zulässigkeit gemeindlicher Eingriffe in die Organisation des Amtes

Wegen der erheblichen rechtlichen und tatsächlichen Auswirkungen, die solch ein intensiv verflochtenes Zusammenwirken bedeuten würde, ist zunächst der Frage nachzugehen, ob und inwieweit derartige Einmischungen der Gemeinde in die Organisation des Amtes mit den einschlägigen Vorschriften vereinbar sind[204].

Hierbei wird man davon auszugehen haben, daß nicht von vornherein jedes organisatorische Zusammenwirken verschiedener Verwaltungsträger als unzulässig erachtet werden kann[205]. Eine verwaltungsorganisatorische Ineinanderschachtelung zwischen Amt und Gemeinde, eine "Mitplanungs-, Mitverwaltungs- und Mitentscheidungsbefugnis"[206], gleich welcher Art, wäre dann rechtlich unbedenklich, wenn nicht die rechtlich vorgesehene Verteilung

---

[204] In diesem Zusammenhang ist auf das Stichwort des "Verbots der sog. Mischverwaltung" hinzuweisen; zu den verschieden aufgefaßten Abmessungen vgl. etwa **Loeser**, Mischverwaltung, S. 26, Fn. 64; S. 41, Fn.11; ders. Bundesstaatliche Verwaltungsorganisation, S. 29ff., (bes. S. 47); **Ronellenfitsch**, Mischverwaltung, passim; **Maurer**, Allg. VerwR, § 22 Rn. 45f; **Grawert**, Verwaltungsabkommen, bes. S. 205f; **Achterberg**, VerwR., § 5 Rn. 45-47; ders., JA 1980, 210ff., 273ff.; **Erichsen**, Probleme mehrstufiger Erfüllung, S. 3 (13f.); BVerfGE 11, 105 (124); 39, 96 (120); 63, 1 (33f.).

[205] Dazu **Ronellenfitsch**, Mischverwaltung, S. 48ff. mit weiteren Nachweisen.

[206] So die Formulierung bei BVerfGE 32, 145 (146); vgl. auch BVerfGE 63, 1 (37f.).

der Zuständigkeiten verschoben oder unterlaufen wird[207].
Die Eingrenzung wird indessen dann nicht eingehalten, wenn dem Amt für die eigenständige und gemeindeunabhängige Besorgung der eigenen Aktionsfähigkeit auch bei Erledigung der Selbstverwaltungsangelegenheiten ein ausschließliches Betätigungsfeld abgesteckt wäre. Dann ist es den gemeindlichen Organen untersagt, über die bindenden Vorgaben zu verfügen, und zwar selbst dann, wenn eine dahingehende Zustimmung seitens des Amtes gegeben ist.
Das sind zwingende Folgerungen, die bereits anläßlich der Betrachtungen des bindenden Charakters von Zuständigkeitsbestimmungen untersucht und festgestellt wurden[208].

aa. Umfang der Organisationsgewalt

Die Durchführung als Teil des Vollzugs von Verwaltungsaufgaben erfordert einen personellen und sächlichen Bestand, der die zu bewerkstelligenden Arbeiten zu verwirklichen gestattet.
Die primäre Frage ist daher, wem in der arbeitsteiligen Abschichtung der Arbeitseinheiten im Bereich des Amtes das letztliche Recht der Koordination und Abstimmung obliegt.
Aber nicht nur dieser Bereich erfordert organisatorische Anordnungen, sondern auch vorangehende Komplexe wie überhaupt insgesamt die Schaffung des Verwaltungsträgers Amt mit seinen Organen und der Zuweisung von Aufgaben und Hoheitsbefugnissen.
Die Frage, ob und gegebenfalls inwieweit die Gemeinde Einflußmöglichkeiten auf die organisatorischen Vorkehrungen des Amtes geltend machen darf, setzt zunächst die Klärung voraus, wie überhaupt der Bereich der Organisation beschrieben werden kann und welche rechtlichen Kautelen von vornherein zu beachten sind.

---

[207] Vgl. nur BVerfGE 39, 96 (109f.); 32, 145 (156); 63, 1 (37f.); **Lerche**, in Maunz-Dürig- Herzog-Scholz, GG, Art. 83 Rn. 85f.; **Achterberg**, VerwR, § 5 Rn. 45; **Rietdorf**, DÖV 1972, 513f.; **Wolff/Bachof**, VerwR II, § 77 V a 3; **Rudolf**, in Erichsen/Martens, VerwR, § 55 III; **Erichsen**, Probleme mehrstufiger Erfüllung, S.3 (13f.); **Wolffgang**, Interkommunales Zusammenwirken, S. 155.

[208] Siehe oben S. 22f.

Angesichts der Komplexität seiner vielfältigen denkbaren Aktionsfelder und Inhalte begegnet eine allgemeine Begriffserklärung der Gefahr, sich in dem Gestrüpp theoretischer Grundlagen zu verstricken[209].

Darum sei bei der notwendigen begrifflich-gegenständlichen Vorabklärung erlaubt, die deduktiv gewonnenen Erkenntnisse über sachlich feststehende und zuverlässig bestimmte Sachgehalte zu vereinfachen und, so weit es möglich ist, unmittelbar unter Einbeziehung der beiden Hoheitsträger Amt und Gemeinde aufzuzeigen[210].

Um mögliche organisatorische "Einfallstore" der Gemeinde innerhalb der Amtsverfassung aufspüren zu können, bedarf es zunächst der Feststellung, in welchen Bereichen und in was für einer Art und Weise sich ihre organisationsrechtlichen Vorkehrungen entfalten[211].

Zur systematisch-verständlichen Erschließung erscheint es angebracht, eine grobe Untergliederung der instrumentalen Organisationsrechtsentfaltung[212] einschließlich ihrer tatsächlichen Wirkungen aufzuzeigen.

---

[209] Zu dem Problem der begrifflichen Begrenzung statt vieler, **Thieme**, in Festgabe v. Unruh, S. 1555 (1156f.); **Schmidt-Jortzig**, Organisationshoheit, S. 9.

[210] Bei diesem Vorgehen sind nur die hauptsächlichen Wesensmerkmale einzubringen und über einen unmißverständlichen Grundkonsens insbesondere sogleich die praktischen Auswirkungen aufzuzeigen und zu analysieren; zu den vielfältigen und schwerlich präzisierbaren Begriffsinhalten der Organisationsbestimmung vgl. nur statt vieler **Wolff/Bachof**, VerwR II, § 71; **Thieme**, Verwaltungslehre, Rn. 207, 208; **Schenke**, DÖV 1986, 190f.; **Müller**, DÖV 1986, 10ff.; **Schmidt-Jortzig**, Organisationshoheit, S. 11ff.

[211] Eine umfangreiche Beschäftigung mit organisatorischen Fragestellungen ist zudem außerordentlich geeignet, rechtliche Hintergründe und eine Anschaulichkeit der Schwierigkeiten einer Einschaltung des Amtes in die Aufgabenerledigung eines anderen Hoheitsträgers zu vermitteln.

[212] Zum Begriff **Thieme**, Verwaltungslehre, Rn. 208.

Herkömmlich werden unterschieden:[213]
(1) Organisationsbildungsbefugnis
(2) Organisationserrichtungsbefugnis
(3) Organisationseinrichtungsbefugnis

Um die beiden erstgenannten Ermächtigungen ausüben zu können, bedarf es der sog. Organisationsgewalt. Hierbei handelt es sich im wesentlichen um die Rechtsmacht zur Errichtung, Einrichtung, Änderung und Aufhebung von Verwaltungsträgern oder ihren Untergliederungen durch Bestimmung ihrer Aufgaben, Zuständigkeiten, Zusammenhänge und inneren Ordnung[214].

(1) **Organisationsbildungsbefugnis**

Grundlage und erster Kreationsschritt zur Schaffung von Verwaltungsträgern ist die Organbildungsbefugnis, die die abstrakte Bildung von Organen umfaßt[215].
Auf dieser Stufe geht es um Beantwortung der Frage, ob das Land Schleswig-Holstein überhaupt ermächtigt ist, einen neuen Hoheitsträger innerhalb der Kommunalverfassung entstehen zu lassen.
Die Ausübung der Organisationsgewalt mit der Begründung neuer

---

[213] Es wird hierbei der weitgehend einheitlichen Differenzierungen gefolgt, die sich überwiegend nur durch abweichende Begriffswahl unterscheidet ; vgl. nur **Achterberg**, VerwR., § 13 Rn. 6; **Wolff/Bachof**, VerwR II, § 78 a II, III,IV; **Maurer**, Allg. VerwR, § 21 Rn. 57, 58: **Sodan**, Kollegiale Funktionsträger als Verfassungsproblem, S. 30 - 32; **Schnapp**, Jura 1980, 293 (294); **Rudolf**, in Erichsen/Martens, Allg. VerwR, S. 533 (545).

[214] Dazu im einzelnen statt vieler **Wolff/Bachof**, VerwR II, § 78 I a; **Rudolf**, in Erichsen/Martens, Allg. VerwR, § 56 I; **Stern**, StaatsR II, § 41 IV 10 c; **Schnapp**, Jura 1980, 293 (296); **Niemeier**, Bund und Gemeinden, S. 15, 37f.; ausführlich **Schmidt-Jortzig**, Organisationshoheit, S. 10, 15f.; ders., Kommunalrecht, Rn. 107; **Böckenförde**, Organisationsgewalt, S. 21f; **Ossenbühl**, Verwaltungsvorschriften und Grundgesetz, S. 256f.; **Brückner**, Organisationsgewalt, S. 11.

[215] Dazu nur **Achterberg**, VerwR, § 13 Rn. 7; **Wolff/ Bachof**, VerwR II, § 78 II; eingehend **Schmidt-Jortzig**, Organisationshoheit, S. 19ff.

Verwaltungsträger ist von wesentlicher Bedeutung[216] und unbestritten dem Gesetzgeber anheimgegeben[217]. Es handelt sich hierbei um einen Anwendungsfall des sog. institutionellen Gesetzesvorbehalts[218]. Konsequenterweise hat dann auch der schleswig-holsteinische Verfassungsgeber durch Art. 38 II LS/S-H den Aufbau, die Organisation und die Gliederung der Landesverwaltung dem Vorbehalt des Gesetzes unterstellt.
Die ausschließliche Gesetzgebungszuständigkeit für die Schaffung eines neuen Verwaltungsträgers innerhalb der Landesorganisation ergibt sich aus Art. 70 I Hs. 1, 83 GG[219]. Damit hat der schleswig-holsteinische Gesetzgeber die rechtliche Befugnis, durch Gesetz zu entscheiden, wie die ihm zukommenden Verwaltungsaufgaben erledigt werden, insbesondere wie die Landesverwaltungsorganisation gestaltet werden soll[220].
Die Entscheidung der abstrakten Bildung eines neuen kommunalen

---

216) Zur Wesentlichkeitsrechtsprechung nur BVerfGE 33, 125 (158f.); 34, 165 (192); 40, 237 (249); 41, 251 (260); 45, 400 (417f.); 47, 46 (78); 48, 210 (221); 49, 89 (126f.); 56, 1 (13); 57, 295 (320f.); 58, 257 (268f.); zu der fast unüberschaubaren Literatur zu den Grundaussagen der Wesentlichkeitstheorie vgl. nur **Heussner**, Vorbehalt des Gesetzes und "Wesentlichkeitstheorie", S. 111f.; **Kloepfer**, JZ 1984, 685ff.; **Staupe**, Parlamentsvorbehalt und Delegationsbefugnis, S. 103f.

217) Vgl. statt vieler **Wolff/Bachof**, VerwR II, § 78 II a "...selbstverständlich der Legislative vorbehalten."

218) Zum Begriff und Wesen nur **Köttgen**, VVDStRL 16 (1958), 154ff.; **Ermacora**, VVDStRL 16 (1958), 191ff.; **Böckenförde**, Organisationsgewalt, S. 95f.; **Wolff/Bachof**, VerwR II, § 78 II b 2; **Schmidt-Jortzig**, Organisationshoheit, S. 14f., 26f. m.w.N.; ders., Kommunalrecht, Rn. 30; **Schmidt-Jortzig/Wolffgang**, VerwA 75 (1984), 107 (108); **Erichsen/Knoke**, DÖV 1985, 53ff.

219) Zu den Abmessungen dieser Gesetzgebungszuständigkeit nur **Stern**, StaatsR II, § 41 V 1,2; BVerfGE 37, 363 (385); 55, 274 (318).

220) Allgemein zu der Ermächtigung des Landesgesetzgebers **Maurer**, Allg. VerwR, § 21 Rn. 60; **Rudolf**, in Erichsen/Martens, Allg. VerwR, § 56 II 1; siehe auch BVerfGE 63, 1 (39f.); zu der Verantwortung des Gesetzgebers über diesen Regelungsgegenstand **Maunz**, in Maunz/Dürig/Herzog/Scholz, GG, Art. 70 Anm. 32, **Schink**, Rechtsnachfolge, S. 34; **Schmidt-Jortzig/Wolffgang**, VerwA 75 (1984), 107 (109).

Hoheitsträgers mit der Übertragung von Zuständigkeiten begegnet daher keinen Bedenken.

(2) Organisationserrichtungsbefugnis

In seiner ihm zustehenden Entscheidungsprärogative hat sich der Landesgesetzgeber in der Errichtungsphase[221] für die Schaffung eines neuen Verwaltungsträgers in Gestalt der Organisationseinheit "Amt" entschieden, die sich in den Gesamtaufbau der Landesverwaltung integriert (vgl. nur § 2 I LVwG/S-H) und mit der Wahrnehmung bestimmter Aufgaben betraut ist (§ 11 LVwG/S-H)[222]. Das Gesetz vom 06.08.1947[223] bildet die Grundlage der Amtsverfassung nach dem Kriege in der umgestalteten kommunalorganisatorischen Landschaft[224].
Nach einer kurzen Entwicklungs- und Erfahrungszeit[225], in der

---

221) Zum Begriff der Errichtung nur **Achterberg**, VerwR, § 13 Rn. 8; **Wolff/Bachof**, VerwR II, § 78 III, S. 134f.; **Schmidt-Jortzig**, Organisationshoheit, S. 21ff. m.w.N.

222) Es wurde also ausdrücklich nicht der Weg eingeschlagen, einer bestehenden kommunalen Verwaltungseinrichtung einen weiteren Aufgabenkreis zuzuweisen. Durch den Errichtungsakt müssen dann insbesondere auch die Zuständigkeiten des neuen Verwaltungsträgers benannt werden; zu diesem Erfordernis siehe nur **Schmidt-Jortzig**, Organisationshoheit, S. 20, 22; **Schmidt-Jortzig/Wolffgang**, VerwA 75 (1984), 107 (110); **Sodan**, Kollegiale Funktionsträger als Verfassungsproblem, S. 31.

223) GVOBl. S-H, S. 38.

224) Unmittelbarer Vorläufer waren die Ämter nach der Preußischen AO vom 08.10.1934 (GS S. 393) und vom 13.07.1935 (MBliv.S. 893), die im wesentlichen die Funktion einer staatlichen Hilfseinrichtung des Landrats hatten. Daneben waren sie aber auch mit einer Kompetenz-Kompetenz ausgestattet, die es ermöglichte, Selbstverwaltungsaufgaben der amtsangehörigen Gemeinden zu übernehmen, wenn es für die Einheitlichkeit der Erledigung erforderlich war; zur Geschichte weiterhin **Bracker**, AO, Einleitung; **Laux**, Die Gemeinde 1960, 81ff., 101ff. und 121ff.; **Rietdorf**, Die Gemeinde 1952, 124ff.; **Elsner**, Kirchspielslandgemeinden, 158ff.; siehe auch BVerfGE 52, 95 (114,115 m.w.N.), wo die neu errichteten Ämter (unrichtigerweise) als "Neuschöpfungen" betrachtet werden.

225) **Esser**, Sten. Bericht Ltg. S-H, 1950, S. 83 bezeichnet diesen Zeitraum als "Anlaufphase mit Mängeln"; dazu auch **Rudzio**, Neuordnung, S. 115f.

die gewonnenen Erkenntnisse ausgewertet wurden[226], erhielt das Amt durch die Neufassung der AO mit Gesetz vom 17.06.1952 sein selbständiges Gepräge.

Dabei sah zwar § 1 I 1,2 AO für die Ämter eine Unterstützungs- und Erleichterungsfunktion für die auf den kreisangehörigen Gemeinden ruhende Verwaltungsarbeit und Verwaltungsführung vor. Hauptsächlich wurde aber der Zweck des Amtes dahingehend umschrieben, daß es vom Gesetzgeber übertragene Aufgabenkomplexe wahrzunehmen hätte, die nicht vom Willen des Amtes oder der Gemeinde gesteuert werden können. Hierauf lag schon seinerzeit das Schwergewicht der Amtstätigkeit[227].

Die gedrängte geschichtliche Rückblende beider Komplexe verdeutlicht den eigenständigen Charakter des Amtes, der bereits seinerzeit ausdrückliche gesetzliche Anerkennung fand.

Es wird die Notwendigkeit offenbar, daß das Amt bereits von der Gründung an in erheblichem Maße eigene organisatorische Vorkehrungen treffen mußte, sollten die gemeindeunabhängigen Aufgaben zur Erfüllung nach Weisung ordnungsgemäß erledigt werden[228].

(3) Organisationseinrichtungsbefugnis

Bevor eine eingehende rechtliche Überprüfung der gemeindlich-

---

226) Änderungsgesetz vom 29.03.1950, GVOBl. S-H, S. 95.

227) Dabei handelt es sich um die Vorläufer der Aufgaben zur Erfüllung nach Weisung, die das Amt auch heute noch hauptsächlich beschäftigen. Vgl. zu der damaligen Situation **Rietdorf**, AO, Anm. 1 zu § 4, der diesen Tätigkeitsbereich als "Rückgrat der Amtskonstruktion" bezeichnet; ders.,Die Gemeinde 1952, 124 (126f); ähnlich auch **Elsner**, Kirchspielslandgemeinden, S. 177f.; ohne Verfassernennung, Die Gemeinde 1950, 73 (74); vgl. dazu §§ 3-6 AO in der Fassung vom 17.06.1952, GVOBl. S-H, S. 95 (96).

228) Bereits solche Überlegungen lassen wegen der erforderlichen eigenen Besorgung der Amtsorgane ihrer Sphäre eine gewisse Beliebigkeit in der organisationellen Einmischung der Gemeinde schwerlich begründbar erscheinen. Der von **Baltzer**, Die Gemeinde 1985, 313 zur Kennzeichnung der Stellung des Amtes im Verständnis von Bürgermeistern aufgegriffene Ausdruck des "verwaltungsorganisatorischen Zweckbehelfs der Gemeinde" hatte bereits in der Amtsverfassung von 1952 keine Gültigkeit; vgl. auch **Rietdorf**, Die Gemeinde 1952, 124 (127).

organisatorischen Einwirkungen erfolgt, sind die Vorkehrungen in der Einrichtungsphase zu schildern. Dies geschieht nicht zuletzt auch im Hinblick auf die später vorgesehene Beantwortung der Frage, ob das Amt überhaupt konzeptionell in der Lage ist, die Selbstverwaltungsangelegenheiten allein und eigenständig außenwirksam wahrzunehmen oder ob nicht die Hilfe und Mitwirkung der Gemeinde erforderlich ist.

Die Einrichtung umfaßt die zielgerichteten Aktivitäten, die personellen und sächlichen Instrumente zur funktionsgerechten Handlungsfähigkeit auszuwählen, einzusetzen und zu effektivieren und letztlich auf die zu erledigenden Arbeiten einzustimmen[229] (Organisationshoheit)[230].

Der Einrichtungsakt besteht zunächst in der tatsächlichen Etablierung und Equipierung der Behörde[231]. Den hierfür nötigen organisatorischen Vorkehrungen kommt ein erhebliches Gewicht zu, gilt es doch letztlich, den Umfang zu bestimmen, in den der innerorganisatorische Arbeitsablauf und die Verfahrensweise der Amtsorgane ausgestaltet werden muß, um den übertragenen Aufgaben adäquat begegnen zu können.

Im Laufe der Gestaltungsphase sind vornehmlich die gegenständliche Besorgung der Verwaltungseinrichtungen sowie Personalfragen des Amtes zu lösen[232].

---

[229] **Schmidt-Jortzig**, Organisationshoheit, S. 165f.; ders., Kommunalrecht, Rn. 344 (346f); **Wolff/Bachof**, VerwR II, § 74 IV a; **Achterberg**, VerwR, § 13 Rn. 9; **Rudolf**, in Erichsen/Martens, Allg. VerwR., § 56 I; **Maurer**, Allg. VerwR, § 21 Rn. 58.

[230] Hinsichtlich der terminologischen Abgrenzungen von "Organisationsgewalt" und "-hoheit" wird den Feststellungen von **Schmidt-Jortzig**, Organisationshoheit, S. 26-31 gefolgt.

[231] So die Formulierung von **Rudolf**, in Erichsen/Martens, Allg. VerwR, § 56 I.

[232] Die rechtlichen Möglichkeiten des § 1 III Nr. 1 und 2 AO können wegen ihres Ausnahmecharakters außer Betracht bleiben.

(a) **Abstrakte Betrachtungsweise**

Die erforderlichen umfangreichen Grundüberlegungen, die es anzustellen gilt, müssen sich zunächst auf die Beschaffung geeigneter Behördenräume, deren Ausstattung und Bewirtschaftung konzentrieren[233]. Darüber hinaus sind weitere Anstrengungen nötig, um das Amt zu einem leistungsfähigen Verwaltungsträger zu entwickeln. So sind die nötigen Sachmittel und Arbeitsausstattungen anzuschaffen[234], zu warten und effektiv zu gestalten[235].
Aber nicht nur dieser objektsbezogene Bereich muß bedacht werden, sondern im wesentlichen auch die personelle Bestimmung der Amtswalterstellen.
Es obliegt gemäß § 10 II 1, § 12 II 1, 1.Hs und Satz 2 AO, §§ 24 a AO i.V. mit 28 Nr. 9 GO den Amtsorganen das Recht, die zur ordnungsgemäßen Erfüllung seiner Aufgaben benötigten Bediensteten auszuwählen, zu ernennen, zu befördern und zu entlassen (Personalhoheit)[236].
Kraft Verleihung genießt das Amt auch gemäß § 10 II 1, 1. Hs. AO die Dienstherrenfähigkeit, eine Untergröße der Personalho-

---

[233] Ausführlich hierzu nur **Püttner**, Verwaltungslehre, § 13 I 1ff. mit weiterführenden Literaturhinweisen.

[234] Hinzuweisen ist in diesem Zusammenhang etwa auf die Möglichkeiten des Einsatzes einer EDV-Anlage, die weitgehende Überlegungen wie die rechtliche Zulässigkeit, die Qualität des maschinellen Produkts, aber auch Kosten-Nutzen-Analysen und Wartungsfragen nötig machen und nicht zuletzt auch hinsichtlich personeller Konsequenzen abklärungsbedürftig sind.

[235] Hierzu statt vieler **Thieme**, Verwaltungslehre, Rn. 682f., 703f.; **Püttner**, Verwaltungslehre, § 13 II 1ff.; **Ostermann**, HdKWP III, S. 201ff.; **Leis**, VerwA 76 (1985), S. 61 (bes. 72ff.).

[236] Der Entscheidungspart impliziert nicht nur personelle Auswirkungen, sondern weist als wesentlicher Bestandteil der Organisationshoheit erneut auf die eigenständige Stellung des Amtes hin; vgl. auch **Schmidt-Jortzig**, Kommunalrecht, Rn. 358; **Stober**, Kommunalrecht, § 3 II; zu den weitergehenden Inhalten der Personalhoheit siehe nur **Lecheler**, in Festgabe v. Unruh, S. 541ff. m.w.N.

heit[237].

Die Befugnisse zur Auswahl für geeignet geachteter Personen sowie die Bedarfsmessungen und Dienstpostenbewertungen haben erhebliche Wirkungen im Hinblick auf das angestrebte Ziel der optimalen Erfüllung der zu lösenden Aufgaben. Es wird deutlich, daß mögliche rechtliche Mitwirkungs- und Gestaltungsbefugnisse der amtsangehörigen Gemeinden in diesem Bereich in erheblichem Maße die Interessen des Amtes berühren. Dies gilt umso mehr, als personell verändernde Anordnungen das bereits vorhandene soziale Geflecht des Amtes beeinträchtigen könnten[238].

Neben den aufgezeigten konstitutiven Ausstattungsmodalitäten[239] sind aber noch weitere Aufgabenkreise zu regeln, die die Amtsverwaltung in die Lage versetzen müssen, den an sie gestellten Anforderungen gerecht zu werden. Es ist dies das weite Feld der Planungs- und Koordinationsorganisation (Verwaltungs-, Aufgabengliederungs- und Geschäftsverteilungsplan)[240].

Hervorgehoben werden soll nur die Beschreibung des Geschäftsverteilungsplans des Amtes, der nach Galette von dem betreffenden Bürgermeister im Einvernehmen mit dem Amtsvorsteher aufzustellen ist[241].

Dieser Planungsvorgang sieht im wesentlichen die Verteilung der Gesamtheit der Aufgaben auf die einzelnen Behördenmitglieder

---

[237] Zum Begriff, Wesen und Inhalt nur **Scherrbarth/Höffken**, Beamtenrecht, § 12 II 1.

[238] Ähnlich auch **Siedentopf**, HdKWP III, S. 235 (236f.), der die Personalhoheit als die Grundlage und Voraussetzung einer eigenverantwortlichen Aufgabenerledigung ansieht; ähnlich auch **Hintzen**, HdKWP III, S. 217 (218); **Loschelder**, Personalverwaltung und Personalführung, S. 127 (129f.); **Novak**, Verwaltungslehre, Rn. 385f.

[239] **Schmidt-Jortzig**, Kommunalrecht, Rn. 348 bezeichnet diesen Vorgang treffend als Besorgung der "ersten Grundausstattung".

[240] Zu diesen detaillierenden Wirkungsbereichen statt vieler nur **Thieme**, Verwaltungslehre, Rn 457f.; **Freibert**, Verwaltungslehre, Rn 178ff.; **Lanvermeyer**, Verwaltungslehre, Rn. 276ff. jeweils mit weiteren Nachweisen; **Brünner**, Grundriss der Verwaltungslehre, S. 89 (136f.); **Krautter/Müller-Hedrich**, Grundzüge der Verwaltungslehre, Bd. 2, S. 33 mit weiterführenden Literaturnachweisen; **Püttner**, Verwaltungslehre, § 9 II 1ff.

[241] **Galette**, GO, § 55 Abs. 5, Erl. 5.

vor. Mittelbar dient die Geschäftsverteilung als Hilfsmittel der Behördengliederung und der Erledigungsgestaltung[242]. Aus der Geschäftsverteilungsfähigkeit folgt, eingebettet in den hierarchischen Behördenaufbau, die letztliche Entscheidungsbefugnis über den Einsatz der Ressourcen sowie der Aufgabenteilung. Hinzu tritt aber auch die verfeinernde Dispositionsbefugnis, die aktionslenkende Binnensteuerung des Amtes durch allgemeine Dienst- und Geschäftsanweisungen, aber auch durch Personalführungsrechte, die ebenfalls aus der Geschäftsleitungsbefugnis folgen[243]. Der Vollständigkeit halber sei in diesem Zusammenhang noch auf den Problemkreis der Rationalität und Wirtschaftlichkeit des Verwaltungshandelns hinzuweisen, wobei durch die §§ 6 I HGrG, 7 LHO ein entschiedenes Gebot der Überprüfung alternativer Handlungsmöglichkeiten geboten wird. So ist die Amtsverwaltung gehalten, ökonomisch zu handeln und beständig für eine mögliche Verbesserung der Qualität der Verwaltungsentscheidungen, Beschleunigung von Verfahren und Kostensenkung durch organisationelle Vorkehrungen zu sorgen[244].

(b) **Konkrete Betrachtungsweise**

Die bisher betrachteten organisatorischen Tätigkeitsfelder befaßten sich vornehmlich mit der Beschreibung der Anforderungen an die abstrakte Durchbildung des Verwaltungsapparates des Amtes.
Zur Erledigung der zahlreichen und vielfältigen Aufgaben, namentlich auch der Durchführung der Selbstverwaltungsangelegenheiten der angehörigen Gemeinden, bedarf es innerhalb des

---

242) Statt vieler **Püttner**, Verwaltungslehre, § 10 IV 1; **Wolff/Bachof**, VerwR II, § 76 III a 3; **Schmidt-Jortzig**, Kommunalrecht, Rn. 361ff; **Strebos**, Rechtsnatur und Justizgerichtliche Geschäftsverteilungspläne, passim.

243) Im einzelnen dazu nur **Püttner**, Verwaltungslehre, § 16 I 1ff.; die Organisation als Führungsaufgabe beschreibt **Schwab**, DöD 1987, 141ff.

244) Statt vieler zu diesem Komplex **Eichhorn**, Verwaltungshandeln und Verwaltungskosten, passim.

Amtes noch weiterer organisatorischer Handlungsprozesse. Diese können generell als konkrete Einstimmung der personellen und sächlichen Verwaltungsressourcen im Hinblick auf die anstehenden Verpflichtungen bezeichnet werden[245]. Für den Rahmen dieser Untersuchung genügt es, exemplarisch die wesentlichen Elemente zu nennen.

Es ist dies vornehmlich die Einsetzung und Anleitung der Verwaltungskräfte sowie die zielgerichtete Einwirkung im Hinblick auf die konkret gestellten Aufgaben mit den damit verbundenen Rechten der Erteilung von Weisungen und den Unterrichtungsansprüchen gegenüber den Amtsbediensteten.

Die organisatorischen Befugnisse in dem Bereich offenbaren sich also im wesentlich durch Gestaltungsberechtigungen und -verpflichtungen des betrieblichen Ablaufs (Geschäftsgang, vgl. nur § 12 II 3 Hs. 2 AO)[246].

Weitere Wirkungskreise zeigen sich in den erforderlichen komplexen Optimierungsvorgängen durch Schaffung von Rahmenbedingungen und konkreten Reglementierungen im Hinblick auf die Bewältigung der konkreten Aufgabenanforderungen. Eingeschlossen sind Entscheidungsbedürfnisse über Fragen des sachgerechten Einsatzes technischer Hilfsmittel, der Aktenführung und -verwaltung, aber auch die Erstellung und Anordnung zur Benutzung von Vordrucken und ähnlichen verwaltungsvereinfachenden Insti-

---

[245] Dieser Bereich wird vielfach als Ablauforganisation ("Betrieb in Aktion") als Gegenstück zur Aufbauorganisation ("Betrieb in Bereitschaft") bezeichnet. Gegen die Formulierungen bestehen dann keine Einwände, wenn beide Parte zwar als unterschiedliche, aber nicht gegensätzliche organisatorische Detaillierungsstufen angesehen werden; vgl. dazu allgemein **Kummer**, HdKWP III, S. 121 (133f.); **Thieme**, Verwaltungslehre, Rn. 212; **Stettner**, Kompetenzlehre, S. 229; **Raschauer/Kazda**, Organisation der Verwaltung, S. 141 (171f.); **Schmitz-Pfeifer**, Ablauforganisation, S. 318ff; **Zöllner**, Ablauforganisation, S. 1ff.

[246] Zur Verwaltungsleitung statt vieler **Masson**, GO Bay., Art. 56 Rn. 7; **Kunze**, GO Bad.-Württ., § 44 Rn. 5 und Erl. zu § 44 Nr. I 1, 2, 2b; **Seewald**, Bes. VerwR, I B Rn. 205; **Stober**, Kommunalrecht, § 5 V; **Schmidt-Jortzig**, Kommunalrecht, Rn. 274; ausführlich **Schumacher**, VR 1987, S.378ff, (bes.379); **Willamowski**, Verteilung, S. 222f.; **Oebbecke**, Räume in der Verwaltung, S. 34f.; **Wolff/Bachof**, VerwR I, § 24 II d 2; **Jourdan**, Grundzüge der Verwaltungslehre, Band 2, S. 318 (320ff.).

tuten.
Schließlich ist auch noch der Bereich der internen und externen Informationsverfahren zu erwähnen[247] sowie die Bestimmung über die Sprechzeiten des Amtes und bürgerorientierter Beratungsdienste.

bb. Auswirkungen der Organisationsbefugnis

Es wird deutlich, daß die gezielte Instrumentalisierung und Einsetzung der personellen und sächlichen Verwaltungsressourcen sowie ihre Optimierung ein wesentliches und einflußreiches Institut der Aufgabenerfüllung darstellt[248].
Die Befassung mit organisationsrechtlichen Fragestellungen dient dabei nicht nur als Instrument zur Bewältigung komplexer Ziele, durch "Erzeugung, Anwendung und Durchsetzung des materiellen Rechts"[249]. Die in dieser Weise getroffenen Regelungen, insbesondere die Organisationspläne und Anweisungen, die die Recht- und Zweckmäßigkeit der Verfahrensabläufe und des Verwaltungsprodukts verwirklichen sollen, unterliegen nämlich auch der Befolgungspflicht durch die Amtswalter (§ 67 1 LBG)[250].

---

247) So dienen die regelmäßigen Zusammenkünfte der leitenden Verwaltungsbeamten unter der Federführung ihres Fachverbandes dem Austausch von Informationen, Meinungen und Anregungen.
248) Vgl zu diesem Fragenkreis nur **Kummer**, in HdKWP III, S. 121ff.
249) So ausdrücklich **Wolff/Bachof**, VerwR II, § 71 IV a; vgl. auch **Schnapp**, AöR 105 (1980), 243 (246); **Menger/Erichsen**, VerwA 57 (1966), 270 (277f.); **Erichsen**, VerwA 63 (1972), 337 (344); **Achterberg**, VerwR, § 13 Rn. 1.
250) Zu der Bindungswirkungen und den Gehorsamspflichten auch für organisatorische Maßnahmen vgl. nur **Schnapp**, AöR 105 (1980), 243 (250ff); **Thieme**, Verwaltungslehre, Rn. 243; **Morstein Marx**, Hierarchie und Verwaltungsweg, S. 109ff. (bes. S. 114f.); **Wolff/Bachof**, VerwR I; § 24 II d; BVerwGE 14, 84 (85,87); 19, 19 (21).
Zu den Befehls- und Gehorsamsverhältnissen, die ihren Ausdruck in den Verwaltungsgliederungsplänen finden, gehören auch das Recht auf Kontrolle, umfassende Informationsansprüche und die damit verbundenen Berichtspflichten, Rügerechte und nicht zuletzt der Möglichkeit der Evokation oder Delegation; siehe zu den Erscheinungsformen der Kontrolle nur **Püttner**, Verwaltungslehre, § 21

So vermag auch ein starkes Interesse der Amtsbediensteten an der Beantwortung der Frage erklärbar sein, ob und gegebenfalls inwieweit die gemeindlichen Organe ihnen bindende Aufträge und Weisungen erteilen dürfen, hat doch eine legitimierte Mitwirkung auch nur in Teilbereichen der ausgeführten organisatorischen Ausgestaltung des Amtes einen erheblichen Einfluß auf die Verwaltungsführung. Ein Höchstmaß an Effizienz bei der Aufgabenerledigung mit einem geordneten Verwaltungsablauf, aber auch an rechtsstaatlich gebotener Klarheit, kann nur erreicht werden, wenn für alle Beteiligten hinreichend deutlich wird, wer letztlich für die organisatorischen Vorkehrungen des Amtes zuständig und verantwortlich ist.

cc. Rechtliche Qualität organisatorischer Vorkehrungen

Auch den organisatorischen Vorkehrungen innerhalb der Errichtungsphase kommt unbestritten Rechtsqualität zu. Dieser Schluß ist nicht zuletzt deshalb notwendig, weil das "Impermeabilitätsdogma"[251], welches den Staat mit all seinen Untergliederungen als ein geschlossenes Rechtssubjekt ansah, für dessen organisatorischen Regelungen wegen der ausschließlich staatsinternen Materie ein Ausschluß der Rechtssatzqualität galt, heute überwunden ist[252].
Nach der heute allgemein anerkannten Auffassung sind Verhältnisse in den innerstaatlichen Beziehungen zwischen den Organisationen, Organen und Organwaltern, seien sie verfassungsrechtlich, gesetzlich oder untergesetzlich geregelt, immer rechtlicher Natur[253].

I 1f.
251) Grundlegend **Laband**, Das Staatsrecht des Deutschen Reiches, Bd. 1, S. 590.
252) **Laband**, Das Staatsrecht des Deutschen Reiches, Bd. 2, S. 2, 13, 86f., 181; vgl. dazu auch **Brohm**, DÖV 1964, 238ff.; **Rupp**, Grundfragen, S. 19; **Ossenbühl**, Verwaltungsvorschriften und Grundgesetz, S. 17.
253) Statt vieler **Rupp**, Grundfragen, S. 18f., 81f., 104ff; **Achterberg**, VerwR, § 13 Rn. 13; **Laubinger**, VerwA 73 (1982), 60ff.; **Rasch**, DVBl. 1983, 617 (618); BVerfGE 40, 237 (254); 50, 290 (351); 53, 30 (57,65); 56, 216 (241f.).

Als Begründung dient die Erkenntnis, daß es Verbindlichkeiten im Staatsgefüge für den einzelnen nur aufgrund rechtlicher Regelungen geben kann, die wiederum nur kraft Rechts entstehen dürfen[254].
Damit kommt einer Einschaltung der Gemeinde in die Organisationssphäre des Amtes Rechtsqualität zu, unabhängig davon, in welcher Art und Weise sie erfolgt.

dd. Erforderlichkeit einer Rechtsgrundlage zum Eingriff in die Organisationsstruktur des Amtes

Bei der Frage der Statthaftigkeit solcher Einflußnahmen ist nunmehr das Augenmerk auf die Frage nach dem Erfordernis einer rechtlichen Grundlage zu lenken.
Als eine unbestrittene organisatorische Zuständigkeit weist § 12 II 1 AO dem Amtsvorsteher die Leitung der Verwaltung mit der damit korrelierenden Verantwortlichkeit für den Geschäftsgang der Amtsverwaltung zu (vgl. auch § 12 II 3, 2 Hs. AO).
Eine Verengung der Befugnisse auf Verwaltungsrechtsmaßnahmen der Aufgaben zur Erfüllung nach Weisung ist auf den ersten Blick nicht vorgesehen. Mit der erwähnten Zuweisung scheint der Amtsvorsteher legitimiert zu sein, allein mit eigenverantwortlicher Entscheidungsmacht für alle Aufgabenbereiche, also auch im Hinblick auf die Durchführung der Selbstverwaltungsangelegenheiten, die Verwaltung des Amtes zu leiten.
Die Lösung erscheint auch plausibel und angebracht. Die Auswirkungen, die zusätzliche, die Innenorganisation des Amtes beeinflußende Stellen[255] verursachen würden, sind schnell skizziert. Es wären Fragen zu lösen, wie bei sich widersprechenden Dienstanweisungen zu verfahren sei; mögliche Gewissenskonflikte der Amtswalter müssen in das Kalkül gezogen werden. Die Zuweisung

---

254) BVerfG NJW 1976, 34 (36); **Maurer**, Allg. VerwR., § 3 Rn.5; **Achterberg**, VerwR, § 13 Rn. 5 m.w.N. in Fn. 11; **Forsthoff**, VerwR, § 23 2a; ders. in Verwaltungsorganisation, S. 7; ausführlich **Wolff/Bachof**, VerwR II, § 71 IVa, § 74 I a; **Lengheimer**, Die Gehorsampflicht der Verwaltungsorgane, passim.

255) Es ist deutlich auf ein mögliches Mitwirkungsrecht aller amtsangehörigen Gemeinden hinzuweisen.

von Arbeitsgebieten nach den Geschäftsverteilungsplänen könnten widersprüchlich und daher schwerlich befolgbar sein. Hinzu kommen noch Überlegungen, wie eine zügig und optimale Erledigung der Verwaltungsaufgaben gewährleistet sein soll, wenn vorangehende organisatorische Übereinkommen erforderlich sind und diese möglicherweise infolge unklarer Verantwortlichkeiten oder aus anderen Gründen nicht ohne weiteres erreicht werden können[256].

Letztlich hat man sich noch zu vergegenwärtigen, daß das Amt, um seine Aufgaben nach § 4 AO bewerkstelligen zu können, alle jene Voraussetzungen zu schaffen hat, die es abstrakt und konkret erst handlungsfähig machen. Auch ohne den Einbezug zur Durchführung der Selbstverwaltungsangelegenheiten ist das Amt aus organisatorischer Sicht vollkommen durchgebildet.

Es bedarf nach alledem schon einer einleuchtenden Begründung, um organisatorische Ingerenzbefugnisse der jeweiligen Gemeinde in die Amtsorganisation plausibel werden zu lassen. Daher ist zu prüfen, ob der schleswig-holsteinische Gesetzgeber als Inhaber der Organisationsgewalt dem Amt allein die Regelungshoheit über ihren organisatorischen Bereich zugeordnet hat oder ob gemeindliche verwaltungsorganisatorische Aufträge oder zumindest Mitspracherechte (Einvernehmen, Zustimmung) zulässig, vielleicht sogar angebracht sind.

c. Gesetzgeberische Entscheidung

Normativ und dogmatisch könnte die behauptete generelle organisationsrechtliche Souveränität des Amtes hinsichtlich des Einrichtungsparts ihren Niederschlag bereits in der rechtlichen Vorgabe gefunden haben, das Amt in seiner formalen Grundstruktur als Körperschaft des öffentlichen Rechts agieren zu lassen (§ 1 I 1 AO).
Mit der existentiellen Kreationsentscheidung des schleswig-

---

[256] Dazu nur **Rasch**, DVBl. 1983, 617; vgl. auch **Hillmann**, VerwA 77 (1986), 1 (19f.).

holsteinischen Gesetzgebers für den Rechtstypus der Körperschaft wird das Amt als Verwaltungsträger bestimmt und anerkannt (vgl. nur § 2 I letzte Alt. LVwG/S-H).
Nun entfalten sich indessen allein aus der Statusverleihung nicht ohne weiteres Garantiewirkungen für den innerorganisatorischen Bereich[257] des Amtes.

Mögen die dogmatischen Bemühungen zur Auffindung einer inhaltlich-verbindlichen Deutung des Terminus "Körperschaft" noch nicht gänzlich gelungen sein[258], so lassen sich im Zusammenklang weiterer Normkomplexe doch deutliche Anhaltspunkte für ein eigenes, unabhängiges Recht des Amtes zur Innenplanung finden.
Die schleswig-holsteinischen Ämter als Bundkörperschaften[259], deren Mitglieder auschließlich die angehörigen Gemeinden sind (§ 1 I 1 AO)[260], nehmen als Hoheitsträger staatliche Aufgaben mit hoheitlichen Mitteln unter Aufsicht wahr (vgl. nur §§ 2 I letzte Alt., 17 I LVwG/S-H).
Hierbei sind sie als juristische Personen mit eigener Rechtspersönlichkeit ausgestattet und, jedenfalls bei der Erledigung der durch §§ 4 AO zugewiesenen Aufgabenkomplexes, selbst Träger

---

257) Wie hier allgemein für jede Körperschaft auch **Schmidt-Jortzig**, Organisationshoheit, S. 145; ders., Kommunalrecht, Rn. 45 " ...kann nicht automatisch auf weitere festliegende Organisationsdetails geschlossen werden.."; **Forsthoff**, VerwR, § 25 II 1; **Wolff/Bachof/Stober**, VerwR II, § 84 III 3, Rn. 22, 23; siehe aber auch **Maurer**, Allg. VerwR; § 21 Rn.8 und **Bull**, Allg. VerwR, Rn. 203, die bei einer Körperschaft ohne Einschränkung eine organisatorische Verselbständigung annehmen.

258) Ausführlich **Endrös**, Körperschaft, S. 41; **Bieback**, Körperschaft, S. 348ff.; **Mronz**, Körperschaften, S. 40ff.; vgl. auch **Wolff/Bachof/ Stober**, VerwR II, § 84 II 2 a, Rn 12; **Rudolf**, in Erichsen/Martens, Allg. VerwR, § 56 II 2 a; **Forsthoff**, VerwR, § 25 2; **Maurer**, Allg. VerwR, § 23 Rn. 37; siehe auch § 37 I LVwG/S-H.

259) Zum Begriff nur **Wolff/Bachof/Stober**, VerwR II, § 84 III 4 d, Rn. 27.

260) Zu dieser nicht gänzlich unbestrittenen Ansicht nur BVerfGE 52, 95 (117ff.).

von Rechten und Pflichten[261].

Notwendiges Korrelat ist dann auch die Beteiligten-(vgl. nur §§ 61 Nr. 1 VwGO, 50 I ZPO, 78 I LVwG/ SH), Prozeß- (vgl. nur §§ 62 Nr. 1 VwGO, 52 I ZPO) sowie die Geschäftsfähigkeit für die Teilnahme am Privatrechtsverkehr, die durch die rechtsgeschäftliche Vertretungsbefugnis des Amtsvorstehers offenbar wird (vgl. nur § 17 II AO).

Dem Amt ist demnach eine Handlungsfähigkeit zugebilligt, die es ermöglicht, durch seine in organschaftlicher Vertretung handelnden Amtswalter selbst ihm zurechenbare Rechtsfolgen zu setzen (§§ 77 I Nr. 3,4 i.V. mit § 74 1 Hs. 1 LVwG/ S-H.)[262].

So ist es nur selbstverständlich, daß die Ämter ihren eigenen Namen führen dürfen (§ 1 II 1 AO)[263] und nicht nur ein Persönlichkeitszeichen im Verhältnis zu den Bürgern, sondern auch gegenüber den amtsangehörigen Gemeinden aufweisen[264].

Hinreichend deutlich wird nach alledem, daß die auch heute noch vertretene Auffassung, bei dem Amt handele es sich um die "Schreibstuben der Gemeinden", zumindestens zu relativieren ist[265]. Eine Hilfscharakterkonzeption oder gar eine Einglie-

---

[261] Mit dieser Feststellung erübrigt sich der Streitentscheid, ob der öffentlich-rechtlichen Körperschaft begriffsimmanent die Rechtsfähigkeit zukommen muß; für eine uneingeschränkte Rechtsfähigkeit **Forsthoff**, VerwR, § 25 2; **Rudolf**, in Erichsen/Martens, Allg. VerwR, § 56 II 2 Fn. 26; **Weber**, Körperschaften, S. 16; a.A. **Wolff/Bachof/ Stober**, VerwR II, § 84 III a; **Schmidt-Jortzig**, Kommunalrecht, Rn. 46 Fn. 4.

[262] Zur Fähigkeit einer Organisation, Endsubjekt rechtstechnischer Zuordnung zu sein vgl. nur **Böckenförde**, in FS für Wolff, S. 269 (274ff.).

[263] Zu dem öffentlich-rechtlichen Persönlichkeitsrecht der Namensführung siehe nur **Pappermann**, HdKWP I, S. 299 (306ff. m.w.N.).

[264] Dazu nur BVerfGE 59, 216 (226); VGH Baden Württ., DÖV 1984, 685 jeweils für den Gemeindenamen; **Stober**, Kommunalrecht, § 9 I; **Winkelmann**, Recht der öffentlich-rechtlichen Namen und Bezeichnungen, passim.

[265] Zu den Abmessungen dieser Formulierung vgl. nur **Mahrt**, Die Gemeinde 1951, 195 (196); N.N., Die Gemeinde 1966, 145 (147); **Petersen**, Die Gemeinde 1965, 2 (4), **Becker**, Die Gemeinde 1965, 6 (7f.); **Willing**, Die Gemeinde 1976, 137 (141ff. m.w.N.); Sachverständigengutachten, Rn. 48; **Elsner**, Kirchspielslandgemeinden, S. 165, 178f. m.w.N.;

derung in bestehende Verwaltungsträger ist nicht verfolgt worden und kann auch nicht angenommen werden. Einen weiteren Beleg für die ausschließliche Zuständigkeit des Amtes für die alleinigen eigenen organisationsrechtlichen Befugnisse könnte § 3 II LVwG/S-H. geben, wonach eine Behörde eine organisatorisch selbständige Stelle darstellt. Die vorgefundene Legaldefinition gibt zwar eine begriffliche Präzisierung in organisationsrechtlicher Hinsicht vor, will aber lediglich eine Abgrenzung zur unselbständigen Verwaltungsstelle[266] herstellen, von der sich die Behörde durch einen deutlich höheren Grad an Selbständigkeit abheben soll[267]. Das Amt handelt jedenfalls bei Erledigung der Aufgaben zur Erfüllung nach Weisung (§ 4 AO) nicht als unselbständiger Behördenteil, sondern als eigenständig, nach außen wirksam handelnde Stelle.

Weitergehendere Folgerungen, insbesondere eine organisatorische Unabhängigkeit der Amtsbehörde gegenüber der Gemeinde bei Durchführung der Selbstverwaltungsangelegenheiten aus § 3 II LVwG/S-H. zu folgern, würde aber dem Aussagewert der Legaldefinition nicht mehr gerecht werden.

d. Untergesetzliche Ermächtigung zum Eingriff in die Organisationsstruktur des Amtes

Einflußmöglichkeiten der Gemeinde auf die Organisation des Amtes setzen eine legitime Ermächtigung voraus, auch wenn es sich bei der Durchführung nach § 3 I 1 AO um Erledigungsparte der in ihrer Eigen- oder Endzuständigkeit fallenden Aufgaben

---

[266] Zur begrifflichen Bestimmung der Verwaltungsstelle nur **Erichsen**, Verw. und VerwGbkt. Bd. I, S. 24; **Rudolf**, in Erichsen/Martens, Allg. VerwR, § 56 I.
[267] So die Formulierung bei BVerfGE 10, 20 (48); vgl. auch Foerster, LVwG, § 3 Erl. 2.

handelt.

Eine entsprechende untergesetzliche Zuständigkeit könnte sich aus dem sog. Verwaltungsvorbehalt[268] ergeben.

In der Kalkar-Entscheidung[269] hat sich das BVerfG erneut gegen einen Gewaltmonismus der Legislative gewandt und die eigenständige demokratische Legitimation der Exekutive anerkannt[270]. Der Grund ist einsichtig. Eine völlige Unterstellung aller organisatorischer Belange in den Entscheidungsraum des Gesetzgebers birgt die Gefahr der Flexibilitätverringerung der Verwaltung. Als weiteren Effekt wäre eine noch stärkere Belastung des Gesetzgebers zu besorgen, bestünde das Erfordernis der Erarbeitung detaillierender Regelungen[271].

Die Folge ist eine "Konkurrenz"[272] der vollziehenden Gewalt und der Legislative mit unterschiedlichem Erfolg um die Ausübung dieser Herrschaftsbereiche[273]. Eine nähere Klärung der Ausdeutung und Reichweite der durch den Gesetzesvorbehalt eröffneten exekutiven Gestaltungsräume[274], des "neuralgischen Punktes"[275]

---

[268] Ausführlich zum Begriff, Wesen und Reichweite des Verwaltungsvorbehalts mit zahlreichen weiteren Nachweisen nur **Maurer**, VVDStRL 43 (1985), 135ff.; **Schnapp**, VVDStRL 43 (1985), 172ff.; ausführlich jüngst auch **Sodan**, Kollegiale Funktionsträger als Verfassungsproblem, S. 435ff.

[269] BVerfGE 49, 89 (127); vgl. hierzu auch **Erichsen**, VerwA 70 (1979), 249ff. (bes. S. 254).

[270] So auch schon statt vieler BVerfGE 9, 268 (280); **Böckenförde**, Organisationsgewalt, S. 107; **Erichsen**, VerwA 70 (1979), 249 (254f.); **Erichsen/Knoke**, DÖV 1985, 53 (55); **Krebs**, VerwA 70 (1979), 259 (269,271); **Stettner**, Kompetenzlehre, S. 282; **Schenke**, VerwA 68 (1977), 118, (124f.).

[271] Eindrucksvoll BVerfGE 8, 1155 (168); siehe auch **Schmidt-Aßmann**, FS für Ipsen, S. 333 (341), der ebenfalls auf das Erfordernis der "adäquaten Reaktion" der Verwaltung auf die täglichen Anforderungen hinweist; siehe auch **Schnapp**, AöR 105 (1980), 243 (270).

[272] So die Formulierung bei **Fuchs**, Beauftragte, S. 100.

[273] Dazu im einzelnen **Köttgen**, VVDStRL 16 (1958), 154 (176f); **Ermacora**, VVDStRL 16 (1958), 191ff. (bes. S. 229); **Wolff/ Bachof**, VerwR II, § 78 II c; **Forsthoff**, VerwR, § 23 2a; **Maurer**, VVDStRL 43 (1985), S. 135 (164); BVerfGE 16, 6 (21f.).

[274] Dazu eingehend nur **Schmidt-Aßmann**, FS für Ipsen, S. 333 (350f.); **Erichsen**, Probleme mehrstufiger Erfüllung, S. 3 (17,18); **Schnapp**, VVdStRL 43 (1985), 172 (195); BVerfGE

in den Rechten beider Gewalten, bedarf es dann aber nicht, wenn eine gesetzliche Zuständigkeitszuweisung vorliegt[276].
Der Gesetzgeber hat durch seine positiven Regelungen entschieden, daß der Amtsvorsteher gemäß § 12 II 1 AO sowie der Amtsausschuß (vgl. nur §§ 10 II, 12 II ....nach den Grundsätzen und Richtlinien des Amtsausschusses) mit umfangreichen organisatorischen Rechten innerhalb des Amtsorganisation betraut sind.
Mit den normativen Festlegungen gilt nun das Gebot der Indisponibilität für die Verwaltung. Nur die Legislative kann durch ihre Bestimmungen etwas anderes zulassen, während die Exekutive die Anordnungen anzuwenden hat, nicht davon abweichen und auch nicht ihren Geltungsanspruch verstoßen darf[277].
Aus alledem wird eine erhebliche Bedeutung der organisatorischen Rechte ersichtlich. Ein durch sie ermächtigter Rechtsinhaber genießt kompetentielle Absicherung und Schutz, den er notfalls gerichtlich klären lassen kann[278].

40, 237 (248); 48, 210 (221); 49, 89 (126), die übereinstimmend hauptsächlich nur das Terrain interner Befugnisse innerhalb eines Verwaltungsträgers von dem Verwaltungsvorbehalt erfaßt sehen wollen. Nachdem aber die Inkorporierung des Amtes als Gemeindebehörde im Wege der Organleihe abgelehnt wurde, würden Anordnungen der Gemeinde in die Amtssphäre nicht mehr auf intrapersonale Wirkung gerichtet sein, so daß die Rekurrierung einer Befugnis aus dem Rechtsinstitut des Verwaltungsvorbehalts bereits hieran scheitern dürfte.

275) Treffend **Stettner**, Kompetenzlehre, S. 343.
276) **Wolff/Bachof**, VerwR II, § 78 II b 4, c; **Fuchs**, Beauftragte, S. 101; **Schnapp**, VVDStRL 43 (1985), 167 (186,190f.); BVerfGE 63, 1 (34).
277) Das sind letztlich Erkenntnisse aus den Grundsätzen des Gesetzesvorrangs; vgl. zum Verlust des organisatorischen Freiraums für die Verwaltung durch die normativen Anordnungen etwa **Ossenbühl**, Verwaltungsvorschriften und Grundgesetz, S. 216f.; **Stettner**, Kompetenzlehre, S. 283.
278) So bereits **Richter**, Die Organisationsgewalt, S. 6.

e. Ergebnis

Die Gemeinde darf nur aufgrund einer gesetzlichen Grundlage in den organisatorischen Bereich des Amtes unmittelbar mitgestaltend einwirken. Es gilt deshalb nochmals herauszustellen, daß die organisatorischen Ab- und Ausgrenzungen nicht, wie in den tatsächlichen Abläufen geschehend, als ein vorrangiges Problem der persönlichen Führung und Autorität angesehen werden darf.

3. Normative Ansatzpunkte für Eingriffsmöglichkeiten der Gemeinde

Einwirkungsmöglichkeit in den organisatorischen Handlungsapparat des Amtes durch die Gemeindevertretung könnten rechtlich zulässig sein. Diese Zulässigkeit könnte sich aus § 3 I 1 AO ergeben, der bestimmt, daß das Amt nach den Beschlüssen der Gemeinden die Selbstverwaltungsangelegenheiten durchführt.
Legt man den Wortlaut dieser Vorschrift weit aus, so könnte aus der Formulierung auf eine Omnipotenz der Gemeindevertretung geschlossen werden, die ihr zumindest punktuelle Eingriffe in den organisatorischen Bereich des Amtes erlaubt, um eine effektive und sachgemäße Verwirklichung ihrer Beschlüsse zu sichern[279].

a. Vergleich mit den amtsfreien Gemeinden

Zunächst ist aber deutlich herauszustreichen, daß § 3 I 1 AO nicht Quelle für Beschlußrechte der Gemeindevertretungen ist. Diese werden vielmehr vorausgesetzt. Rechtsgrundlage für diese

---

[279] Zu dem Argumentationsansatz vgl. auch OVG Lüneburg, OVGE 26, 449 (451).

Wahrnehmungszuständigkeiten ist in erster Linie § 27 I GO.

Weitere Aufschlüsse über die Frage, ob die Gemeindevertretung durch ihre Beschlüsse in den Organisationsbereich des Amtes, insbesondere in die organisatorischen Rechte des Amtsvorstehers eindringen darf, können durch einen Vergleich mit der Aufgabenverteilung, die die Gemeindeordnung in der amtsfreien Gemeinde zwischen Gemeindevertretung und Bürgermeister vorsieht, gewonnen werden.

In einer haupt- oder auch ehrenamtlich verwalteten, nicht amtsangehörigen Gemeinde leitet der Bürgermeister gemäß § 49 I 1 GO (ggfls. in Verbindung mit § 55 V 1 GO) die Verwaltung nach den von der Gemeindevertretung aufgestellten Grundsätzen und Richtlinien.

Die eigenständige Kompetenz des Bürgermeisters beinhaltet im wesentlichen die Leitung und Beaufsichtigung des Geschäftsgangs der Verwaltung und dessen Organisation. Dieser Zuständigkeitsbereich obliegt allein dem Bürgermeister[280], der ihm im übrigen auch nicht durch Beschluß der Gemeindevertretung entzogen werden kann (vgl. § 27 I 2 LVwG/SH)[281].

Die Gemeindevertretung ist im wesentlichen darauf beschränkt, durch Vorgaben allgemeiner Grundsätze und Richtlinien, Haushaltsmittelzuweisungen und Kontrollen auf den organisatorischen Tätigkeitsbereich des Bürgermeisters einzuwirken[282].

Die vom Gesetzgeber in dieser Weise festgelegte Verteilung der Wahrnehmungszuständigkeiten innerhalb einer amtsfreien Gemeinde

---

280) Hierbei handelt es sich um eine dualistische Kommunalverfassung, in der die Erstzuständigkeiten der Gemeinde den beiden Hauptorganen Gemeindevertretung (Repräsentativorgan) und Bürgermeister (Konkretionsorgan) übertragen werden; vgl. zu den Aufgaben eines Bürgermeisters einer hauptamtlich verwalteten Landgemeinde in Schleswig-Holstein nur **Bechert**, Die Gemeinde 1967, 355 (357f.); **Jensen**, Die Gemeinde 1967, 354f.

281) Die Gemeindevertretung ist hauptsächlich auf das Rechtsinstitut der Abberufung des Bürgermeisters unter den Voraussetzungen des § 40 a GO angewiesen.

282) Auf die Gemeindebediensteten und den Verwaltungsablauf unmittelbar zuzugreifen, ist der Gemeindevertretung schon wegen der Mediatstellung des Bürgermeisters verwehrt; vgl. nur **Schmidt-Jortzig**, Kommunalrecht, Rn. 277.

läßt sich auch für die Klärung des Verhältnisses zwischen dem Amt und der Gemeindevertretung amtsangehöriger Gemeinden fruchtbar machen.
Zunächst ist zu bemerken, daß § 55 V 2 GO ausdrücklich die Geltung des § 49 I 1 GO für die amtsangehörige Gemeinde ausnimmt. Damit können die organisatorischen Rahmenbedingungen, die die Gemeindevertretung einer amtsfreien Gemeinde in Gestalt der allgemeinen Grundsätze und Richtlinien für ihren Bürgermeister aufstellen konnte, nicht auch durch die Gemeindevertretung einer amtsangehörigem Gemeinde im Verhältnis zur Amtsverwaltung aufgestellt werden. Einwirkungsmöglichkeiten für die Bürgermeister ergeben sich nur aufgrund ihrer Mitgliedschaft im Amtsausschuß und der dadurch eröffneten Einflußgelegenheiten auf den Amtsvorsteher (§ 12 II 1 AO).
Die Gemeindevertretung ist indes gemäß § 30 I, V GO berechtigt, sich durch umfangreiche Kontrollrechte über die Durchführung ihrer Beschlüsse zu überzeugen. Präventive organisatorische Einwirkungsrechte werden aber hierdurch nicht gewährt.
Weiterhin bestimmt § 19 II 1 AO, daß der Amtsausschuß oberste Dienstbehörde der in der Amtsverwaltung Beschäftigten ist und der Amtsvorsteher gemäß § 12 III 1 AO deren Dienstvorgesetzter. Eventuelle organisatorische Befugnisse aus diesem personalbezogenen Bereich kann die Gemeindevertretung daher ebenfalls nicht geltend machen.
Somit ist festzustellen, daß die Gemeindevertretung einer amtsangehörigen Gemeinde durch ihre Beschlüsse weder unmittelbar in den Verwaltungsablauf des Amtes einwirken kann noch rechtlich legitimiert ist, auf den Organisationsbereich des Amtes, insbesondere die Verwaltungsleitungsbefugnisse des Amtsvorstehers, Einfluß zu nehmen.

b. Rückschlüsse aus der gesetzlichen Verantwortungszuweisung

Die arbeitsteilige Erledigung der zum Teil äußerst komplexen Selbstverwaltungsangelegenheiten erfordert einen hohen und intensiven Koordinierungs- und Abstimmungsbedarf zwischen den beteiligten Hoheitsträgern Amt und Gemeinde. Bei der Verwirklichung der Gemeindevertretungsbeschlüsse sind reglementierende Anordnungen der jeweiligen Bürgermeister durch Geltendmachung von Mitwirkungs- und Mitbestimmungsrechte über den Umfang, den Zuschnitt und den Einsatz der personellen und sächlichen Ressourcen des Amtes nicht selten anzutreffen. Derartige dirigistische Interventionen, die von dem jeweiligen Bürgermeister als aktive Teilnahme an der behördlichen Praxis verstanden werden und die von wesentlicher kommunalpolitischer und rechtlicher Bedeutung sind, könnten sich aus der Sachverantwortung des Gemeindebürgermeisters aus § 55 V 2 i.V. mit § 49 I 3 Alt. 1 GO rechtlich legitimieren[283].

Bedenken gegen eine solche Ausweitung dieser Verantwortlichkeit[284] für organisatorische Anordnungen im Amtsbereich könnten sich bereits daraus ergeben, daß der Bürgermeister einer amtsangehörigen Gemeinde den Geschäftsgang der Verwaltung, der umfangreiche organisatorische Befugnisse eröffnet, ausdrücklich nicht zu verantworten hat. Durch die gesetzgeberische Regelung, daß die Vorschrift des § 49 I 1, 2 Alt. 2, 3, Alt. 2 und § 49 II GO für die Bürgermeister amtsangehöriger Gemeinden (soweit diese nicht die Geschäfte des Amtes führen[285]) nicht gelten, könnte angeordnet sein, daß den Bürgermeistern der amtsangehörigen Gemeinden die Verantwortung für den Aufgabenvollzug und die Verwaltungsleitung im Gegensatz zu den Bürgermeistern der amtsfreien Gemeinden nicht übertragen

---

[283] Ausdrücklich **Galette**, GO, § 55 Abs.5 Erl.2, 5; ähnlich auch **Petersen**, Die Gemeinde 1968, 143 (144), der die Mitwirkung des Amtes lediglich als "Erleichterung" für die Verwaltungsarbeit der amtsangehörigen Gemeinde ansieht, die alleinige Verantwortung für die Durchführung aber soll weiterhin den Bürgermeistern obliegen; vgl. auch die amtliche Begründung zur AO, Landtagsdrucksache Nr. 646 zu Art. 1 Nr. 3 S. 13, wonach die Verantwortlichkeit des Bürgermeisters auch nach Neufassung des § 3 I 1 AO unberührt bleibt.

[284] Die Begriffe Verantwortung und Verantwortlichkeit werden mit **Oebbecke**, Räume in der Verwaltung, S. 96 insbesondere Fn. 11, synonym verwendet.

[285] Von der Ausnahme des § 1 III 2 AO, der vornehmlich für die hauptamtlich verwalteten amtsangehörigen Gemeinden einschlägig ist, soll hier abgesehen werden.

ist. Nichtsdestoweniger geht Galette aus Sorge um die Ordnungsgemäßheit des verwaltungsmäßigen Geschäftsgangs davon aus, daß die gesamte Leitungsfunktion im Rahmen der dualistischen Aufgabenerledigung umfassend und eindeutig als Träger der Gesamtverantwortung für die Qualität der Arbeitsergebnisse beim jeweiligen Bürgermeister konzentriert und anzutreffen ist. Darüber hinaus seien umfangreiche Einflußmöglichkeiten des Bürgermeisters auch im Amtsbereich geschaffen worden, die ihm eine gewisse Allzuständigkeit bei der Erledigung der Beschlüsse der Gemeindevertretung einräumen[286].

Aus dieser Stellungnahme wird die Problematik deutlich, ob und gegebenenfalls auf welchen Rahmen begrenzt das Amt dem Weisungsrecht des Bürgermeisters einer amtsangehörigen Gemeinde unterstellt ist. Es stellt sich aber die Frage, ob Weisungsbefugnisse und Verantwortlichkeiten in bezug auf die Gesamtaufgabe der Erledigung der Selbstverwaltungsangelegenheiten auf verschiedene organisatorisch selbständige und gleichberechtigt nebeneinander stehende Institutionen in der Art eines Mehrliniensystems aufgeteilt sind, mit der Folge der Zuweisung einer "funktionalen" Weisungsbefugnis sowohl an das Amt als auch an die amtsangehörigen Gemeinden derart, daß Weisungsbefugnisse und Verantwortlichkeiten für beide Verwaltungsträger auf bestimmte Bereiche begrenzt sind.

Mit der Einbeziehung des Amtes in die Erledigung der Selbstverwaltungsangelegenheiten der jeweiligen Gemeinden ist eine Verwaltungsform entstanden, die nicht in die ansonsten vorgegebenen Kommunalstruktur paßt. Vielmehr werden zwei Hoheitsträger in die Aufgabenerledigung eingebunden. Als Folge dieses gesetzgeberisch angeordneten Zusammenwirkens ist eine enge Verbindung und gegenseitige Durchdringung nötig, soll das gemeinsam geschaffene Verwaltungsendprodukt den Vorstellungen beider Beteiligten entsprechen.

Bei der Betrachtung darf aber nicht die Komplexität der Handlungssituationen, die sich bei der Erledigung der Selbstverwaltungsangelegenheiten durch das Amt und die amtsangehörigen

---

[286]) Ausdrücklich **Galette**, GO, § 55 Abs. 5, Erl. 2, 5.

Gemeinden in der Praxis häufig stark verflechten, aus den Augen verloren werden, sind diese Verknüpfungen doch nicht zuletzt Ausdruck pragmatischer und eingespielter, bewährter Prozesse. Die konkreten Ausprägungen dieser Verzahnungen werden vielerorts im Sinne von Galette gewertet. Danach wird von einer -selbstverständlichen- Prärogative des monokratisch agierenden Bürgermeisters mit seiner herausragenden Stellung auch in der amtsangehörigen Gemeinde ausgegangen[287].
Schon die oberflächliche Überprüfung dieser Annahme auf dem Boden der einschlägigen Kommunalgesetze offenbart indes zwei wichtige Unterscheidungen gegenüber dem Bürgermeister einer amtsfreien Gemeinde. Zum einen ist nach § 12 II 3. 2. Alt. AO neben dem Bürgermeister (vgl. § 55 V 2 i.V. mit § 49 I 3, Alt. 1 GO) auch der Amtsvorsteher für die sachliche Erledigung der Aufgaben, also auch der durchgeführten Selbstverwaltungsangelegenheiten, zum anderen für den Geschäftsgang der (Amts-) Verwaltung verantwortlich.
Die anzustellenden Überlegungen beschäftigen sich zunächst nur mit den organisatorischen Vorkehrungen des Amtes, die dogmatisch von den zu erledigenden Aufgaben streng zu trennen sind[288].
Bevor der Frage der mögliche Gewichtsverteilung in dem organisatorischen Bereich des Amtes nachgegangen werden soll, muß der Begriff der Verantwortlichkeit geklärt werden.
Die Verantwortung des Bürgermeisters gemäß § 55 V 2 i.V. mit § 49 I 3, Alt. 2 GO ist in der Erscheinungsform der Pflicht des Einstehenmüssens[289] eines Aufgabenträgers für die zielentspre-

---

287) Das sind Ausprägungen der echten Bürgermeisterverfassung, die dem Bürgermeister neben dem Vorsitz in der Gemeindevertretung auch die Leitung der Verwaltung anvertraut.

288) Selbstverständlich ist Arbeitsgrundlage für organisatorische Aktivitäten, also der Prozeß der Entwicklung einer Ordnung der behördlichen Tätigkeiten die zu bewerkstelligenden Aufgaben. Hierbei handelt es sich aber um die Ziele einer Organisation, nicht um deren Legitimität. Zu dieser Unterscheidung vgl. nur **Schmidt-Jortzig**, Organisationshoheit, S. 168ff.

289) **Wilke**, DÖV 1975, 511 deutet zutreffend darauf hin, daß der Begriff der Verantwortung auch im Sinne einer Zuständigkeit für leitende Verwaltungstätigkeit angesehen

chende Erfüllung gegenüber einem anderen zu verstehen[290]. Streng begrifflich ist zum einen das Merkmal des Rede und Antwort Stehen, zum anderen aber auch eine Rechenschaftspflicht im Sinne eines "Dafürstehens" (Prästationspflicht) zu nennen. Beide Teile müssen grundsätzlich gedanklich als unterschiedliche Aspekte betrachtet werden, bilden aber aufeinanderbezogen die einheitlich zu begreifende Verantwortlichkeit. Streng zu trennen ist diese Rechenschaftspflicht aber von dem Bereich der Haftung infolge personaler Einstandspflicht[291].

Der Bürgermeister ist also insbesondere im Innenverhältnis zur Gemeindevertretung gehalten, im Rahmen seiner Verantwortlichkeit Rede und Antwort bezüglich der Frage zu stehen, ob die gestellten Aufgaben zielentsprechend erfüllt wurden, und hat für seine Wirkungsbereiche einzustehen.

Damit aber überhaupt eine Verantwortlichkeit des Bürgermeisters entsteht, ist nötig, daß er zur Kompetenzwahrnehmung befugt ist, mit anderen Worten, daß er Inhaber einer Zuständigkeit ist[292].

Eine Verantwortlichkeit scheidet von vornherein aus, wenn der Aufgabenträger keine eigenen Entschließungs- und Handlungsfreiheiten beanspruchen kann, er also nach gebundener Marschroute lediglich als Gehilfe agiert, mithin überhaupt keine Wirkungsberechtigungen beanspruchen darf und kann. Eine Rechenschaftslegung, (Vollzugsmeldung, feed back) kann nur für ein solches Verhalten gefordert werden, auf das der Betreffende Einfluß zu nehmen vermag.

Ohne Zweifel hat der ehrenamtliche Bürgermeister einer amtsan-

---

werden kann.

290) **Hauschildt**, Handbuch der Organisation, Sp. 1693f.; **Wöhe**, Einführung, S. 160ff.

291) Zu dieser Unterscheidung vgl. nur **Morstein Marx**, Einführung in die Bürokratie, S. 59 ("persönliche Verantwortlichkeit"); **Ryffel**, Eigenverantwortlichkeit, S. 456 (459f.); **Stettner**, Kompetenzlehre, S. 273.

292) Zu dem unstreitigen Ergebnis ebenso **Achterberg**, VerwR, § 19, Rn. 41; **Lecheler**, Die Personalgewalt, S. 193; **Oebbecke**, Räume in der Verwaltung, S. 100 ("..setzt eine Zuständigkeit logisch zwingend voraus "); siehe auch BVerfGE 45, 297 (332,334).

gehörigen Gemeinde umfangreiche Rechte als Vorsitzender der Gemeindevertretung (vgl. nur § 55 I 1 i.V. mit §§ 34 I 1, 37, 42 GO), ist er der gesetzliche Vertreter der Gemeinde (§ 55 V I GO), der bei Eilfällen dringende Maßnahmen anordnet (§§ 55 V 2, 3 Hs. i.V. mit 49 III GO) sowie insbesondere die Beschlüsse der Gemeindevertretung vorbereitet (§§ 55 V 2, 1. Hs. i.V. mit 49 I 2, 1.Hs. GO).

Im erörterten Zusammenhang sind aber weniger die größtenteils innerorganisatorischen Rechte des Bürgermeisters von Belang als vielmehr diejenigen, die er im Verhältnis zum Amt beanspruchen könnte, geht es doch um die Frage, welche organisatorisch dirigistischen Befugnisse im Amtsbereich er rechtlich für sich beanspruchen kann.

Die Fragestellung spitzt sich darauf zu, ob das Amt, das hinsichtlich der Aufgaben zur Erfüllung nach Weisung organisatorisch selbständig ist[293], bei der Durchführung der Selbstverwaltungsangelegenheiten wegen einer rechtlichen Legitimation des jeweiligen Bürgermeisters an dessen irgendwie geartete organisatorische Weisungen gebunden ist.

Quelle solcher Wirkungsbefugnisse soll hauptsächlich die sachliche Verantwortung für die Erledigung der Selbstverwaltungsangelegenheiten sein.

Bedenken gegen eine organisatorische Ingerenzberechtigung des Bürgermeisters im Amtsbereich ergeben sich bereits aus naheliegenden praktischen Gründen. So wäre zunächst die Frage zu beantworten, wie bei sich widersprechenden Anordnungen des Amtsvorstehers und des jeweiligen Bürgermeisters zu verfahren ist. Ließen sich hier noch Übereinkünfte vorstellen, so ist aber mit unerhörten Schwierigkeiten dann zu rechnen, wenn alle amtsangehörigen Bürgermeister durch unterschiedliche organisatorische Anordnungen in den Amtsbereich mit hineinregieren. Die Annahme einer umfassenden organisatorischen Teilhabe mit den damit verbundenen Weisungsrechten würde einen nur schwer zu verwirklichenden Koordinierungsprozeß erfordern, so daß bereits aufgrund dieser Überlegung ein Wirkungsbereich der Bürgermeister im organisatorischen Bereich der Gemeinde nur schlecht

---

[293] Also keinesfalls als eine "Gemeindeaußenstelle" anzusehen.

vorstellbar ist.
Aber auch in rechtlicher Hinsicht lassen sich überzeugende Argumente finden, um die organisatorische Selbständigkeit des Amtes zu begründen.
Durch die Formulierung des § 12 II 3, 2 Hs. AO hat der Gesetzgeber mit wünschenswerter Deutlichkeit zum Ausdruck gebracht, daß der Amtsvorsteher innerhalb der Hierarchie des Amtes allein an der Spitze der organisatorischen Weisungsberechtigungsinhaber steht. Durch die Auslassung dieser Berechtigung in § 55 V 2, Alt. 2 i.V. mit § 49 I 3 GO hat er die Grundentscheidung gefällt, dem Bürgermeister nicht die Verantwortung für den Geschäftsgang der Verwaltung (des Amtes) zuzuerkennen.
Der Annahme, bei der Geschäftsleitungsbefugnis handele es sich um eine Untergröße der sachlichen Verantwortung[294], also praktisch nur um eine wiederholende Umschreibung, ist bereits das formale Argument entgegenzuhalten, daß eine solche Art von Gesetzesauslegung nur dann zum Tragen kommen kann, wenn eine andere Interpretation nicht denkbar ist[295]. Darüberhinaus ist zu berücksichtigen, daß der Normtext die Begriffsbeschreibungen so unterschiedlich wählt, daß sie jede für sich einen eigenständigen Sinn und Inhalt haben.
Die Begriffe sachliche Verantwortung und Geschäftsgang der Verwaltung decken sich nicht. Allenfalls könnte, wie in der Praxis teilweise erfolgt, argumentiert werden, daß zur sachlichen Erledigung nicht nur die Bestimmung des "ob" gehöre, sondern ebenso des "wie" der Sacherledigung. Der letztgenannte Bereich umfasse auch die organisatorischen Vorkehrungen zur Aufgabenerledigung.
Diesem Einwurf muß entgegengehalten werden, daß bei einer solchen Argumentation zwei getrennte Fragenbereiche unzulässig verquickt werden. Zum einen die Frage, wie das Verwaltungsprodukt, also das funktionell zu Bewerkstelligende, zum anderen wie der instrumentelle Weg der Verwirklichung auszusehen hat, wie also die Verwaltungsressourcen eingesetzt werden, um das

---

294) **Galette**, GO, § 49 Abs. 1, Erl. 1 a, 1 b.
295) **Larenz**, Methodenlehre, S. 310ff.

angestrebte Ergebnis zu erlangen[296].

c. Ergebnis des Zusammenspiels der Regelungen von GO und AO

Damit bleibt festzustellen, daß das normative Regelwerk betreffend die Sacherledigungskompetenz und die daraus resultierende Verantwortlichkeit in der GO und AO, trotz aller Betonung der gewichtigen Stellung der Gemeinde einschließlich ihrer Organe bei der Erledigung der gemeindlichen Selbstverwaltungaufgaben, von der organisatorisch selbständigen Form des Amtes mit eigenen Entscheidungs- und Gestaltungsräumen ausgeht. Der Bürgermeister muß also dem Amt die völlige organisatorische Ausgestaltung des Amtsbereichs überlassen, will er nicht die ihm normativ gezogenen Grenzen überschreiten. Es bestehen demzufolge für ihn weder rechtliche Möglichkeiten, die Arbeitsabläufe und die Geschäftsverteilung innerhalb der Binnenstruktur des Amtes zu regeln, noch den einzelnen Bediensteten des Amtes Weisungen zu erteilen[297].
Der Gesetzgeber hat in dem Geflecht der gegenseitigen Abhängigkeiten und Ingerenzen Grenzen gezogen, indem er dem Amt auch bei der Durchführung der Selbstverwaltungsangelegenheiten die organisatorische Selbständigkeit zugewiesen hat, die es von seiten der amtsangehörigen Gemeinden zu respektieren gilt. Insbesondere ist es dem Bürgermeister von Rechts wegen verwehrt, am Amtsvorsteher vorbei, einzelne Bedienstete des Amtes Anweisungen zu erteilen. Es ist deutlich geworden, daß diese Anordnungen nur und ausschließlich an den Amtsvorsteher, der insofern eine Mediatstellung einnimmt, zu richten sind, der dann für entsprechende Umsetzung zu sorgen hat.
Organisatorische Rechte verbleiben den Bürgermeistern amtsange-

---

[296] Zu diesen Unterscheidungen vgl. nur **Schmidt-Jortzig**, Organisationshoheit, S. 77, 190 m.w.N.
[297] Da ihm Einflußnahmen auf die organisatorischen Vorkehrungen des Amtes verwehrt sind, hat er, als Kehrseite, auch nicht die Verantwortung für diesen Bereich zu übernehmen und zu tragen.

hörigen Gemeinde darüberhinaus selbstverständlich bezüglich ihres Aufgabenkreises innerhalb der eigenen Gemeinde[298].

4. **Zuständigkeitsabgrenzung für einzelne Verwaltungsabschnitte**

Ist nunmehr ein Bild über die organisatorischen Existenzvoraussetzungen und Alleinbefugnisse des Amtes gewonnen, so soll nunmehr der Versuch einer Zuständigkeitsabgrenzung bezüglich einzelner die Selbstverwaltungsangelegenheiten der amtsangehörigen Gemeinden betreffender Aufgabenbereiche unternommen werden[299].
Ziel des Versuchs ist eine Präzisierung der jeweiligen Zuständigkeitsgrenzen, die den beteiligten Hoheitsträgern Amt und Gemeinde gesteckt sind, um im Ergebnis ins Detail gehende funktional-inhaltliche Wirkbereiche bei der Erledigung der Selbstverwaltungsangelegenheiten zu beschreiben.
Denkbare Handlungsbereiche des Amtes können sich, dem sich schrittweise vollziehenden Gesamtentscheidungsprozeß über die einzelnen Selbstverwaltungsangelegenheiten folgend, in den drei Tätigkeitsbereichen

1. Planung,

---

[298] Daß der Bürgermeister, schon wegen § 15 III 2 AO regelmäßig keinen personellen Gemeindeverwaltungsunterbau unterhält, ändert nicht seine prinzipiellen Zuständigkeiten.

[299] Deutlich herauszustellen ist, daß aus der organisationsrechtlichen Verselbständigung des Amtes gegenüber der Gemeinde nicht zwingend auf die Zuerkennung von selbständiger, qualitativ hochwertiger Aufgabenmaterie geschlossen werden darf; die Wertentscheidung der AO und GO zugunsten dieses Grundsatzes verbietet es (rechtstheoretisch) nicht, dem so ausgestatteten Hoheitsträger, völlig weisungsunterworfene Aufgabenbereiche zuzuweisen. Vgl. zu dem Ansatz allgemein **Schmidt-Jortzig**, Organisationshoheit, S. 166 mit weiteren Nachweisen in Fn. 18; **Püttner**, Verwaltungslehre, § 7 I 1; **Becker**, Die Verwaltung 1976, S. 273 (274); **Kübler**, Organisation und Führung in Behörden, Rn. 27; **Fuchs**, Beauftragte, S. 151.

2. Entscheidung,
3. Verwirklichung

ergeben. Diese Aufzählung stellt zugleich die Entwicklungsstadien dar, infolge derer die Selbstverwaltungsangelegenheiten der Gemeinde vorbereitet, verbindlich gemacht und zu rechtlicher Außenwirksamkeit gebracht werden. Berücksichtigt werden muß jedoch, daß sich die aufgezeigten Entwicklungsphasen nicht völlig trennscharf von einander abgrenzen lassen. Vielmehr korrelieren die verschiedenen erforderlichen Aktivitäten miteinander, nicht zuletzt, da sie alle auf das Gesamtziel der vollständigen Aufgabenerledigung ausgerichtet sind.
Nichtsdestoweniger soll im Rahmen der folgenden Darstellung der schrittweise sich vollziehende Entscheidungsprozeß untersucht werden, wobei die Überlegungen sich auf die Struktur der Aufgabenerledigungsabgrenzungen konzentrieren werden, und darauf abzielen, ein möglichst detailliertes Bild zu entwerfen, in welchen Teilen sich Alleinkompetenzen eines Verwaltungsträgers ergeben und wo der Gesetzgeber durch die Schaffung von Mehrfachkompetenzen ein Zusammenwirken von Amt und Gemeinde erforderlich macht, sowie festzustellen, wem diese Kompetenzen normativ zugeordnet werden.

a. Die Planungsphase

Nach §§ 27 und 28 GO obliegt grundsätzlich der Gemeindevertretung die Entscheidung über die gemeindlichen Selbstverwaltungsangelegenheiten. Diese "Pflicht" zur Entscheidung macht eine entsprechende entscheidungsvorbereitende Planung erforderlich.
Um diese Planung sinnvoll und effektiv zu gestalten, müssen sich die Gemeindevertretungsmitglieder als Grundlage für ihre Entscheidungen, insbesondere bei komplexen und komplizierten Sachverhalten adäquates Wissen über die aufzugreifenden Regelungsmaterien verschaffen. Bei dem erforderlichen Wissen handelt es sich regelmäßig um eine Vielzahl von Informationen, Fakten, Daten und Vorschlägen, die für die rechtliche und tatsächliche Durchsetzbarkeit des Beabsichtigten von Bedeutung

sind. Die Art und Weise der Informationsgewinnung, die Ausmaße und der Umfang der heranzuschaffenden Unterlagen können in jedem einzelnen Fall unterschiedlich sein. Das hängt insbesondere davon ab, wie das erwogene Problemfeld beschrieben werden kann. So nimmt die Relevanz der Planungsphase regelmäßig in solchen Fällen zu, die über die Vorbereitung von alltäglichen Routineentscheidungen hinausgehen. Solche über reine Erfahrung hinausgehenden Anforderungen werden in einer fortschrittlichen Industriegesellschaft immer häufiger auch an kleine und kleinste Gemeinden herangetragen. Es sind dies sowohl früher schon bestehende Aufgaben, die sich aufgrund gewandelter Bedingungen erheblich verkompliziert haben, wie z.B. Fragen der Abfall- und Wasserbeseitigung, sowie der Straßenreinigung[300], als auch neu entstehende Anforderungen beispielsweise zur Schaffung sozialer und kultureller Einrichtungen sowie allgemein im Bereich der Leistungsverwaltung.

Mit der Einführung und Änderung der Amtsverfassung wurde angestrebt, gerade auch den ländlichen Kleingemeinden die Lebensfähigkeit zu sichern. Neben der Stärkung der administrativen Komponente beabsichtigte der Gesetzgeber insbesondere der jeweiligen Vertretung der Gemeinde, also dem repräsentativen Element, weiterhin starke Bedeutung beizumessen[301]. Die unterschiedlichsten örtlichen Interessen und Impulse, sei es, daß sie aus dem Kreis der Gemeindebürger, den politischen Parteien, der Verwaltung oder den Interessenverbänden vorgetragen worden sind, sollten durch die in jeder Gemeinde verbleibende Vertretung weiterhin vollständig Berücksichtigung finden, um so in den kommunalen Entscheidungsabläufen ihren Niederschlag finden zu können[302]. Der Gesetzgeber versprach sich von der Erhaltung

---

300) Zu den Aufgaben der Grundversorgung statt vieler nur **Schmidt-Jortzig**, Kommunalrecht, Rn. 493f.
301) Siehe nur **Ottens**, Gemeinderecht, S. 227f.
302) Eindrucksvoll **v.Mutius**, Festgabe v. Unruh, S. 227 (239), der anhand des konkreten Beispiels des kommunalen Sparkassenzweckverbandes der Stadt Nettetal den Verlust an politischer Vielfalt und Identifikation der Bürger aufzeigt, wenn bisherige eigenverantwortliche Wirkungskreise

der Gemeindevertretungen auch in den kleinsten Gemeinden Schleswig-Holsteins zweierlei. Zum einen sollte dadurch die Fühlung des Bürgers mit seiner Gemeinde und die Möglichkeit der unmittelbaren Mitwirkung in der Gemeinde, insbesondere in der Gemeindevertretung erhalten bleiben, und insgesamt das bürgerschaftlichen Engagement durch Sicherung der angestammten örtlichen Gemeinschaft gestärkt werden[303]. Zum anderen sollte eine sinnvolle Lösung gemeindlicher Selbstverwaltungsangelegenheiten gesichert werden, weil die jeweiligen Gemeindeorgane am sichersten die anfallenden Fragen ihres örtlichen Bereichs aufgrund ihrer großen Problemsensibilität einer individuellen Lösung zuzuführen in der Lage sind[304].

Grundlage aller kommunalen Anstrengungen sind die vorgegebenen Regelungsfelder, die in Angriff genommen werden sollen sowie die in Aussicht genommenen, aufgrund politischer Entscheidungen formulierten Ziele[305].
Innerhalb der Selbstverwaltungsangelegenheiten müssen die Bereiche festgelegt, Prämissen gewonnen und deutlich Maßnahmen bestimmt und ergriffen werden, um so letzlich die soziale Wirklichkeit zu gestalten[306].

---

        mit einem Verlust an Mandatsträgern zugunsten eines größeren Entscheidungsgremium aufgelöst werden.

303) Zur Beschreibung der mannigfaltigen personellen Beziehungen und Verflechtungen der Bürger zu ihrer Gemeinde vgl. nur **Zahn**, Die Einstellung der Bürger zu ihrer Gemeinde, passim; **Pfaff**, VerwA 70 (1979), 1 (15ff.).

304) Wie die Erfahrungen in anderen Bundesländern zeigen, auch nicht zu Unrecht; vgl. zu den Ergebnissen der Funktionalreform insgesamt nur **Püttner**, Verwaltungslehre, § 6 II 3.

305) Die Problemdefinition kann zu erheblichen Abgrenzungsfragen führen, wenn das Tätigkeitsfeld der Gemeinde im Bereich der Selbstverwaltung überhaupt beschrieben werden soll. Hierzu wird auf die einschlägige Literatur verwiesen.

306) Dabei kann es sich nur um solche Verwirklichungsziele handeln, die dem gemeindlichen Regelungsbereich unterfallen (Art. 28 II 1 GG, 39 I LS/S-H, § 2 I 1 GO).

aa. Begriff und Aufgabe der Planung

Unter Planung ist die Sammmlung, Strukturierung und Abschätzung aller, für eine Entscheidung wichtigen Informationen zu verstehen[307].

Der Planung insgesamt kommt die Aufgabe zu, alternative Realisierungsmöglichkeiten eines Problems in seinen Auswirkungen aufzuzeigen, die beschreitbaren Wege und Ziele zu ermitteln und vorzuformen sowie die unterschiedlichen relevanten Überlegungen ins Kalkül zu ziehen[308]. Hauptsächlich müssen in diesem Stadium des Entscheidungsprozesses Fakten festgestellt und auf ihre tatsächlichen und rechtlichen Auswirkungen auf die Realisierung der möglichen Entscheidung abgeklärt werden, damit die Recherchen derart verfeinert und abgewogen letztlich als Grundlage der Abstimmung[309] innerhalb der Gemeindevertretung dienen können[310].

bb. Die Planungsberechtigungen des Bürgermeisters und des Amtes

Der in der Regel ehrenamtliche Bürgermeister einer amtsangehörigen Gemeinde hat nach § 55 V 2 Alt. 1 i.V. mit § 49 I 2, Alt. 1 GO die Beschlüsse der Gemeindevertretung vorzubereiten. Damit hat er neben seinen vornehmlich organisatorischen Wirkungskompetenzen als Vorsitzender der Gemeindevertretung (§ 55 I 1, vgl. z.B. §§ 34 I 1, 34 IV, 38 I 2,3, 42 GO) auch sachlich-inhaltliche Aufgaben zu bewältigen. Zu der Beschlußvorbereitung

---

307) Statt einer Vielzahl von Definitionen vgl. nur **Püttner**, Verwaltungslehre, § 19 I 1; **Lanvermeyer**, Planung und Entscheidung, S. 162 (163f.); eingehend auch **Eichhorn/ Friedrich**, Verwaltungsökonomie, S. 185ff; **Derlien**, Die Erfolgskontrolle staatlicher Planung, S. 43.

308) Zu den Möglichkeiten der vorausschauenden Betrachtung nur **Püttner**, Verwaltungslehre, § 19 I 1.

309) Zum Begriff der Abstimmung **Schmidt-Jortzig**, Kommunalrecht, Rn 203.

310) **Kieser/Kubicek**, Organisation, S. 124.

gehört als wesentliches Element insbesondere die Ermittlung und Darstellung der für die Entscheidung maßgeblichen Merkmale[311].

Nach der Intention des Gesetzgebers soll in diesem Bereich der Entscheidungsfindung dem Bürgermeister ein Verwaltungsorgan zur Seite gestellt werden, daß nicht nur auschließlich administrative Aufgaben abzuwickeln hat, sondern zu dessen Funktion es auch gehört, im Vorfeld überhaupt erst die Voraussetzungen für die Beschlußfassung der Gemeindevertretung und deren Verwirklichung zu schaffen.

Dabei hatte die Schaffung der Ämter nicht das Ziel, daß das Amt durch seine Vertreter, insbesondere den Amtsvorsteher, einen rechtlichen Einfluß auf die Gestaltung der Tagesordnungspunkte, die Einberufung der Gemeindevertretung oder gleichartiger Rechte, die mit dem Vorsitzendenamt des Bürgermeisters zusammenhängen, geltend machen kann. Dieses obliegt vielmehr als autonomes Recht allein der Gemeinde. Sie hat das arbeitsmäßige Verfahren ihrer Vertretung selbst zu ordnen[312].

Gefordert ist aber eine intensive Zusammenarbeit zwischen Bürgermeister und Amtsvorsteher bzw. seiner Vertreter, um eine sinnvolle und effektive Beratungsarbeit der Gemeindevertretungsmitglieder zu gewährleisten.

Es wird deutlich, daß durch die Regelungen der AO (vgl. §§ 1 I 2 und 4 IV AO) auf keinen Fall das Recht der Gemeindevertretungen zur alleinigen Beschlußfassung und -entscheidung in den für die Gemeinde wichtigen Angelegenheiten angetastet werden sollte.

Andererseits wird aber auch deutlich, daß durch die Einschaltung des Amtes (§§ 1 I 2, 4 IV AO) eine prinzipielle Aufgabenbestimmung und -verteilung für das Entscheidungsvorfeld auf die beiden Verwaltungsträger erforderlich ist, um die Bereitstel-

---

311) **Lüersen-Neuffer**, GO, § 57 Rn.3, § 62 Rn.3; **Kuntze/Bronner/Katz**, GO, § 43 Erl. 2.

312) Zu den inneren organisationshoheitlichen Angelegenheiten der Gemeindevertretung sowie ihrer rechtlichen Gewährleistung **Foerstemann**, HdKWP Bd. II, S. 90 (93f.), **Schmidt-Jortzig**, Kommunalrecht, Rn. 202, 416f. m.w.N.

lung der für die Entscheidungsfindung der Gemeindevertretung notwendigen Informationen zu ermöglichen. Die Qualität dieser Entscheidungen (und damit verbunden die hierauf aufbauende Verwirklichung) ist maßgeblich von dem Niveau der zugrundegelegten und verarbeiteten Informationen abhängig. Dabei erwirbt, wie die Praxis zeigt, die Stelle, die Informationen sammelt, bewertet sowie selektiert und weitergibt, eine Machtposition gegenüber der nachfragenden Stelle[313]. Das erklärt sich neben psychologischen Gründen insbesondere aus dem Umstand, daß durch die Datensammlung, Alternativauswahl und Modellbildung wesentliche Teile des Entscheidungsprozesses festgeschrieben werden. Als wesentlicher Bestandteil der Planungsphase muß das zukünftige Handeln gedanklich vorweggenommen werden, wobei die verschiedenen Alternativen im Hinblick auf das Entscheidungsziel abgewogen werden müssen[314].

Die Gemeindevertretungsmitglieder haben zwar ohne Zweifel die Möglichkeit, die vorgelegten Planungen und Entwürfe zu modifizieren oder anderweitige Lösungen vorzuschlagen, sich selbst sachkundig zu machen oder die vorgelegten Pläne zu verwerfen; die Wirklichkeit indes zeigt, daß vielerorts den Vorstellungen der Planungsinstanzen entsprochen wird, die Entscheidungen also bereits in der Planungsphase präjudiziert werden[315].

Bei der Bedeutung der Planungsphase und der Einstufung des Einflußes der Planenden muß jedoch ein weiterer Aspekt berücksichtigt werden, der diesen Einfluß sogleich wieder relativiert. Die Planenden sind gezwungen, sich relativ früh mit dem

---

313) **Staehle**, Management, S. 416; **Püttner**, Verwaltungslehre, § 19 I 1 bezeichnet die Absicht der Beeinflußung der entscheidenden Stellen geradezu als elementarer Bestandteil der Planung; **Thieme**, Verwaltungslehre, Rn. 461, der ebenfalls in der Abgabe von Informationen einen die eigentliche Entscheidung steuernden Charakter erkennt; zur Dominanz der Planungsstelle auch **Wehling**, HdKWP II, S. 230 (233); **Fürst**, Kommunale Entscheidungsprozesse, S. 165f.

314) **Wöhe**, Allgemeine Betriebswirtschaftslehre, S. 125, **Lanvermeyer**, Planung und Entscheidung, S. 162 (163); **Schwebbach**, Probleme und Ziele, Rn. 272; **Thieme**, Entscheidung in der öffentlichen Verwaltung, S. 7; ausführlich auch **Dobiey**, Die politische Planung, S. 17ff.

315) Hierzu **Thieme**, Verwaltungslehre, Rn. 466.

Entscheidungsträger Gemeindevertretung rückzukoppeln und über die weitere Vorgehensweise abzustimmen, wollen sie nicht, daß ihre Planungsbemühungen und Entwürfe von vornherein an den Vorstellungen des Entscheidungsgremiums vorbeigehen und daher verworfen werden[316].

Dies bewirkt, daß nicht nur die Planenden Einfluß auf die zur Entscheidung Befugten nehmen, sondern umgekehrt auch die Urteilenden ihrerseits zwangsläufig den Planungsprozeß beeinflussen. Unabhängig von diesen jeweils von der einzelnen Situation abhängigen Interdependenzen zwischen Planung und Entscheidung soll bei den folgenden Betrachtungen von der rechtlich geforderten Maßgabe ausgegangen werden, daß die wesentlichen Entscheidungen eigenständig im Beschlußverfahren der Gemeindevertretung gefällt werden.

Trotzdem muß anerkannt werden, daß durch die Kanalisation der vielfältigsten Überlegungen innerhalb der Planungsphase den hiermit beauftragten Stellen eine gewisse Filterfunktion zukommt.

Schon aus diesem Grunde müssen die Wahrnehmungsgegenstände in der Entscheidungsvorlaufphase den für sie bestimmten Stellen zugeordnet werden, wenn das normative Regelwerk eine Aufteilung vorsieht.

---

316) Diese Ausgangslage ist typisch für das Spannungsverhältnis zwischen parlamentarischer Steuerung (in diesem Zusammenhang soll auch der Tätigkeitsbereich der Gemeindevertretung hierzu gezählt werden) und Verwaltung. Was bei der Amtsverfassung aber hinzu tritt, ist der Umstand, daß eine organisatorisch selbständige Stelle, also nicht ein Organ der entscheidenden juristischen Person, in dieser Planungsphase kraft Gesetzes involviert ist; vgl. im übrigen zu dem beschriebenen Spannungsverhältnis innerhalb der Gemeinden nur **Pappermann**, Der Städtetag 1980, S. 667f.; **Schmidt-Jortzig**, DVBl. 1980, S. 719 (720f.); ausführlich auch **Schönfelder**, Rat und Verwaltung, S. 80ff.

cc. **Abgrenzung der Planungszuständigkeiten von Amt und Bürgermeister**

Gerade der Umstand, daß die Planung einerseits dem Bürgermeister, andererseits aber auch dem Amt durch die Zuerkennung der Stärkungsfunktion der Selbstverwaltung nach § 1 I 2 AO und ausdrücklich § 4 IV AO zugeordnet wird, legt die Vermutung nahe, daß eine gemeinsame Planung der gemeindlichen Entscheidungsfindung zu erfolgen hat.

An dieser Stelle zeigt sich der schwierige rechtliche Grat, den der Gesetzgeber beschreiten mußte, wollte er in diesem sensiblen und entscheidungsrelevanten Tätigkeitsbereich die Kompetenzen des Bürgermeisters von denen der Amtsorgane abgrenzen. Einerseits sollte das Amt sein rechtliches und tatsächliches Know how, seine Ideen und Erfahrungen in den Entscheidungsprozeß einbringen, andererseits aber nicht in den eigentlichen Entscheidungsakt der Gemeindevertretung eingeschaltet werden. Eine rechtlich zu wenig durchsetzungsfähige, ja schwache Stellung des Amtes barg andererseits die Gefahr, daß allein aufgrund dieser schwachen Stellung die Vorschläge des Amtes von den Gemeindevertretungen nicht hinreichend berücksichtigt und gewürdigt werden würden, obwohl diese Vorschläge aufgrund der Leistungsfähigkeit und fachlichen Qualifikation der Amtsorgane qualitativ hochwertige Beiträge zu liefern in der Lage waren. Andererseits sollte der Bürgermeister als sachverständiger integrativer Bestandteil des gemeindlichen Lebens weiterhin in vollem Umfang, nunmehr sogar verstärkt[317], die Arbeitsgrundlagen der Gemeindevertretung bestimmen.

(1) Das Recht zur Erörterung der Planungsergebnisse

In der Absicht der größtmöglichen Gewährleistung der Mitwirkungsrechte sowohl des Gemeindebürgermeisters als auch der

---

[317] Vgl. nur zusammenfassend N.N., Die Gemeinde 1966, 145 (146ff.).

Vertreter des Amtes[318], schlug der schleswig-holsteinische Gesetzgeber einen Mittelweg ein. Der Bürgermeister sollte die Beschlüsse vorbereiten, das heißt, er hatte die Ergebnisse der gemeinsamen Planungen an die Gemeindevertretung heranzutragen. Gleichzeitig billigte der Gesetzgeber dem Amtsvorsteher und den leitenden Verwaltungsbeamten das Recht zu, an den Sitzungen der Vertretung teilzunehmen (§ 12 IV 1 AO). Darüber hinaus wurde dem Amtsvorsteher ein Interpellationsrecht eingeräumt[319]. Damit ist gewährleistet, daß beide in die Planung einbezogenen Seiten Gelegenheit haben, ihre Vorstellungen vor dem Entscheidungsgremium kundzutun, um so auf die Meinungsbildung und letztlich auf die Entscheidung Einfluß zu nehmen. Deutlich zum Ausdruck gebracht wurde aber auch, daß das Amt nicht als stimmberechtigter Teil an der Entscheidung teilhaben darf. Die Mitwirkung des Amtes in dieser Phase ist auf eine beratende Tätigkeit beschränkt[320] [321].

---

318) Daß der Bürgermeister auch nach der Änderung die Beschlüsse der Gemeindevertretung vorbereiten soll, ist entgegen des Regierungsentwurfs hauptsächlich auf Drängen der Verbände dann auch weiterhin beibehalten worden. Siehe hierzu auch ohne Verfassernennung, Die Gemeinde 1966, 145 (146).

319) Eine Einrichtung des gegenseitigen Informations- und Vorgabeaustauschs zwischen beiden Verwaltungsträgern, von der in der Praxis regen Gebrauch gemacht wird. Gleichzeitig ist anzumerken, daß die Worterteilung an den leitenden Verwaltungsbeamten durch die Gemeindevertretung (§ 12 VI 2 AO) regelmäßig erteilt wird.

320) Die Stellung des Amtes in dieser Funktion kann mit der in der Betriebswirtschaft bekannten Organisationsform der Stabsstelle verglichen werden. Hierbei handelt es sich um eine Stelle, die Teilaufgaben im Sinne der Vorbereitung und Unterstützung einer Leitungsinstanz übernimmt. Charakteristikum der Stabsstelle ist, daß sie keine eigene Entscheidungs- und Weisungsbefugnis gegenüber der beauftragenden Stelle hat. Das Verhältnis der beiden Träger ist weniger durch eine Weisungsunterworfenheit, als vielmehr durch einen "Dialog" gekennzeichnet; zu den weiteren Abmessungen der Stabsstelle vgl. nur **Kieser/Kubicek**, Organisation, S. 143-146, bes. S. 144; **Wöhe**, Einführung, S.166f.; **Frese**, Grundlagen der Organisation, S. 244ff.; **Staehle**, Management, S. 444ff.

321) Zu den verwaltungsrechtlichen Einordnungen der Stabsorganisation in der staatlichen Verwaltung **Karehnke**, DVBl. 1975, 965f; **Kübler**, Organisation und Führung in Behörden,

(2) Versuch einer inhaltlich-abstrakten Abgrenzung der Planungszuständigkeit

Mit den bisherigen Feststellungen sind aber nur die Rahmenbedingungen skizziert, die das gemeinsame Planungskoordinationserfordernis beschreiben. Die Anforderungen an die Ergebnisse, die von den planenden Stellen erwartet werden, zielen auf möglichste Vollständigkeit, Genauigkeit, Kontinuität, sollen sie doch die Grundlagen für eine abgeklärte Entscheidungsfindung darstellen. Die Informationssammlung, Situationsanalyse, die Ausarbeitung von Alternativen kann nur dann zu einer sinnvoll aufeinander bezogenen Gesamtheit der Einzelaktivitäten führen, wenn ein hohes Maß an Austausch, Zusammenarbeit und Konsensbildung erreicht wird. Ist auch rechtlich die Gewähr dafür geboten worden, daß nicht nur der Bürgermeister, sondern auch das Amt als gleichberechtigter Planungsüberbringer agiert, so ist aber noch nicht darüber befunden, wie innerhalb der Planungsphase die Tätigkeitsbereiche zu zerlegen und auf die verschiedenen Verwaltungsträger zu verteilen sind. Erst durch einen Zusammenfluß der Fakten, Daten und Informationen kann die jeweilige Leistungsfähigkeit gesteigert werden, berücksichtigt man insbesondere, daß die Gemeindevertretung weitgehend aus dem Planungsgeschehen ausgenommen wurde. Ihr Einfluß beschränkt sich in dieser Phase im wesentlichen auf Planungs- und Maßnahmebeschlüsse als Vorgaben an die beiden Planungsbeteiligten. Wenn aber die Planung als Entscheidungsgrundlage letztlich soziale Prozesse steuern soll, dann wird deutlich, daß es sich hierbei nicht nur um verwaltungsrechtliche, sondern zugleich auch immer um politische Aspekte handelt[322]. Die Planung muß sich daher, will sie nicht ins Leere laufen, an den politischen Mehrheiten und den verfolgten Belangen orientieren.

Rn. 64; **Püttner**, Verwaltungslehre, § 10 III 1; **Thieme**, Verwaltungslehre, Rn. 253; **Wolff/Bachof**, Verwaltungsrecht II, § 75 I e 3.

322) Deutlich **Thieme**, Verwaltungslehre, Rn. 466.

(a) **Aufteilung in einen politischen und einen normativen Teil der Planung**

Nicht selten wird aus diesen Überlegungen heraus für die tägliche Verwaltungspraxis ein Modell vorgeschlagen, welches abstrakt dem Bürgermeister der jeweiligen Gemeinde hauptsächlich Rechte in dem politischen Bereich der Planungen (kognitiver Prozeß) zugestehen will, also eine möglichst orts- und bürgernahe Vorabklärung. Demgegenüber soll das Amt vordringlich den rechtlichen Zusammenhang der ins Auge gefaßten Verwirklichungsziele abklären. Der Regelungsansatz erscheint auf den ersten Blick einleuchtend. Die Richtigkeit und Zuverlässigkeit der Informationen sowie deren rechtlich zwingende Erfordernisse[323] soll wegen der häufig anzutreffenden rechtlichen Komplexität der alleinigen Prüfung und Begutachtung dem mit hauptberuflichen und rechtlich kundigen Bediensteten besetzten Amt obliegen[324].
Der Bürgermeister hat dagegen als Vorsitzender der Gemeindevertretung durch seine enge Bindung am ehesten Einblick in die politischen Machtstrukturen und -kräfte innerhalb der Gemeinde. Auch steht er mit den Gemeindeeinwohnern in unmittelbarem Kontakt, kennt wegen der Orts- und Sachnähe am besten die lokalen Bedürfnisse und Wünsche. Er ist daher die Stelle, die am ehesten geeignet ist, ein bestimmtes Entscheidungsziel tatsächlich vorabzuklären und auf seine politische Durchsetzbarkeit zu überprüfen.
Eine solche Aufteilung der einzelnen Planungsbereiche würde zwar typische und verläßliche Verfahrensphasen herausschälen, würde aber weder sach- noch normgerecht sein. Abgesehen davon, daß die Begründungen für diese Ansicht in ihren generellen Aussagewerten zumindest fragwürdig und empirisch kaum belegbar sind, ist dadurch auch keineswegs sichergestellt, daß es tat-

---

323) Es sei hier nur an die Anhörungsrechte der Bürger gemäß § 2a BBauG erinnert.
324) Vgl. statt vieler nur die Verdingungsordnung für Bauleistungen (VOB).

sächlich, wie angestrebt, zu einer fruchtbaren gemeinsamen Planung von Bürgermeister und Amt kommt. Die Aufteilung wird zwar durch ein Zusammenwirken von hauptamtlich tätigen Elementen mit den ehrenamtlichen Bürgermeistern geprägt. Wahrscheinlich ist auch, daß das Amt im Planungsbereich regelmäßig bei den anzustellenden Überlegungen mit der Abklärung der rechtlichen Aspekte betraut wird. Doch eine normativ zwingende Festlegung auf diese Aufteilung ist nicht ersichtlich und auch nicht angebracht. Eine Standardisierung und Festlegung der jeweiligen Planungsbeteiligten auf jeweils eines dieser Gebiete könnte im Gegenteil den Zielen einer möglichst umfassenden Planung, zuwiderlaufen[325].

(b) Unmöglichkeit einer abstrakten Abgrenzung

Die Darstellung der Strukturierung und Segmentierung von Arbeitsbereichen in der Planungsphase kann rechtlich nicht in allen Belangen trennscharf zwischen den beiden betroffenen Planungsträgern aufgeteilt werden. Eine allgemeingültige Lösung läßt sich nicht finden; vielmehr bedarf es jeweils der Berücksichtigung des Einzelfalls. Maßgeblich hängt die befruchtende Zusammenarbeit in der Planungsphase von dem herrschenden persönlichen Planungsklima ab. Mit Zahn kann dieses als die Summe aller Wahrnehmungen, Motive und Einstellungen der am Planungsprozeß Beteiligten bezeichnet werden[326]. Eine effektive und fruchtbare Vorbereitung in der Absicht, eine einwandfreie Entscheidung zu erlangen, kann regelmäßig nur in einer persönlich vertrauensvollen Atmossphäre entstehen. Mit diesem Eingeständnis ist den praxisorientierten Meinungen beizupflichten, daß die Brauchbarkeit und Qualität des Planungsergebnisses

---

325) Das bedeutet selbstverständlich nicht, daß die Beteiligten nicht an die rechtlichen Schranken gebunden sind. In diesem Zusammenhang sind auf die durch das Datenschutzrecht gezogenen Grenzen der Weitergabe von Daten hinzuweisen, die das Amt daran hindern, diese an den Bürgermeister weiterzugeben.

326) **Zahn**, in: Planung und Rechnungswesen in der Betriebswirtschaftslehre, S. 145 (163); dazu auch **Staehle**, Management, S. 347.

hauptsächlich von der Art und Weise des Zusammenwirkens innerhalb der intrapersonalen Beziehungen abhängt[327].

(3) Abgrenzung der Planungszuständigkeiten in Teilbereichen

Nichtsdestoweniger kann zumindest für Teilbereiche innerhalb der Planungsphase, die Auslegung der einschlägigen Normen eine objektive Bestimmung der Zuständigkeitsbereiche möglich machen[328].

(a) Das Einbringen von Initiativen

In der Praxis führt eine Konstellation teilweise zu Mißklängen zwischen Amt und Bürgermeister. Es betrifft die zum Planungsrecht gehörende Unterform des Einbringens von Initiativen, also Zielvorschlägen. Gerade in diesem Bereich kann es zu erheblichen Aktivitäten der Ämter kommen, ohne daß dies zunächst im Benehmen mit den betroffenen Gemeinden geschieht. Denkbar sind solche Aktivitäten seitens des Amtes, besonders in Bereichen, in denen es um komplexere, das Gebiet einer Gemeinde überschreitende Probleme geht. Solche Fragen erfordern meist einen

---

[327]) Mit dieser Feststellung offenbart sich für die Beteiligten eine normativ weitgehend nicht weiter aufgefächerte arbeitsteilige Abschichtung, die es zwingend erforderlich macht, daß die verschiedenen Aktivitäten auf ein Ganzes abgestimmt werden. Insbesondere müssen die involvierten Parteien informatorisch zusammenwirken und ihre Tätigkeiten koordinieren, soll nicht der Zweck der gemeinsamen Planungsverwirklichung vereitelt oder beeinträchtigt werden.

[328]) Die Zuordnung des heutigen komplexen Planungsgeschehens setzt eine gewisse Klassifizierung voraus, deren Bereiche nicht isoliert betrachtet werden dürfen, sondern vielfältig miteinander korrespondieren. Zu unterscheiden sind im wesentlichen:
1. Zielplanung
2. Maßnahmeplanung
3. Ressourcenplanung.
Vgl. zu den weitergehenderen Aspekten innerhalb der Planungsphase nur **Püttner**, Verwaltungslehre, § 19 I; **Krautter**, Grundzüge der Verwaltungslehre, Bd. 2, S. 49; **Thieme**, Verwaltungslehre, Rn. 458ff.; **Dobiey**, Die politische Planung, S. 17ff.

erheblichen Planungsaufwand und verursachen für die einzelnen Gemeinden in der Folge meist erhebliche Kosten.

Die rechtlichen Regelungen der §§ 27 I, 28 I GO lassen erkennen, daß vornehmlich die Gemeindevertretung die Planungsziele tatsächlich festlegt. Daß ihr diese Berechtigung zusteht, folgt bereits aus der naheliegenden Überlegung, daß sie schließlich auch die Instanz mit der Entscheidungszuständigkeit ist. Der Gemeindevertretung obliegt als legitimes politisches Willensentscheidungsorgan grundsätzlich das alleinige Recht, Aufgaben zu stellen[329], und den Verwaltungsapparat entsprechend zur Erarbeitung einer Konzeption anzuweisen und sachlich-inhaltlich zu dirigieren[330].

Das ausschließliche Recht des initiierenden Anstoßes und der Lenkung der Verwaltung durch das Repräsentativorgan könnte durch die Stärkungsfunktion des Amtes nach § 1 I 2 AO, insbesondere aber durch den Beratungs- und Hinwirkungsauftrag gemäß § 4 IV AO eine Durchbrechung erfahren.

Eine Problemdefinition kann, insbesondere wenn mehrere Gemeinden von einem Vorhaben betroffen sein können, zu umfangreichen inhaltlichen Überlegungen und erheblichen Abgrenzungsfragen führen[331].

Dem Amt obliegt es aufgrund seiner Stärkungsfunktion aus § 1 I 2 AO, mögliche Defizite in der Bedürfnisstruktur rechtzeitig auszumachen und zwischen den verschiedenen Gemeinden integrativ zu wirken.

Fraglich ist indes, wie weit dieser Tätigkeitsbereich inhaltlich gehen darf. Das Aufgreifen möglicher Planungsgegenstände,

---

[329] **Lehmann-Grube**, HdKWP II, S.119 (120); zur Problemformulierung allgemein **Staehle**, Management, S. 327f.; ausführlich auch **Eichhorn/ Friedrich**, Verwaltungsökonomie I, S. 163ff.

[330] **Schmidt-Jortzig**, mit eingehender Begründung in DVBl. 1980, 719ff. (bes. 721f.); ders., ZG 1987, 193 (203).

[331] Als Beispiele für entsprechende Regelungsgegenstände seien nur die überörtliche Wasserversorgung, Kläranlage, Schulen oder kulturelle Gemeinschaftseinrichtungen genannt.

die Herauskristallisation von Wegen zur Verwirklichung nebst der dazugehörigen Planungen stellt zwar formal noch nicht die entgültige Entscheidung dar; die jeweilige Gemeindevertretung unterliegt mithin auch keinerlei rechtlicher Bindung an die erstellten Entwürfe und Konzeptionsvorschläge des Amtes. Trotzdem kann bereits diesem Stadium wegen der oftmals großen Fülle der zu verarbeitenden Informationen, der Einbeziehung von Privatpersonen und anderen Behörden und möglicher Erwartungen sowie weiterer Aktivitäten innerhalb der Planung ein erhebliches politisches Gewicht zukommen. Dieser Umstand birgt die Gefahr, daß sich die jeweilige Gemeindevertretung zumindest faktisch an die Ergebnisse der Planungsanstrengungen gebunden fühlt. Damit führt die Zuerkennung eines eigenhändigen, nicht durch das gemeindliche Beschlußgremium anstoßbedürftigen Rechtes des Amtes zur Zielerkennung und weitgehenden Ausformulierung auf das sensible Feld der potentiellen Vorwegnahme von Entscheidungen. Es ist aber das legitime Recht der Gemeindevertretung, weitestgehend selbst die Regelungsgegenstände aufzugreifen und zu entscheiden.

Die Formulierung des Gesetzgebers in § 4 IV AO deutet ebenfalls auf eine in diesem Bereich zurückhaltende Verhaltensweise des Amtes hin, indem dort besonders die Beratungsfunktion des Amtes hervorgehoben wird, nicht aber ein "Initiativrecht" bei der Planungseinleitung genannt ist.

Nicht verwehrt werden kann dem Amt aber, Impulse für das Tätigwerden der Gemeindevertretung zu geben und die politischen Realisierungschancen in den möglicherweise beteiligten Gemeinden vorzufühlen. Hierbei muß es aber genügen, die anvisierten Verwirklichungsziele in groben Zügen aufzuzeigen und der jeweiligen Vertretungskörperschaft die Entscheidung zu überlassen, ob und inwieweit in eine weitergehendere Prüfung einzutreten ist, ob also die in Aussicht genommenen Überlegungen konkret zu realisieren und finanzieren sind.

(b) **Die Ressourcenplanung**

Ein weiteres Spannungsfeld eröffnet sich vor allem bei Fragen, die Einfluß auf die Ressourcenplanung, also die Planung des

Verhaltens und Einsatzes der Verwaltungskräfte des Amtes, haben können. Regelmäßig werden die Ämter mit relativ gleichbleibenden Tätigkeitsfeldern konfrontiert, die naturgemäß nur in geringem Umfang erneute Planung und Feineinstellung der Verwaltungsressourcen auf die in Angriff zu nehmende Aufgabe erforderlich machen. Doch sind durchaus Maßnahmen denkbar, für die die notwendigen Kräfte und Mittel des Amtes nicht ausreichen bzw. nur mit großen Anstrengungen bereit gestellt werden können. Zu denken ist hier etwa an die Planung rechtlich und tatsächlich komplizierter Anlagen, wie z.B. Großkläranlagen. Hier gilt, wie auch sonst, daß die innere Organisation, die personelle und instrumentale Ordnung auch innerhalb der Planungsphase hinsichtlich ihrer Legitimation und Verantwortung allein dem Amt obliegt.

Es wird deutlich, daß auch in der Planungsphase, das Amt als organisatorisch eigenständige Größe hinzunehmen und zu akzeptieren ist.

dd. Zusammenfassung

Es zeigt sich sehr deutlich, daß der Charakter des Amtes als Planungsinstanz von erheblichen Wichtigkeit für das gemeindliche Leben ist, werden hier doch Informationen gesammelt, aufbereitet und bewertet, um dann mit dem Bürgermeister abgestimmt, als wesentliche Entscheidungsgrundlage für die Gemeindevertretung zu wirken. Die besondere Stellung des Amtes in diesem Bereich wird noch dadurch unterstrichen, daß es gemäß § 4 III AO ausschließlich ihm obliegt, die Kassen- und Rechnungsführung der Gemeinde zu übernehmen und den Haushaltsplan der jeweiligen Gemeinde vorzubereiten. Auf diesem Wege hat das Amt jederzeit Einblick in die haushaltsrechtliche Situation der Gemeinde und kann bereits im Rahmen der Planungen auf eine wirtschaftliche und sparsame Haushaltsführung der Gemeinden hinwirken.

Als Zwischenergebnis ist daher festzuhalten, daß dem Amt in der Phase der Planung von Verwaltungsentscheidungen neben den Bürgermeistern der amtsangehörigen Gemeinden eine durchaus

eigenständige Aufgabe zukommt. Die Planungsphase ist von dem Amt gemeinsam mit den Bürgermeistern der jeweils beteiligten Gemeinden durchzuführen. Eine strikte Zuständigkeitsabgrenzung zwischen den Planungsbeteiligten läßt sich dabei abstrakt nicht treffen. Jedoch ergiben sich in einzelnen Bereichen aufgrund normativer Vorgaben Alleinzuständigkeiten von Amt oder Gemeinden. So ist das Amt grundsätzlich nicht von sich aus zur Einbringung und endgültiger Planung von Initiativen berechtigt, andererseits ist es allein zur Planung der Verwaltungsressourcen berufen.
Soweit sich solche Regelungen nicht finden, muß beachtet werden, daß das Amt durch seine Einschaltung in die Planungsphase die der Gemeindevertretung grundsätzlich allein zustehende Entscheidung nicht zu stark präjudizieren darf.

b. Die Entscheidungsphase

An die Planungsphase schließt sich die Entscheidungsphase an, wobei sich die Übergänge der einzelnen Phasen nicht randscharf von einander trennen lassen. Die Entscheidung ist das Ergebnis der Informationsverarbeitung unter Berücksichtigung der Analyse des in Angriff genommenen Ziels sowie letztlich die Auswahl zwischen verschiedenen in Aussicht genommenen Handlungsmöglichkeiten[332].
Im kommunalen Verwaltungsgefüge von Amt und amtsangehöriger Gemeinde behält auch unter Geltung der Amtsverfassung die Gemeindevertretung ihre überragende Stellung als Willensbildungs- und Entscheidungsorgan für die Angelegenheiten der

---

332) Zur begrifflichen Konkretisierung vgl. auch **Lanvermeyer**, Planung und Entscheidung, Rn. 283; **Thieme**, Entscheidungen in der öffentlichen Verwaltung, S. 7; ders., Verwaltungslehre, Rn. 402; **Geppert**, Grundzüge der Verwaltungslehre, S. 46 (50f.); **Kieser/Kubicek**, Organisation, S. 88, 156ff.; **Püttner**, Verwaltungslehre, § 19 II 2; **Zimmer**, Funktion-Kompetenz-Legitimation, S. 76; **Staehle**, Management, passim.

Gemeinde (Art. 28 I 2 GG, § 27 I GO)[333]. Die Gemeindevertretung vermag durch ihre Beschlüsse auch das Amt nachhaltig zu binden (§ 3 I 1 AO). In dieser Funktion wägt (im Idealfall)[334] die Gemeindevertretung als Entscheidungsträger gestalterisch und eigenständig die vorgelegten Pläne und Entscheidungsalternativen in dem ihr normativ gezogenen Rahmen ab, wobei sie versucht, das in Aussicht genommene Ziel so weit wie möglich einzugrenzen, und nimmt dann den eigentlichen Entscheidungsbeschluß vor[335].

Die so getroffenen vielfältigen Entscheidungen sind auf Rechtsverbindlichkeit angelegt und können diese auch beanspruchen, erhält doch die Legitimation der Gemeindevertretungsbeschlüsse erst hierdurch das ihr zukommende Gewicht.

In dieser Phase ist die Mitwirkung des Amtes auf die Teilnahme an den Sitzungen der Gemeindevertretungen und möglichen Wortverlangung beschränkt[336]. Der Beschlußfassung geht regelmäßig eine Beratung des Tagesordnungspunktes voraus, in dem die Voraussetzungen und Grundlagen besprochen und abgewogen werden

---

[333] Zur Zentralität der Gemeindevertretung innerhalb der organisatorischen Gliederung der Gemeinde **Schmidt-Jortzig**, Kommunalrecht, Rn. 169, 192; ders., ZG 1987, S.193 (199f.); **Stober**, Kommunalrecht, § 5 S. 74; § 5 II 3; **Gönnenwein**, Gemeinderecht, S. 276; **Wolff/Bachof/Stober**, Verwaltungsrecht II, § 86 Rn. 134; § 87, Rn. 5; **Frowein**, in HdKWP II, S. 81 (82ff.).

[334] Auf die nicht gänzlich von der Hand zu weisenden Krise des gemeindlichen Vertretungssystems und der tatsächliche Lage der Entscheidungs"freiheit", insbesondere die Restriktionen, rechtlichen, tatsächlichen und politischen Zwänge und Beeinflussungen soll in unserem Zusammenhang nicht eingegangen werden. Hierzu sei auf die einschlägige Literatur verwiesen, vgl. nur **Lehmann-Grube**, HdKWP II, S. 119 (127f.), **Ellwein**, DÖV 1984, 748ff.; **Fürst**, Kommunale Entscheidungsprozesse, S. 75ff., 165ff.

[335] Den Ablauf eines vorbildlichen Beschlußverfahrens beschreibt **Schmidt-Jortzig**, ZG 1987, 193 (201ff.), zum Sitzungsablauf auch **Foerstemann**, HdKWP II; S.90 (97f); ders., Die Gemeinde 1988, 133ff.

[336] Bei der Norm des § 12 VI AO handelt es sich um wesentliche Berechtigungen bzw. sogar Verpflichtungen, die das Erfordernis des engen Zusammenwirkens von Gemeinde und Amt erneut unterstreicht.

sollen. Die Berechtigung, ja sogar die Pflicht zur Teilnahme des Amtsvorstehers oder seines Vertreters an den Sitzungen der Gemeindevertretung, verdeutlicht die bedeutende Funktion des Amtes, dessen fachliche Kompetenz in dem Meinungsbildungbildungsprozeß der ehrenamtlichen Gemeindevertreter ihren Niederschlag finden soll.
Auch hier wird erneut deutlich, daß die Aufgabe der Erledigung der Selbstverwaltungsangelegenheiten grundsätzlich nur im funktionalen Zusammenwirken der beiden Hoheitsträger wirksam und effektiv bewerkstelligt werden kann.

aa. Grundsätzliche Alleinzuständigkeit der Gemeindevertretung

Die eigentliche (Grundsatz-) Entscheidung trifft nach Beendigung der Beratungen und des Meinungsbildungsprozesses allein die Gemeindevertretung im Wege der Abstimmung. Eine weitere Frage ist, wie weit der Zuständigkeitskanon der Gemeindevertretung reicht. Dabei geht es im Rahmen dieser Abhandlung nicht um die Auslegung und Erfassung des Bereichs der Selbstverwaltungsaufgaben und ihrer institutionellen Absicherung[337], also der "Verbandskompetenz", sondern um die Problematik, inwieweit innerhalb dieses Aufgabenkomplexes die Entscheidungswahrnehmung der Gemeindevertretung im Verhältnis zum Amt, d.h. ihre "Organkompetenz" reicht.

Der Wortlaut des § 27 I GO weist mittels eines unbestimmten Rechtsbegriffes der Gemeindevertretung die "wichtigen" Entscheidungen der Gemeinde zu. Die Regelungsgegenstände, die der Befugnis der Gemeindevertretung unterfallen, bedürfen als unbestimmte Rechts- (Gesetzes-)begriffe der Ausfüllung durch eine Bewertung, um so zu einer allgemein verbindlichen Aussage zu gereichen[338].
Der Vorgang der konkreten Rechtsanwendung bedarf der jeweiligen

---

337) Statt vieler **Schmidt-Jortzig**, Kommunalrecht, Rn. 459f.
338) Zum unbestimmten Rechtsbegriff nur **Achterberg**, VerwR, § 77 Rn. 35; **Erichsen/Martens**, in dies., Allg. VerwR, § 12 II 1 b; **Maurer**, Allg. VerwR, § 7 Rn. 18f.; **Forsthoff**, VerwR, § 5.

Sachverhaltsfeststellung für den Einzelfall, handelt es sich bei dem Terminus der "wichtigen Angelegenheiten" um einen zwar nach objektiven Kriterien und Maßstäben bestimmbaren[339], doch von der tatsächlichen Größe der Gemeinde, den finanziellen Rahmenbedingungen und insbesondere der Leistungsfähigkeit abhängigen Rechtsbegriff[340].

Festgehalten werden kann, daß der schleswig-holsteinische Gesetzgeber mit seiner Regelung zum Ausdruck gebracht hat, daß der Gemeindevertretung nicht eine Entscheidungsallzuständigkeit für jegliche Angelegenheiten der Gemeinde zugebilligt ist. Vielmehr soll zumindest auch eine andere Stelle bei der Erledigung der Selbstverwaltungsangelegenheiten noch eine eigenständige, gemeindevertretungsunabhängige Dezisionskompetenz aufweisen können.

---

[339] Problematisch ist daher der Argumentationsansatz von **Borchert**, GO, § 27 Abs. 1, Erl. 2 a, wenn er der Gemeindevertretung allein die Befugnis einräumt, zu entscheiden, was als wichtig anzusehen ist. Der von **Borchert** vorgebrachte Begründungsansatz, daß nämlich die Gemeindevertretung nach § 27 I letzter Hs. GO im Einzelfall jede (!) Entscheidung wieder an sich ziehen kann, verfängt nicht, da dieses Ansichbringen eine vorangegangene Delegation an den Bürgermeister über an sich der Gemeindevertretung zustehende Entscheidungskompetenzen voraussetzt. Delegationsfähig ist aber nur der Gegenstand, der dem Delegetar auch von der Rechtsordnung zugebilligt wird. Das sind nach § 27 I 1 GO aber nur die wichtigen Angelegenheiten der Gemeinde. Zwar hat das Entscheidungsgremium der Gemeinde in der Praxis eine weitreichende Beurteilungsermächtigung, welche Bereiche als wichtig angesehen werden können. Bei diesen Überlegungen müssen aber objektive, richterlich nachprüfbare Kriterien angelegt werden, soll nicht die Gefahr bestehen, daß die vom Gesetzgeber aufgestellten Wertungen, nämlich nur die wichtigen Angelegenheiten der Gemeindevertretung zur Entscheidung aufzutragen, unterlaufen werden.

[340] Zu den Maßstäben **Schmidt-Jortzig**, Kommunalrecht, Rn. 258; **Stober**, Kommunalrecht, § 5 V; **Kunze/Bronner/Katz**, GO, VwVGemO zu § 44; **Schlempp**, GO, § 9 S. 88n; **Höhn**, Moderne Führungsprinzipien, S. 157f.; OVG Münster, OVGE 25, 186; BGH DVBl. 1979, 514f.; BGH, NJW 1980, 117.

bb. Mögliche Zuständigkeitsbereiche des Amtes

Trotz der denkbar vagen Formulierung und der beschriebenen erforderlichen einzelfallbezogenen Auslegung der Wahrnehmungsgegenstände nach § 27 I 1 GO soll eine allgemeine Aussage versucht werden. So dürften auch im Bereich der amtsangehörigen Gemeinden als nicht wichtige Angelegenheiten die Geschäfte der laufenden Verwaltung[341] angesehen werden[342].

Eine deutlich bestimmbare Grenzlinie zwischen den gesetzlich zuerkannten Zuständigkeitsbereichen ist aber nur sehr bedingt zu ziehen, wenn auch rechtsstaatliche Gründe eine weitgehende Absteckung der unterschiedlichen Bereiche unerläßlich machen. Der Gesetzgeber hat aber Maßstäbe für die Interpretation und die Auswahl der Gesichtspunkte gesetzt, die in die Bewertung einfließen. So bestimmt § 28 I GO, daß es innerhalb des variablen Aufgabenkreises der Gemeindevertretung einen Vorbehaltsaufgabenbereich gibt, den die Gemeindevertretung entscheiden muß. Damit steht fest, daß die grundlegenden politischen Leitentscheidungen und alle bedeutsamen Sachfragen in den Zuständigkeitsbereich der Gemeindevertretung fallen. Sachfragen, die jedoch nicht die Qualität der "wichtigen Angelegenheit" erreichen, müssen demgegenüber der Entscheidungszuständigkeit des Amtes unterstellt werden.

Damit ist normativ festgelegt, daß die Gemeindevertretung

---

341) Zum Begriff **Klüber**, Handbuch der Kommunalpolitik, S. 89; ders., Gemeinderecht, S. 145; **Stober**, Kommunalrecht, § 5 V; **Schmidt-Jortzig**, Kommunalrecht, Rn.258; **Schmidt-Aßmann**, in v.Münch, Besonderes Verwaltungsrecht, S. 91 (141); **Gönnenwein**, Gemeinderecht, S. 337f.; **Schneider**, in HdKWP II, S.209 (215).

342) Daß dieser Bereich ebenfalls ausgefüllt und verbindlich festgelegt werden muß, wird nicht übersehen. Daher kann eine generell-endgültige, allgemeine und verbindliche Aussage über die genau abgegrenzten, alle Ausdeutungen erfassende Beurteilung über die Reichweite der Entscheidungsgegenstände der Gemeindevertretung nicht getroffen werden. Deutlich werden muß aber die Intention des Gesetzgebers, daß es auch Vorbehaltsbereiche anderer Stellen gibt, denen Entscheidungskompetenzen in Selbstverwaltungsangelegenheiten der Gemeinde zur eigenständigen und alleinigen Wahrnehmung übertragen wurden.

grundsätzlich frei bei der Wahl ist, welche Vorlagen und Anregungen sie zur Grundlage ihrer Beratungen und Bewertungen macht. Es ist die Gemeindevertretung als Forum der Meinungsbildung und Entscheidung, die, eingedenk der normativen Bindungen, darüber befindet, welche Vorstellungen tatsächlich realisiert werden sollen[343].

c. Die Verwirklichungsphase

Mit der Entscheidung der Gemeindevertretung findet der Regelungsprozeß noch nicht seinen Abschluß. Ausschlaggebend ist nunmehr, inwieweit die gefaßten Beschlüsse in der sozialen Wirklichkeit umgesetzt werden[344].

aa. Die Aufgabenüberschneidung von Amt und Gemeindevertretung

Die Gemeindevertretung hat die maßgebliche Stellung als initiierendes-, plan- und grundsatzentscheidendes Repräsentativorgan der Gemeinde inne. Ihr ist als demokratisches Hauptorgan die fundamentale Willensbildungsgewalt eingeräumt.
Die verbindliche Entscheidung entfaltet jedoch erst dann faktische und rechtliche Außenwirkung und bringt erst soziale Folgen hervor, wenn sie mittels eines -im einzelnen unterschiedlich gearteten- Transformationsaktes gegenüber den von der Verwaltungsentscheidung Betroffenen vollzogen ist. Zur Umsetzung der Verwaltungsentscheidung in der Wirklichkeit ist neben dem Repräsentations- demnach auch ein Verwirklichungs- (Konkre-

---

[343] Dieser Umstand ist nicht zuletzt Ausfluß der verfassungsrechtlichen Gewährleistung der kommunalen Vertretungskörperschaft gemäß Art. 28 I S.2 GG. Zur Verbürgung der Kompetenzen der Gemeindevertretung eingehend vgl. nur **Frowein**, HdKWP II, S. 80 (82ff.); **Scholler**, HdKWP II, S. 165ff.; **Schmidt-Jortzig**, Kommunalrecht, Rn. 62f., 191ff.

[344] Treffend **Steiger**, Organisatorische Grundlagen, S. 22ff. (insbes. S. 24 ..."die Gestaltung der Wirklichkeit geschieht nicht durch das Sollen einer Handlung, sondern durch ihren Vollzug").

tionsorgan) erforderlich, welches nicht nur die Beschlußgrundlagen vor- und aufbereitet, sondern auch deren tatsächliche Verwirklichung sichert. Das Aufgabengebiet des entsprechenden Konkretionsorgans muß neben der Besorgung der laufenden Verwaltung einschließlich ihrer verschiedensten Ausprägungen hauptsächlich den Erlaß konkreter Anordnungen in den Rechtsverkehr umfassen[345].

In den Kommunalverfassungen aller Bundesländer ist vorgesehen, daß die Gemeindevertretung, trotz ihrer grundlegenden Führungs- und Entscheidungskompetenz nicht selber auch die Aufgabe der gemeindlichen Verwaltungsverwirklichung vornehmen darf[346]. Im Sinne einer zweigleisigen Aufgabenerledigung ist diese Verwirklichung vielmehr einem anderen Organ übertragen. Diese "Zweitaktigkeit" der Aufgabenerledigung verlangt Koordination der erforderlichen arbeitsteiligen Prozesse und deren Ausrichtung auf das Ziel der vollständigen und sachgerechten Bewerkstelligung der vorgegebenen Regelungsinhalte.

Im Gegensatz zu den Kommunalverfassungen anderer Bundesländer wird unter der Geltung der Amtsverfassung nach der Willensbildung durch die Gemeindevertretung die Ausführung nicht allein einem anderen Organ derselben juristischen Person zugewiesen. Vielmehr unterbricht die Einschaltung des Amtes in die Erledigung der Selbstverwaltungsangelegenheiten der Gemeinden als neuer, eigenständiger Hoheitsträger den ausschließlich internen Verwaltungszusammenhang[347].

---

345) Zu der Unterscheidung zwischen Repräsentativ- und Konkretionsorgan **Wolff/Bachof**, Verwaltungsrecht II, § 75 I d 2 und 5; § 87 II b.

346) Hierbei geht es vor allem um die rechtsgeschäftliche Vertretung der Gemeinde, die ihren Ausdruck in der Fähigkeit zur außenwirksamen Rechtshandlungen findet.

347) Trotz dieser Feststellung wird nicht übersehen, daß die jeweiligen Organe der Gemeinde innerorganisatorische Wahrnehmungszuständigkeiten genießen, die sie sogar notfalls im Kommunalverfassungsstreit verteidigen können; dazu ausführlich **Bethge**, HdKWP II, S., 176ff. m.w.N. Doch ist ein Charakteristikum, nämlich die üblicherweise allein verantwortlich zu bewerkstelligende Aufgabenerledigung in "einer Hand", durch die Einschaltung des Amtes

Aus dem für die schleswig-holsteinische Gemeinde- und Amtsverfassung charakteristischen Umstand, daß die Aufgabenverwirklichung nicht nur nicht allein in der Hand des zur Entscheidung berufenen Organs liegt, sondern sogar einem Organ eines anderen Hoheitsträgers auferlegt ist, wird deutlich, daß die Forderungen nach enger arbeitsbezogener Verflechtung und ständiger Interaktionen zwischen den an der Erledigung der Verwaltungsaufgaben beteiligten Organen und Verwaltungsträgern hohen Anforderungen gerecht werden müssen. Von der kommunikativen Verknüpfung zwischen dem Repräsentations- und Konkretionsorgan mit einer entsprechenden Verzahnung der Tätigkeitsbereiche ist es weitgehend abhängig, wie in dem sensiblen Feld der Verwirklichung der Beschlüsse die vom Gesetzgeber angedeutete Gewichteverteilung vorgenommen wird. Einerseits muß dem die Verwaltungsentscheidung begründenden und tragenden Willen der Gemeindevertretung weitestgehend Rechnung getragen werden, soll ihre grundlegende Stellung im kommunalen Gefüge ihren Sinn behalten. Andererseits hat die entscheidungsverwirklichende Institution die Aufgabe, eine effektive und rechtlich nicht zu beanstandende Bewältigung der Verwaltungsaußenrechtsmaßnahmen als Ergebnis aller Bemühungen herbeizuführen[348].

bb. **Grenzziehung**

Bei der Lösung der Frage, wie eine solche Grenzziehung vorgenommen werden kann, steht fest, daß die Beschlüsse der Gemeinde(-vertretung) die Grundlage für die Entscheidungsverwirklichung bilden.
Sie müssen als Rechtssätze im Innenbereich aufgefaßt werden,

---

348) nicht mehr vorhanden. Hierdurch können andere, möglicherweise intensivere Formen des formellen und informellen Zusammenwirkens bei den Hoheitsträgern vor dem Zielhintergrund der gemeinsamen effektiven, sach- und zeitgerechten Bewältigung nötig sein.
Zu dem Spannungsverhältnis **Klüber**, Gemeinderecht, S. 120f.; **Schönfelder**, Rat und Verwaltung, S. 100f., 107; **Reichert**, Das Spannungsverhältnis zwischen Bürgermeister und Gemeinderat, passim; **Gönnenwein**, Gemeinderecht, S. 339f; **Schmidt-Eichstaedt**, AfK 24 (1985), 20ff.

die dazu dienen, das Handeln der vollziehenden Verwaltung zu bestimmen. Die überragende Stellung der Gemeindevertretung als Willensbildungs- und Entscheidungsorgan wird vollständig erst dann sichergestellt, wenn auch gewährleistet ist, daß sich die Verwirklichungsbemühungen an den entsprechenden Beschlüssen der Gemeindevertretung ausrichten[349]. Das bedeutet, daß die damit getroffenen Entscheidungen mit ihren intendierten Wirkungen auf die vorhandenen sozialen Verhältnisse angewendet, also realisiert werden müssen, um dem erklärten Ziel, die Wirklichkeit entsprechend dem Willen der Gemeinde zu gestalten, gerecht zu werden.

(1) Handlungsaufträge der Gemeindevertretung

In den weiteren Betrachtungen bezüglich des Untersuchungsgegenstandes der Durchführung soll eine Kategorie von Beschlüssen ausgenommen werden, die insbesondere in der täglichen Verwaltungspraxis im Verhältnis vom Amt zu den amtsangehörigen Gemeinden Schwierigkeiten bereitet. Es sind dies die Willensäußerungen der Gemeindevertretung, die lediglich den Handlungsauftrag beinhalten, weitere Planungen und Recherchen zur Lösung eines Problems herbeizuführen. Sie sind in ihrer Bestimmung nicht auf die endgültige Regelung eines Rechtszustandes oder Rechtsverhältnisses gerichtet, sondern werden in dessen Vorfeld aktuell. Es ist zu klären, wem die Durchführung derartiger Beschlüsse zukommt. Das Amt könnte sich auf § 3 I 1 AO stützen und diesen Handlungsauftrag für sich beanspruchen; der Bürgermeister könnte die Ausführung als Vorbereitung des weiteren, noch erforderlichen Beschlußverfahrens deklarieren (§ 55 VI 2 Alt. 1 i.V. mit § 49 I 2 Alt. 1)[350].
Als juristisch begründete und auch praktikable Lösung bietet sich an, nur solche Beschlüsse als durchführungsfähig im Sinne

---

[349] Die ausdrückliche Bindung des Amtes an die Beschlüsse der Gemeinde bringt § 3 I 1 AO deutlich zum Ausdruck.

[350] Diese Fragen stellen sich in einer amtsfreien Gemeinde nicht in dieser Schärfe, weil die Vorbereitung und die Durchführung allein beim Bürgermeister vereinigt sind. (§ 49 I 2 GO).

des § 3 I 1 AO anzusehen, die bereits eine hinreichenden Konkretisierung dergestalt erfahren haben, daß sie nunmehr unmittelbar verbindlich in den Außenrechtsverkehr umgesetzt werden können. Willensäußerungen der Gemeindevertretung, die lediglich der weiteren Beschlußvorbereitung dienen, unterfallen dem grundsätzlich gemeinsamen Planungsauftrag von Bürgermeister und Amt, soweit die Gemeindevertretung keine besondere Bestimmung getroffen hat.

(2) Beschlüsse mit Verbindlichkeitswirkung nach außen

Daher stehen bei den weiteren Überlegungen nur noch die Beschlüsse zur Diskussion, die auf eine Verbindlichkeit im Außenrechtsverkehr angelegt und bestimmt sind.
Es sollen also nur jene rechtliche Regelungen - Rechtssatz, Verwaltungsakt, öffentlich-rechtlicher Vertrag - in Betracht gezogen werden, die Rechtsverhältnisse begründen, also in ihrem Regelungsgehalt Rechtssubjekte in der Weise betreffen, daß sie ihnen Rechte einräumen bzw. Pflichten auferlegen.

Die wesentliche Frage, die es hierbei zu lösen gilt, ist, ob die Gemeinde auch unter der Geltung der schleswig-holsteinischen Amtsverfassung (wie eine amtsfreie Gemeinde) weiterhin erlassende Behörde des die Regelungsentscheidung vollziehenden Akts ist und wie die Stellung und der Aufgabenkreis des Amtes in dem Verhältnis der "echten" Mehrstufigkeit[351] gegenüber der Gemeinde innerhalb der Verwirklichungsphase zu charakterisieren ist.
Eine deutliche Grenzziehung ist deshalb notwendig, weil die Aufgabenverteilung nicht dem Gutdünken der Funktionswalter überlassen bleiben darf, muß doch für alle Beteiligten deutlich werden, wer letztlich der entsprechenden Verwaltungsmaßnahme rechtswirksame Außenwirkung verschafft, und gegen wen man sich dementsprechend in Streitfällen wenden muß. Auch wenn sich die

---

351) Zur Einordnung siehe **v. Mutius**, Probleme mehrstufiger Erfüllung, S. 19 (36).

in der täglichen kommunalen Verwaltungspraxis auftretenden Sachverhaltskonstellationen nur sehr bedingt in zuverlässige rechtstheoretische Schablonen pressen lassen, zeigt sich erneut in aller Deutlichkeit, daß die Einhaltung der normativ vorgegebenen Zuständigkeitsordnung erforderlich ist, ist doch die Festlegung der genauen Wahrnehmungszuständigkeit für den Erlaß von Außenrechtsmaßnahmen erforderlich und grundsätzlich zwingende Voraussetzung der Gesetzmäßigkeit des Verwaltungshandelns.

(a) **Mehrstufigkeit der Aufgabenerledigung durch Amt und Gemeinde**

Auszugehen ist von der Grundüberlegung, daß mit dem Beschluß der Gemeindevertretung oftmals noch nicht der eigentliche Entscheidungsabschluß erreicht ist. Daran anschließend öffnet sich das weite Feld der Beschlußverwirklichung, also der Umsetzung, die im einzelnen abhängig ist von der Art der verschiedenen Willensäußerungen der Gemeindevertretungen. Satzungen bedürfen der Bekanntmachung und wegen ihres generellen Charakters zumeist der Konkretisierung für den Einzelfall; Verwaltungsmaßnahmen müssen zur Regelung unmittelbarer Rechtswirkungen nach außen erlassen; Verpflichtungserklärungen für die Gemeinde abgegeben werden.
Bereits die oberflächliche Betrachtung der der Gemeindevertretung zur Verfügung stehenden Entscheidungsmöglichkeiten macht deutlich, daß sowohl konkret-individuelle Regelungen denkbar sind als auch abstrakt generelle. So lassen sich gemeindliche Satzungen mit gestaltendem Charakter vorstellen, die nach erfolgter Bekanntmachung ipso iure keiner weiteren Durchsetzung bedürfen. Andererseits gibt es wiederum Beschlüsse, die in ihrer inhaltsbestimmenden Regelung so weit gefaßt sind, daß sie neben vielen Zweifelsfragen auch der Auslegung, Ausfüllung und Aktualisierung bedürfen, um als Grundlage für recht- und zweckmäßige Außenrechtsmaßnahmen dienen zu können.

Dabei wird man in der Verwaltungswirklichkeit davon ausgehen müssen, daß eine abgeklärte, keine Zweifelsfragen offen lassen-

de Entschließung des gemeindlichen Beschlußgremiums nur sehr selten vorliegt[352].
Es kann nur im Idealfall angenommen werden, daß die Gemeindevertretung den Sachverhalt vollständig kennt, alle Informationen gesammelt und analysiert hat und darauf basierend eine Zielbestimmung trifft, die alle Durchführungseinzelheiten bedacht hat.
Der Gesetzgeber hat bei der Festlegung und Bestimmung der Entscheidungszuständigkeiten der Gemeindevertretung diesen Umstand berücksichtigt und als instrumentelle Steuerung nur die Entschlußfreiheit für alle wichtigen Angelegenheiten der Gemeinde dort festgeschrieben. Das bedeutet, daß dieses Organ sich möglichst aus den unbedeutenden Detailfragen heraushalten soll. Daraus folgt aber auch, daß die Beschlüsse in der kommunalen Verwaltungswirklichkeit oft nur Wirkanweisungen zum Vollzug darstellen, der sich innerhalb eines mehr oder minder konkretisierten ausfüllungsbedürftigen Ziel- und Orientierungsrahmen zu bewegen hat.
Vordringliches und höchst berechtigtes Anliegen der verwirklichenden Stelle muß die möglichst intentionsgetreue Interpretation, die optimale Berücksichtigung und der Ausgleich unterschiedlichster Bestrebungen sein, um dem Willen der Gemeindevertretung am besten gerecht zu werden.

Die Möglichkeiten, die der Verwaltung aufgrund der internen Überlegungen, Planungen und Weisungen zur Erlangung einer Außenverbindlichkeit offenstehen, sind höchst unterschiedlich und verzweigt[353]. Hauptsächliche Erscheinungsform der Begründung von Verwaltungsrechtsverhältnissen ist die administrative Entscheidung durch eine Verwaltungsmaßnahme mit Regelungs-

---

352) **Kottenberg/Rehn**, GO, § 28 Erl. I weisen deutlich darauf hin, daß es außerhalb des tatsächlichen Vermögens der ehrenamtlichen Ratsmitglieder liegt, in allen Angelegenheiten der Gemeinde bestimmende und entscheidende Anordnungen zu treffen; vgl. auch **Mohn**, DVBl. 1978, 131 (133).

353) **Scholz**, VVDStRL 34 (1976), 145 (161) beschreibt den Konkretisierungsprozess treffend als "schöpferische Komplettierung".

charakter[354]. Es handelt sich hierbei um Regelungen, die nach ihrem Erklärungsgehalt über den verwaltungsinternen Bereich hinaus darauf gerichtet sind, eine Rechtsfolge zu setzen, dem Einzelnen gegenüber also festlegen, "was für ihn rechtens ist"[355].
Desweiteren bedürfen Satzungen mit ihren oft nur generell-abstrakt inhaltsbestimmenden Aussagen der Konkretisierung durch individuelle Festlegung, sollen dem Einzelnen in der sozialen Wirklichkeit durchsetzbare Verhaltenspflichten auferlegt oder Berechtigungen zuerkannt werden. Aber auch Einzelfalldezisionen der Gemeindevertretung bedürfen regelmäßig eines bestimmten Umsetzungsinstrumentariums, soll ihnen Außenwirksamkeit zukommen.
Selbstverständlich kann sich die Gemeinde als Trägerin öffentlicher Gewalt auch im Bereich des Privatrechts bewegen, und so einer Entscheidung Außenwirksamkeit verleihen[356].

Der Umsetzung der Beschlußaussagen der Gemeindevertretung, der Erfassung ihrer intendierten Wirkungen, kommt in dieser Phase der Erledigung der Selbstverwaltungsaufgaben eine wesentliche Funktion zu. Zwar werden die (Grund-) Entscheidungen durch die Beschlüsse angelegt, doch müssen bei ihrer Umsetzung in eine Außenrechtsmaßnahme durchweg eine Vielzahl weiterer rechtlicher aber auch tatsächlicher Überlegungen, Beurteilungen und Wertun-

---

354) Es ist dies das typische Mittel, mit dem die realisierende Stelle dem Beschluß Geltung verschafft ist die Begründung eines Verwaltungsrechtsverhältnisses. Hierunter ist die Beziehung zwischen verschiedenen Trägern öffentlicher Verwaltung oder aber das Verhältnis zwischen einem Verwaltungsträger und dem Bürger zu beschreiben; zum Inhalt nur **Erichsen/Martens**, in ebendie, Allg. VerwR, § 10 II; **Maurer**, Allg. VerwR, § 8 Rn. 16.

355) Formulierung von **Mayer**, VerwR, S. 93; siehe auch **Erichsen/Martens**, in ebendie, Allg. VerwR, § 11 II 4.

356) Angesichts des hohen Anteils der Beschlüsse, die hoheitliche Ge-, Verbote und Belastungen vorsehen, sollen Äußerungen in der Form des Privatrechts nicht gesondert behandelt werden.

gen einfließen[357]. Namentlich das Verwaltungsverfahrensrecht mit seinen rechtlichen Anforderungen an die Entscheidungsfindung und die Qualität des Verwaltungsendprodukts gilt es hier zu berücksichtigen[358]. Erst in der das Verwaltungsverfahren abschließenden Entscheidung durch die vollziehende Stelle und der dadurch begründeten Rechtsbeziehungen zeigen sich die materiell- und verfahrensrechtlichen Erkenntnisakte in ihrer vollständigen Bedeutung[359].

Das bedeutet jedoch nicht, daß die Rechtssetzungsund Entscheidungsbefugnis der Gemeindevertretung als ein Mittel des geordneten und planmäßigen Verwaltungsvollzugs gering geschätzt wird. Das Beschlußgremium der Gemeinde hat im Gegenteil in dem ihm vorgegebenen Rahmen durchaus die Möglichkeit, den Gegenstand und den Umfang der Verwirklichung genau vorzugeben, um so zu gewährleisten, daß dem Willen der Gemeinde mit ihren individuellen Vorstellungen Rechnung getragen wird. Die Berücksichtigung der örtlichen Besonderheiten und der gemeindlichen Individualität kennzeichnet und beherrscht auch die Amtsverfassung. Die Gemeindevertretung ist daher ebenfalls nicht gehindert, den Vollzug der Beschlüsse in dem ihr zugewiesenen Kompetenzrahmen durch verhaltenslenkende, interpretierende, erklärende oder Lücken schließende Vorgaben zu vervollständigen und die Verwaltung bezüglich der Sachaufgabenerledigung so zu dirigieren und

---

[357] Zu diesem Aspekt **Erichsen/Martens**, in ebendie, Allg. VerwR., § 11 II 4; **Roth**, JuS 1975, 617f.; **Scholz**, VVDStRL 34 (1976), 145 (149f.); **Luhmann**, Theorie der Verwaltungswissenschaft, S. 67f.; ders., Legitimation durch Verfahren, S. 203ff.; **Bartlsperger**, VVDStRL 33 (1975), 221 (249).

[358] Schon durch die Berücksichtigung der Grundsätze des Verwaltungsverfahrens beim Erlaß der Verwaltungsmaßnahmen kann dem möglicherweise entstehenden Eindruck entgegengetreten werden, daß mit dem Beschluß der Gemeindevertretung sich die Rechts- und Tatsachenschöpfung erübrigt. Zur Bedeutung des Verwaltungsverfahrens für die nach außen wirkende Tätigkeit (vgl. § 74 LVwG) statt vieler **Maurer**, Allg. VerwR, § 19 Rn. 8; **Badura**, in Erichsen/Martens, Allg. VerwR, § 37 I; **Kopp**, VwVfG, § 9 Rn. 1ff.; **Hill**, Das fehlerhafte Verfahren und seine Folgen im Verwaltungsrecht, S. 96ff.

[359] Deutlich **Maurer**, Allg. VerwR., § 9 Rn. 37.

ihre Intentionen deutlich herauszustellen. Die rechtliche Zulässigkeit der weitgehenden Bindung der Verwaltung innerhalb des Vollzugs kann nicht darüber hinwegtäuschen, daß die Beschlüsse mit ihrer Genauigkeit und Aussagekraft oft nur Ziel- und Orientierungsrahmen darstellen, in dem sich das konkretisierende Verwaltungshandeln beweisen muß. Bekräftigt wird diese Auffassung durch die Überlegung, daß der Gemeindevertretung zwar die grundlegende Zentralität für das Gemeindegeschehen zukommt[360], ihren Entscheidungen aber eine Fülle von sich verschränkenden Abläufen vorausgehen, insbesondere aber auch nachfolgen[361].

Damit offenbart sich erneut die eigenständige Bedeutung des Vollzugsinstruments in seiner real und rechtlich beträchtlichen Bedeutung[362].
Das mit der Verwirklichung betraute Konkretionsorgan erfährt durch die verschiedenartigen Beurteilungen der Beschlußinhalte eine breite Palette denkbarer Varianten von möglichen Anweisungen. Aber auch die weitgehend determinierte und bindende Gemeindevertretungsentscheidung beinhaltet in dem nachfolgenden rechtlichen Konkretisierungsakt noch Raum für rechtsanwendende

---

[360] Formulierung bei **Schmidt-Jortzig**, Kommunalrecht, Rn. 192.

[361] Die Dezisionen des gemeindlichen Beschlußgremiums, so wichtig und grundlegend sie für die Verwirklichung auch sind, können mit seinen beabsichtigten Wirkungen nicht auf einen juristischen Augenblick verengt werden und allein die rechtliche Aufmerksamkeit auf sich lenken. Im Rahmen der Gesamtverwirklichung der gestellten Aufgaben müssen alle Phasen des Entscheidungsprozesses, insbesondere des Vollzugs, ihrer gegenseitigen Abhängigkeiten und rückkoppelnden Verschränkungen betrachtet werden, stellen sie doch wichtige Bereiche im Rahmen der vollständigen Erledigung der Aufgaben dar.
Zum Entscheidungsprozeß mit seinen interdependenten Stadien statt anderer **Thieme**, Verwaltungslehre, Rn. 402ff.; **Biaso**, Entscheidung als Prozeß, S. 36; **Stettner**, Kompetenzlehre, S. 376.

[362] Die Eigenständigkeit des Vollzug betont **Schönfelder**, Rat und Verwaltung, S. 80ff.; für das hier vergleichbare Verhältnis der vollziehenden Gewalt zur Gesetzgebung **Bartlsperger**, VVDStRL 33 (1975), 221 (250); **Scholz**, VVDSTRL 34 (1976), 145 (149ff.); **Ossenbühl**, Verwaltungsvorschriften und Grundgesetz, S. 210f.

eigenverantwortliche Wertungen und Entscheidungen der vollziehenden Stelle in eigenständiger Funktion, und sei es nur durch Einbeziehung des Verwaltungsverfahrensrechts[363]. Es muß sich die Erkenntnis durchsetzen, daß auch der vollziehende Stelle innerhalb des kommunalen Verwaltungsgefüges eine beachtliche Mitwirkung in der Aufgabenerledigung eingeräumt ist. Der Gemeindevertretung wird es bereits aus Kapazitätsgründen nur in sehr beschränktem Umfange möglich, Detailarbeit zu leisten. Es besteht also geradezu eine Notwendigkeit zur Arbeitsteilung zwischen Gemeindevertretung und Amt.

Diesem Erfordernis trägt auch § 27 I 2 GO Rechnung, indem die Gemeindevertretung berechtigt wird, in gewissem Umfange Teile ihrer Entscheidungskompetenz zu delegieren. Das Amt kommt als Delegant nicht in Betracht, wird doch ausdrücklich unter der Geltung der Bürgermeisterverfassung der Bürgermeister oder der Hauptausschuß als rechtlich delegantenfähig angesehen[364]. Hier offenbart sich ein wesentlicher Anteil des mit den Entscheidungen vornehmlich beauftragten Bürgermeisters der amtsangehörigen Gemeinde an der Gestaltung des Vollzugs. Mit diesem Steuerungsinstrument ist ihm die Möglichkeit eröffnet, im Rahmen der Entscheidungskompetenz des § 27 I 1 GO Einfluß auf die Verwirklichung der Beschlüsse zu nehmen. So muß deutlich gesehen werden, daß die Gemeindevertretung resp. der Bürgermeister nicht nur vor der Verwirklichungsphase ihr umfangreiches Beschlußrecht ausüben kann, sondern vielmehr auch zu später auftretenden Fragen Stellung nehmen, den Vollzug straffen und Weisungen erteilen kann, um die Auswirkungen der ursprünglichen Beschlüsse zu steuern sowie mögliche oder eingetretene Abweichungen zu

---

363) Die Gemeindevertretung ist selbstverständlich rechtlich gehindert, durch ihre Beschlußfassung die Anwendung und Wirkungsbereiche des Verwaltungsverfahrensgesetzes (vgl. § 1 I 1 i.V. mit § 2 I LVwG) zu beschränken oder gar auszuschließen.

364) Daß die Bürgermeisterverfassung auch bei den amtsangehörigen Gemeinden gilt, kann nach dem Wortlaut des § 48 II 1 GO i.V. mit der Überschrift Titel 1 nicht gezweifelt werden.
Zur den Ausprägungen und Erscheinungsformen der Bürgermeisterverfassung in Schleswig-Holstein nur **Wolff/Bachof/Stober**, VerwR II, § 87 Rn. 84.

berichtigen. Mit diesem Mittel bleibt die Gemeinde in sachlich-inhaltlicher Hinsicht "Herrin ihrer Beschlüsse" bis zum letzten Vollzugsakt.
Aber auch dieser Umstand ändert nichts an der Tatsache, daß eine unmittelbare Außenwirkung mit rechtsverbindlichen Wirkungen selbst über derartige nachträgliche Konkretisierungsformen nicht erreicht werden kann. Soweit das Amt Adressat der Weisungen ist, darf auch nicht übersehen werden, daß jede Einflußnahme ausgeschlossen ist, die über den Rahmen des sachlich-inhaltlichen Bereichs hinausgeht. Zugang zum Verwaltungsapparat des Amtes findet sich für die Gemeinde nur über den Amtsvorsteher als der "einzigen Pforte"[365].
Es muß aber auch die besondere Rolle der Amtsverwaltung anerkannt werden, damit diese in die Lage versetzt werden kann, in gewissem Rahmen die Beschlüsse der Gemeindevertretung zu verfeinern, eigene Erkenntnisse und Problematisierungen zu berücksichtigen oder gar Rechtsfolgen selbst zu bestimmen, andererseits aber auch nicht das strikte Gebot der Beachtung der normativ vorgegebenen Entscheidungsstrukturen zu überspielen und in die Entscheidungssphäre der Gemeindeorgane einzudringen. Die Amtsverwaltung muß deutlich darauf achten, daß der möglicherweise offene Beschluß auf die vorhandenen Verhältnisse angewendet, nur vervollständigt wird, nicht jedoch in seiner konkreten Verwirklichung inhaltlich geändert wird. Eine Abweichung von den intendierten Wirkungen kann die Willensbildungszuständigkeit der Gemeinde denaturieren, wenn die durch Art. 28 I 2 GG, 39 I 2 LS/SH angelegte ausschließliche Repräsentativlegitimation der Vertretung derart unterlaufen wird.

(b) **Gesetzliche Zuständigkeitsverteilung bei der Aufgabenverwirklichung durch Amt und Gemeinde**

Die Einsicht, daß die vollständige Erledigung der Selbstverwaltungsangelegenheiten, also das Endprodukt, auf welches hin das

---

[365] Formulierung von **Schmidt-Jortzig**, DVBl. 1980, 719 (721).

Zusammenwirken der verschiedenen Organe der Gemeinde, aber auch der Einbeziehung des Amtes angelegt sind, und der Umstand, daß insbesondere dem Vollzugsinhaber Gestaltungsbefugnisse durch Einbringung eigener Erkenntnisse und Wertungen mit den erforderlichen Verantwortlichkeiten zugebilligt werden, zwingt nunmehr endlich zur Beantwortung der Frage, wie das Amt in das kommunale Verwaltungsgefüge, insbesondere in die Verwirklichungsgestaltung einbezogen werden kann.

Dabei ist zu klären, wem das verbindliche gemeindliche Umsetzungsgeschehen obliegt, bei wem eventuelle Fehlläufe korrigiert werden können, wer die Verantwortung dafür trägt, daß dem Sinn der gemeindlichen Beschlüsse soweit wie möglich Geltung verschafft wird.

aa. Die restriktive Auffassung Galettes

Es ist wiederum Galette, der dem Bürgermeister der jeweiligen amtsangehörigen Gemeinde auch unter Geltung des § 3 I 1 AO die leitende, richtungerhaltende und auf den Einzelfall bezogene Erfüllung der Beschlüsse überlassen will[366]. Die Aufgaben des Amtes sind nach seiner Ansicht neben umfänglichen Aktionsfeldern in der Planung im Rahmen der Verwirklichungsphase auf reine Unterstützungstätigkeiten beschränkt[367]. Hierzu soll hauptsächlich die "Vorbereitung der Verwaltungsakte und privatrechtlichen Rechtsgeschäfte, deren Zuleitung an Dritte und die Überwachung der Rechtsmittelfristen" gehören[368]. Auch die bei Galette weiter angeführten Aktivitäten des Amtes verdeutlichen, eine strikte Beschränkung der Aufgabenqualität des Amtes. Es sollen nur solche Betätigungen möglich sein, die innerhalb des Beziehungsgefüges zur jeweiligen Gemeinde ver-

---

[366] In **Galette**, GO, § 55 Abs. 5, Erl. 5.
[367] Daß es sich hier nur um Bereiche bei Erledigung der Selbstverwaltungsangelegenheiten handeln kann, wird im folgenden nicht besonders erwähnt. In diesem Zusammenhang wird die Möglichkeit der Übertragung von Selbstverwaltungsangelegenheiten des § 5 I 1 AO vernachlässigt.
[368] **Galette**, GO, § 55 Abs. 5, Erl. 5.

bleiben. Ein über die Kooperation zwischen beiden Verwaltungsträgern hinausgehender, außenverbindlicher Kontakt sei ausgeschlossen. Da Galette dem Amt jegliche Entfaltungsmöglichkeit mit Außenwirkung abspricht, kann das Amt nach dieser Ansicht nicht rechtliches Zuordnungsobjekt bestimmter Wahrnehmungszuständigkeiten sein.

Hinsichtlich der Aufgabenqualität läßt sich aus den von Galette vorgetragenen Vorstellungen schließen, daß sich die Aufgaben des Amtes in der Hilfestellung für die amtsangehörige Gemeinden durch Koordination, Beratung oder sonstige Mitwirkung beschränken. Insbesondere die regelmäßig wiederkehrenden, gleichmäßigen Aufgaben sollen ohne eigene Entscheidungsbefugnis und unter Anleitung des Bürgermeisters erledigt werden[369]. Dabei haben die Ämter, um eine wirksame Verwaltung zu gewährleisten, die bürotechnischen Vorrichtungen vorzuhalten und den effektiven Einsatz der Verwaltungsressourcen zu gewährleisten.

Trotz der Zurückhaltung Galettes hinsichtlich präziser Begriffsbestimmungen sind jedoch gewisse generelle Linien erkennbar, in denen seine Auffassung von der Form und der Art und Weise der Zusammenarbeit zwischen Amt und Gemeinde, die sich aus dieser Auffassung ergibt, deutlich werden. Ausschlaggebend ist hiernach, daß das Amt vornehmlich die Pflicht hat, den Bürgermeister im Vorbereitungsstadium des Erlasses einer Maßnahme zu unterstützen. Charakteristischerweise beschränkt sich diese Unterstützung auf das Einbringen von Vorstellungen und die Gewährung praktischer Handreichungen. Die abschließende Bestimmung über die Richtigkeit der Tätigkeit des Amtes wird durch den federführenden Bürgermeister getroffen, dem es frei steht zu entscheiden, ob er die Bemühungen des Amtes in Anspruch nimmt.

---

[369] Dabei handelt es sich um Routineaufgaben, die in der täglichen Verwaltungspraxis einen erheblichen Ressourcenaufwand erfordern. Eingehend **Luhmann**, VerwA 55 (1964), 1 (7f.); **Schmidt**, AöR 96 (1971), 321 (332f.); **Thieme**, Entscheidungen in der öffentlichen Verwaltung, S. 107ff.

(bb) **Dogmatische Klärung der Einschaltung des Amtes bei der Aufgabenverwirklichung**

Wird der vorgenommenen Klassifizierung gefolgt, so müssen im Interesse terminologischer Klarheit allgemeine Aussagen gewonnen werden. Die Einmaligkeit der Amtsverfassung mit der Einbeziehung des Amtes in die Erledigung der Selbstverwaltungsangelegenheiten in den deutschen Kommunalverfassungen läßt zunächst eine neue, noch nicht erprobte Einschaltungsform vermuten. Insoweit ist der Gesetzgeber in der Wahl der Einbeziehung von Verwaltungsträgern bei der Erledigung bestimmter Aufgaben weitgehend frei[370].

Doch gebieten nicht nur Zweckmäßigkeitsgesichtspunkte[371], sich zunächst an geläufigen, dogmatisch anerkannten Rechtsformen interkommunaler Zusammenarbeit zu orientieren, um das Zusammenwirken von Amt und Gemeinde zu beschreiben.

/1/ Verwaltungshilfe

Es könnte sich bei dem Typ der Einbeziehung des Amtes in die Selbstverwaltungsangelegenheiten der Gemeinde um eine Verwaltungshilfe[372] handeln.

---

370) Für eine begrenzende Verengung auf bisher angebotene organisatorischen Formen und einem Findungsverbot neuer Kooperationsmöglichkeiten auf kommunaler Ebene wegen Beachtung des Gesetzesvorbehalts in Art. 28 II GG spricht sich hingegen v. **Mutius**, Probleme mehrstufiger Erfüllung S. 19 (33) aus.

371) Zu den Begründungsansätzen, insbesondere der Gefahr der Begriffsverwirrungen, nur **Schmidt-Jortzig/Wolffgang**, VerwA 75 (1984), 107 (114 und bes.115).

372) Gesetzlich erwähnt ist diese Erscheinungsform kommunaler Zusammenarbeit in § 1 I 3 NdsAbfG, hierzu auch **Erichsen**, Probleme mehrstufiger Erfüllung, S. 3 (6), der die Verwaltungshilfe als wenig geläufiges Institut des Organisationsrechts bezeichnet; v. **Mutius**, Probleme mehrstufiger Erfüllung, S. 19 (21), der die Verwaltungshilfe in der Grauzone des rechtlich zulässigen ansiedelt; vgl. auch **Schmidt-Jortzig**, Probleme mehrstufiger Erfüllung, S. 59

/a/ **Darstellung des Instituts Verwaltungshilfe**

Die definitorischen Ansätze zur Erfassung diese öffentlich-rechtlichen Instituts[373] lassen weitgehend rechtlich eindeutige Abgrenzungskriterien vermissen, mit deren Hilfe sich entsprechende Zweifelsfragen bei der genetischen Einordnung bestimmter gesetzlich angeordneter Aufgabenverteilungen bei der Erledigung öffentlicher Verwaltungsaufgaben überzeugend beantworten lassen. So bestehen bereits bei der dogmatischen Herleitung dieser Kooperationsform unterschiedliche Ansatzpunkte[374]. Trotzdem kann bei aller begrifflich-dogmatischen Unschärfe die Verwaltungshilfe im Ergebnis als unselbständige Unterstützungstätigkeit einer Verwaltungsbehörde gegenüber einer anderen Verwaltungsbehörde im Rahmen einer Dauerpflicht angesehen werden[375].

Das Amt würde also bei Zugrundelegung der Beteiligungsform der Verwaltungshilfe lediglich einen unwesentlichen Anteil zur Erstellung des eigentlichen Verwaltungsprodukts beitragen und hinsichtlich des sachlich-inhaltlichen Aussehens und der Verabschiedung in den Rechtsverkehr keinen verbindlichen Einfluß haben. Die Mitwirkung des Amtes würde grundsätzlich keine anspruchsvolle Tätigkeit mit einer gewissen Entscheidungsmacht und entsprechenden Entscheidungsmöglichkeiten darstellen,

---

(70); ders., DÖV 1981, 393 (399f.); **Wolffgang**, Interkommunales Zusammenwirken, S. 86f.

373) Auszugrenzen ist die Verwaltungshilfe durch Private; hierzu eingehend nur **Ossenbühl**, VVDStRL 29 (1971), 137 (138ff.).

374) Zur Klärung des dogmatischen Ursprungs des beschriebenen Rechtsinstituts **Schmidt-Jortzig**, Probleme mehrstufiger Erfüllung, S. 59 (70), der die Verwaltungshilfe als "verstetigte Form der Amtshilfe" einordnet; ähnlich **v.Mutius**, Probleme mehrstufiger Erfüllung, S.19 (21 mit weiteren Nachweisen in Fn. 17); demgegenüber auf das Mandat und die Delegation zurückführend **Wolffgang**, Interkommunales Zusammenwirken, S. 111, 114; unentschieden **Erichsen**, Probleme mehrstufiger Erfüllung, S. 3 (13).

375) **Wolffgang**, Interkommunales Zusammenwirken, S. 87, 114; **Schmidt-Jortzig**, Probleme mehrstufiger Erfüllung, S.59 (70).

sondern wäre auf eine unterstützende Tätigkeit im Rahmen von Hilfsaufgaben beschränkt[376].

/b/ **Stellungnahme**

Kennzeichnend für das Zusammenwirken beider Hoheitsträger ist, daß das Amt als bestehende, organisatorisch völlig durchgebildete Organisation in die Aufgabenerfüllung der jeweiligen Gemeinde heteronom und obligatorisch einbezogen ist. Die vielgestaltigen und für die vollständige Aufgabenerledigung nötigen tatsächlichen Aufgabenwahrnehmungsbereiche in der Verwaltungswirklichkeit, die die Realisierung der Selbstverwaltungsangelegenheiten erst ermöglichen und sicherstellen, lassen die Annahme einer bloßen Verwaltungshilfe in der beschriebenen Ausformung kaum überzeugend erscheinen.
Schon die zahlreichen, in der Planungsphase bereits akut werdenden, eigenständig zu bearbeitenden Aktionsfelder sprechen gegen die Behauptung einer bloßen Gehilfenstellung des Amtes. Insbesondere aber in der Phase der Beschlußverwirklichung, durch die die erforderlichen Außenrechtsmaßnahmen komplettiert werden, läßt sich das tatsächliche Zusammenwirken von amtsangehöriger Gemeinde und Amt mit seinem spezialisierten und mit hohem Sachverstand ausgestattem Personal mit einer Beschränkung auf die Befassung mit reinen Hilfsaufgaben nur schwerlich in Einklang bringen (vgl. auch §§ 1 I 1 und 3, 1 III (1) AO).

Die Erfüllung der Gesamtverwaltungsaufgabe läßt sich als mehrstufiger Entscheidungsprozeß analysieren und konkretisieren. Es ist das Amt, welches die erforderliche leistungsfähige Verwaltung organisatorisch durchzubilden, bereitzustellen, zu effektivieren und letztlich konkret auf die anstehende Erledigung der Aufgaben einzustimmen hat. Dabei muß man sich vergegenwär-

---

[376] Zur Begriffsbestimmung der Hilfsaufgabe nur **Wolffgang**, Interkommunales Zusammenwirken, S. 34f. mit weiterem Nachweis. Die unselbständige, dem Zivilrecht entstammende Botenschaft drängt sich zur Beschreibung und Charakterisierung der helfenden Stelle auf; vgl. zu diesem Ansatz auch **Wolff/Bachof**, VerwR I, § 35 II g; **Wahl**, Stellvertretung im Verfassungsrecht, S. 67.

tigen, daß der Gemeinde regelmäßig der apparative Verwaltungsunterbau fehlt, sie also geradezu auf das Amt angewiesen ist, um die Umsetzung der Beschlüsse sicherzustellen[377]. Aber auch wenn die erforderliche büromäßige Erledigung der zu bewältigenden Aufgaben als unbeachtlich für die dogmatische Qualifizierung eingestuft wird[378], muß anerkannt werden, daß die zu erledigende administrative Abwicklung angesichts der Vielzahl der unterschiedlichsten Erscheinungsformen Spezialkenntnisse und verwaltungsmäßiges Know-how voraussetzt, um ein recht- und zweckmäßiges Verwaltungsendprodukt sowie einen geordneten Verwaltungsablauf zu garantieren[379]. Der Stellenwert der dem gemeindlichen Zugriff verschlossenen organisatorischen Bewältigung einschließlich seiner Handlungs- und Entscheidungsräume, die den hohen Anforderungen an effektive und gleichmäßige Umsetzung der Beschlüsse Rechnung tragen müssen, kann nicht mehr den Eindruck einer bloßen Hilfstätigkeit entstehen lassen.

Dem notwendig integrativen Einbezug des Amtes in die Aufgabenerledigung der amtsangehörigen Gemeinden trägt der Gesetzgeber auch dadurch Rechnung, daß er beim Amt auch sachlich-inhaltliche Kenntnisse in der Bedürfnisstruktur der "Amtsbevölkerung" voraussetzt. So nimmt das Amt gemäß § 4 III AO die Kassen- und Rechnungsführung der Gemeinde in eigenständiger Regie wahr und ist auch mit der Vorbereitung der Aufstellung der jeweiligen Gemeindehaushaltspläne betraut.
Darüber hinaus hat der Gesetzgeber für die amtsangehörigen Gemeinden die Möglichkeit nach § 5 I 1 AO eröffnet, die vollständige Erledigung von Selbstverwaltungsaufgaben auf das Amt zu übertragen[380]. Wenn der Gesetzgeber dem Amt solch eine

---

[377] **Wolff/Bachof**, VerwR II, § 77 IV e nehmen bei einer vergleichbaren Konstellation eine notwendiger Beiordnung an.
[378] **Böckenförde**, Organisationsgewalt, S. 38 spricht von Hilfstätigkeit des Vollzugs; vgl. auch **Schmidt-Jortzig/Wolffgang**, VerwA 75 (1984), 107 (110f.).
[379] Vgl. nur **Adami**, Zuständigkeit, S. 7.
[380] Dieser Umstand führte letztlich zum Normkontrollantrag, der Gegenstand des bundesverfassungsrechtlichen Urteils BVerfGE 52, S. 95ff. war.

Übernahmefähigkeit zubilligt, wäre es wenig verständlich, wenn es bei der herkömmlichen Erledigung der Aufgaben nur mit bloßen technischen Verrichtungen im Rahmen von Hilfsaufgaben betraut werden soll.

Schließlich ist darauf hinzuweisen, daß aus dem Gesetzeswort der AO nicht auf eine Hilfstätigkeit geschlossen werden kann. Im Gegenteil hat der Gesetzgeber bei der Änderung der AO von 1977 § 1 I AO geändert. Durch die Formulierung des § 1 I 2 AO "dient der Stärkung..." kann geschlossen werden, daß dem Amt bei Erledigung der Selbstverwaltungsangelegenheiten gerade kein Hilfscharakter anhaften soll[381].

/2/ Mandatsverhältnis

Die mehrstufige Aufgabenerledigung und kommunale Zusammenarbeit zwischen der Gemeinde und dem Amt könnte als ein zwischenbehördliches[382] und generelles[383] organisationsrechtliches Mandat beschrieben werden.

Ein derartiges Rechtsinstitut ist dann anzunehmen, wenn die Gemeinde als Inhaber einer Zuständigkeit dem Amt die Vollmacht erteilt, seine, des Mandanten Zuständigkeit in ihrem, des

---

[381] Verwunderlich ist, daß die Wortlautänderung des § 1 I 2 AO in Literatur und Praxis erkennbar keine Aufmerksamkeit in der ansonsten so heftig geführten Diskussion zum Verhältnis von Amt und Gemeinde gefunden hat. Dabei hat die Änderung nunmehr auch normativ die Wandlung des Amtes von der "Schreibstube" der Gemeinde zum gleichberechtigt in die Aufgabenerledigung eingeschalteten Partner der amtsangehörigen Gemeinden kodifiziert; vgl. zur Ernstnahme eines Änderungsgesetzes BaWü VGH, Der Landkreis 1982, 5 (6).

[382] Ein innerbehördliches Mandat scheidet aus, weil sich zwei eigenständige Verwaltungsträger gegenüber stehen, die auch nicht durch Organleihe organisatorisch miteinander verbunden sind vgl. allgemein dazu auch **Schwabe**, DVBl. 1974, 69 (72); **Schenke**, VerwA 68 (1977), 118 (149); **Schmidt-Jortzig/Wolffgang**, VerwA 75 (1984), 107 (115 in Fn. 30).

[383] Im Gegensatz zum Singularmandat; zum Begriff des generellen oder abstrakten Mandats nur **Schenke**, VerwA 68 (1977), 118 (153).

Mandanten Namen auszuüben[384].

/a/ Inhaltliche Klärung des Mandatbegriffs

Wesentliche Kriterien für das Vorliegen eines Mandats sind neben der engen Bindung des Mandatars an die Beauftragung und Bevollmächtigung durch den Mandanten, daß die Aufgaben in dessen Namen durchgeführt werden. Hierbei soll nach überwiegender Ansicht die Zuständigkeitsordnung nicht tangiert werden[385].

Die Bedeutung des Mandats für die tägliche Verwaltungspraxis offenbart sich in einer Entlastungsfunktion zugunsten der beauftragenden Stelle. Der Mandatar erhält nämlich, im Gegensatz zum Verwaltungsgehilfen, ähnlich der rechtsgeschäftlichen Stellvertretung nach § 164ff BGB[386] die Gelegenheit der eigenen

---

[384] In Anlehnung an die klassische Formulierung von **Triepel**, Delegation und Mandat im öffentlichen Recht, S. 26; vgl. auch statt vieler **Rasch**, DVBl. 1983, 617 (619); **Schenke**, VerwA 68 (1977), 118 (148/167); ders., DÖV 1985, 452f.; **Barbey**, Rechtsübertragung und Delegation, S. 54; **Schmidt-Jortzig/Wolffgang**, VerwA 75 (1984), 107 (115); **Wolffgang**, Interkommunales Zusammenwirken, S. 46f., **Horn**, NVwZ 1986, 808 (809).

[385] **Wolff/Bachof**, VerwR II, § 72 IV b 5; **Achterberg**, Allg. VerwR, § 13 Rn. 30; **Schwabe**, DVBl. 1974, 69 (70); **Wessel**, Amtshilfe, S. 59; **Ule/Laubinger**, VerwVfG, § 10 III 1; **Rasch**, DVBl. 1983, 617 (619f.); **Erichsen**, Probleme mehrstufiger Erfüllung, S. 3 (10), **Schlink**, Rechtsnachfolge, S. 151. A.A. **Schenke**, VerwA 68 (1977) 118 (153); ders., DÖV 1985, 450 (452), der hinsichtlich des Erledigungsteils durch den Mandatar eine partielle Aufhebung der gesetzlich vorgegebenen Zuständigkeitsordnung annimmt; anlehnend **Horn**, NVwZ 1986, 808 (811); **Wolffgang**, Interkommunales Zusammenwirken, S. 47; ähnlich auch **Schmidt-Jortzig**, Probleme mehrstufiger Erfüllung, S. 59 (69), wonach die Verwaltungs-(Organisations)verantwortung beim Mandatar zu verorten ist; mißverständlich **Schmidt-Jortzig/Wolffgang**, VerwA 75 (1984), 107 (117).

[386] Zu diesem zutreffenden Vergleich **Schenke**, VerwA 68 (1977), 118 (148f.); **Horn**, NVwZ 1986, 808 (809); **Schwabe**, DÖV 1974, 69 (71).

Willens- und Entscheidungsbildung[387]. Der Mandatar nimmt demnach nicht die Rolle eines Erfüllungsgehilfen ein, der nur fremde Erklärungen übermittelt. Obwohl das Amt als Mandatar auf diese Weise eigene Entscheidungen verlautbaren und als handlungsbefugtes Rechtssubjekt Außenrechtsmaßnahmen erlassen dürfe, ist deutlich herauszustellen, daß solch ein Vorgehen nur und ausschließlich im Namen und mit Wirkung für die jeweilige Gemeinde geschehen kann. Diese bliebe auch weiterhin, trotz Einschaltung des Amtes in die Aufgabenwahrnehmung, das Zuordnungssubjekt der "formellen"[388] Zuständigkeit. Die Folge ist, daß die Gemeinde beteiligte Partei in einem Rechtsstreit, Widerspruchsbehörde oder Gegnerin möglicher Amtshaftungsansprüche wäre.

/b/ **Stellungnahme**

Bei Untersuchung der durch die Gemeinde- und Amtsordnung vorgegebenen Determinanten ist die Möglichkeit der Beauftragung des Amtes durch die jeweilige amtsangehörige Gemeinde zur Verwirklichung ihrer Beschlüsse nicht erkennbar. Es fehlt ein normativer Fingerzeig, der darauf hindeutete, daß die durch das Amt vorgenommene Außenrechtsmaßnahme im Namen der Gemeinde erfolgen müsse[389]. Im Gegenteil bestimmt § 1 I 3 AO die grundsätzliche Verwaltungsträgerschaft des Amtes anstelle der Gemeinde.
Auch aus der Wendung "nach den Beschlüssen der Gemeinde" läßt sich nicht auf eine fremdnamige Wahrnehmung schließen, sondern ist vielmehr nur der (selbstverständliche) Hinweis zu folgern, daß Grundlage aller Verwirklichungsbemühungen die Willensäußerungen der Gemeinde sind.
Die Annahme, daß es sich bei der Struktur der Einbeziehung des

---

387) **Schenke**, VerwA 68 (1977), 118 (148/154); ders., DÖV 1985, 452 (453); **Erichsen**, Probleme mehrstufiger Erfüllung, S. 3 (10).

388) Zum Begriff **Triepel**, Delegation und Mandat, S. 26; **Schwabe**, DVBl. 1974, 69 (70); **Schmidt-Jortzig/Wolffgang**, VerwA 75 (1984), 107 (117).

389) In diesem Zusammenhang ist zum Vergleich auf die Formulierung des § 4 II AGBSHG/S-H hinzuweisen, die eine Ermächtigung zur Erteilung eines Mandats eröffnet.

Amtes in den Vollzug von gemeindlichen Aufgaben nicht um eine Mandatierung handelt, wird von der Entstehungsgeschichte des Änderungsgesetzes zur AO von 1966 unterstützt. Die Väter des Gesetzeswerkes haben, soweit erkennbar, zwar nicht offiziell und unmißverständlich verlautbart, daß die Gemeinden resp. die Bürgermeister nicht mehr am unmittelbaren Erlaß der Verwaltungsmaßnahme beteiligt sein sollen. Aus den zahlreichen Äußerungen und Meinungen in den Vorbesprechungen, Anhörungen und Lesungen des neuen Regelwerks läßt sich aber auf das angestrebte Ziel schließen[390], daß dem Amt auch ohne Beauftragung der grundsätzliche Erlaß der Außenrechtssätze der Gemeinde obliegen sollte. Folgerichtig hat der Gesetzgeber, trotz Drängens der in das Gesetzgebungsverfahren eingeschalteten Verbände und anderer Interessengruppen bei der Abfassung und Verabschiedung des § 3 I 1 AO n. F. ausdrücklich keine Wortlautfassung gewählt, die den Eindruck einer erforderlichen Bevollmächtigung des Amtes zur Aufgabenwahrnehmung durch die Gemeinde vermitteln konnte[391].

Die Zweifelsfragen, die die Änderung des § 3 I AO mit sich brachten, wurden durch den Runderlaß des Innenministers vom 13.12.1968[392] insoweit geklärt, als nunmehr der mutmaßlich angelegte und intendierte Wille des Gesetzgebers bezüglich dieses Regelungsfeldes festgelegt wurde. Nachdrücklich wurde bestimmt, daß unter Durchführung der Erlaß von Verwaltungsmaßnahmen des Amtes in eigenem Namen zu verstehen sei.

Gegen die Annahme einer Mandatierung des Amtes durch die Ge-

---

[390] Dazu etwa **Schlegelberger**, Sten. Bericht Lt. SH, 5./ S. 1895 "... soll der Bürgermeister von der komplizierten und sich immer mehr verfeinernden Verwaltungstechnik freigestellt werden"; **Thee**, Sten. Bericht Lt. S-H, 5./ S.1900 "...daß der Bürgermeister von der praktischen Arbeit entlastet werden muß"; N.N., Die Gemeinde 1966, 33 (35) "... und sollten sich wirklich heute noch Widerstände gegen eine Verlagerung von Verwaltungsexekutive aus der Gemeinde auf das nahe Amt erheben? Wir glauben das nicht."

[391] Zu dieser Überlegung resümierend **Willing**, Die Gemeinde 1976, 137 (141f.)

[392] Amtsbl. S-H, S. 96.

meinde spricht desweiteren ein zentrales verfahrensmäßiges Argument. § 3 I 1 AO läßt nicht mehr die Möglichkeit zu, daß sich die Gemeinde (als potentielle Mandantin) im Einzelfall oder generell wieder in den Vollbesitz der alleinigen Aufgabenerledigung bringen kann[393].
Die gesetzliche Formulierung spricht eindeutig gegen die Möglichkeit, daß das Gemeindeorgan Bürgermeister im rechtlich-organisatorischen Sinne die wahre Verwaltungsbehörde der Gemeinde darstellt.
Die vollständige, alleinige Aufgabenerledigung einzelner Selbstverwaltungsaufgaben ist als Ausnahme gemäß § 3 I 2 AO erst nach Zustimmung der Kommunalaufsicht möglich.

Das Verhältnis der Aufgabenerledigung durch Amt und amtsangehörige Gemeinde läßt sich daher nicht als ein Mandatsverhältnis charakterisieren, in dem das Amt die Rolle des Mandatars und die angehörige Gemeinde die des Mandanten übernommen hat.

/3/ **Delegation**

Aus der Vorschrift des § 3 I 1 AO könnte aber auch geschlossen werden, daß sich das Verhältnis des Amtes zu den amtsangehörigen Gemeinden bei der Erledigung der gemeindlichen Selbstverwaltungsangelegenheiten als ein Delegationsverhältnis darstellt, in dem das Amt als Delegatar und die Gemeinde als Delegant zu qualifizieren wäre.

Durch diese Vorschrift wurde das Amt als bereits bestehendes Verwaltungssubjekt, welches auch schon vor der Änderung des § 3 I 1 AO regelmäßig und in großem Umfange in der alltäglichen Verwaltungsarbeit Anteil an der Umsetzung der Beschlüsse mit ihren vielfältigen Rechtsnormen und den damit untrennbar verbundenen Erkenntnisproblemen, insbesondere der konkreten Sach-

---

[393] Zum Entzug des Mandats als ein wesentliches Steuerungsinstrument des Mandanten nur **Schenke**, VerwA 68 (1977) S. 118 (157); **Erichsen**, in Probleme mehrstufiger Erfüllung, S. 3 (11).

verhaltsermittlung und Tatsachenfeststellung, hatte[394], noch verstärkt in die Erledigung der gemeindlichen Selbstverwaltungsangelegenheiten eingeschaltet.

Dem ohnehin faktisch bestehenden erheblichen Gewicht des Amtes könnte der Gesetzgeber angemessen dadurch Rechnung getragen haben, daß die ihm durch § 3 I 1 AO zuerkannte Durchführungskompetenz das Recht enthält, im eigenen Namen Verwaltungsmaßnahmen zu erlassen. Eine derartige Kompetenzausübung könnte in seiner Grundstruktur durch eine Delegation ermöglicht worden sein.

/a/   Das Institut der Delegation

Begrifflich ist ein solches Zusammenwirken dann anzunehmen, wenn der Inhaber einer Zuständigkeit seine Kompetenz ganz oder zum Teil auf ein anderes Subjekt mit der Folge überträgt, daß diese hinfort im eigenen Namen und unter eigener Verantwortung ausgeübt wird[395].

Im Gegensatz zum Mandat ist es für die Delegation also wesensmäßig, daß durch die Übertragung der Zuständigkeiten eine von der regulären Zuständigkeitsordnung abweichende -verteilung entsteht[396].

---

[394]   Zu dem Stellenwert des Amtes bei der Erledigung der Selbstverwaltungsangelegenheiten der Gemeinde auch vor dem Änderungsgesetz von 1966 nur Begründung der Landesregierung, Lt.-Drucksache S-H, 1966, Nr. 646, S. 1 (11f.).

[395]   Siehe zur Definition: **Triepel**, Delegation und Mandat im öffentlichen Recht, S. 23, 26, 51f.; **Wolff/Bachof**, VerwR II, § 72 IVb 2; **Schenke**, VerwA 68 (1977), 118 (120); **Wolffgang**, Interkommunales Zusammenwirken, S. 16, 17; **Erichsen**, Probleme mehrstufiger Erfüllung, S. 3 (8); **v. Mutius**, Probleme mehrstufiger Erfüllung, S. 19 (47); **Schmidt-Jortzig**, Probleme mehrstufiger Erfüllung, S. 59 (66f.); **Schmidt-Jortzig/Wolffgang**, VerwA 75 (1984), 107 (119); **Staupe**, Parlamentsvorbehalt und Delegationsbefugnis, S. 34; **Schink**, Rechtsnachfolge, S. 151.

[396]   Ausführlich dazu nur **Barbey**, Rechtsübertragung und Delegation, S. 62ff. (insbes. S. 88f.); **Wolff/Bachof**, VerwR II, § 72 IV b 2; **Wolffgang**, Interkommunales Zusammenwirken, S. 16, 75; **Schmidt-Jortzig/Wolffgang**, VerwA 75 (1977) 107 (121); **Staupe**, Parlamentsvorbehalt und Delegationsbefugnis, S. 34; **Obermayer**, JZ 1956, 625f.; **Fuchs**,

Auf das zu betrachtende kommunalrechtliche Verhältnis übertragen, würde eine Delegation von Befugnissen auf das Amt demnach nur dann zu einer Verschiebung zu Lasten der Gemeinden führen, wenn der Erlaß von Außenrechtsmaßnahmen zu dem für den Regelfall vorgesehenen Zuständigkeitsbereich der gemeindlichen Hoheitsträgers gehört[397].

Mögen auch den Bemühungen um die exakte Erfassung der Reichweite und des Umfanges der Gewährleistung der Selbstverwaltungsaufgaben aufgrund der verfassungsrechtlichen Garantie des Art. 28 II 1 GG, 39 I LS/S-H noch erhebliche Schwierigkeiten entgegenstehen[398], so besteht doch insoweit Einigkeit, als korrespondierend zu den eigenverantwortlich zu regelnden Angelegenheiten der örtlichen Gemeinschaft nach Art. 28 II 1 GG das Recht gehört, diese auch funktional selbst zu verwirklichen[399].

/b/ **Stellungnahme**

Nachfolgend ist zu prüfen, ob das Verhältnis vom Amt zu den amtsangehörigen Gemeinden tatsächlich den dargestellten Anforderungen einer Delegation entspricht. In Betracht kommt dabei

---

Beauftragte, S. 119.

[397] Daß es sich bei der übertragenen Aufgabe um eine bereits bestehende, bisher von einem anderen Träger wahrgenommene handeln muß, ist ein logisch zwingendes und daher unabdingbares Erfordernis für die Annahme einer Delegation.

[398] Vgl. nur **Schmidt-Jortzig**, Kommunalrecht, Rn. 460f.

[399] Normativ festgemacht werden kann die Berechtigung zur Wahrnehmung der Selbstverwaltungsangelegenheiten am Tatbestandsmerkmal des Art. 28 II 1 GG "in eigener Verantwortung". Im Anschluß an **Schmidt-Jortzig**, Kommunalrecht, Rn. 480 ist hierunter das "Freisein von staatlichen bzw. überhaupt dritten Einflußnahmen beim Ermessen der Zielprojektion, Zweckmäßigkeit und Form betreffende Verwaltungstätigkeit" zu verstehen. Mitumfaßt wird demnach grundsätzlich auch die Erstellung des außenwirksamen Verwaltungsendprodukt. Begründet werden kann das ermittelte Ergebnis auch mit dem verwaltungsrechtlichen Grundsatz, daß die jeweiligen Hoheitsträger die ihnen zugewiesenen Kompetenzen generell selbst wahrzunehmen haben. Zu diesem Argumentationsansatz vgl. auch BVerfGE 63, 1 (44); **Erichsen**, Probleme mehrstufiger Erfüllung, S. 3 (4); **Schink**, DVBl. 1982, 769 (775).

entweder eine Aufgabenübertragung in Form der devolvierenden Delegation[400] oder aber in der Form der konservierenden Delegation[401].

/aa/ Die devolvierende Delegation

Verwaltungswissenschaftlich handelt es sich bei der Organisationsform der devolvierenden Delegation um eine Zuständigkeitsübertragung mittels derer eine Kompetenzverteilung zwischen unterschiedlichen Verwaltungsträgern dergestalt stattfindet, daß der Delegant seine Zuständigkeit bezüglich der übertragenen Kompetenz vollständig verliert, während beim Delegatar eine neue eigene Sachzuständigkeit entsteht. Damit verbunden ist regelmäßig der Verlust von Einwirkungs- oder Weisungsbefugnissen des Deleganten auf die nunmehr von einem anderen Verwaltungsträger zu verantwortende und nur diesem zurechenbare Aufgabe[402].

Zieht man aus den bisherigen Überlegungen die Konsequenzen für die Beschreibung des Problems der mehrstufigen Aufgabenerfüllung von Amt und Gemeinde, so muß die Annahme einer devolvierenden Delegation von Selbstverwaltungsaufgaben zugunsten des Amtes als ausgeschlossen gelten. Es wurde bereits festgestellt, daß die Einschaltung des Amtes in die Erledigung der Selbstverwaltungsaufgaben der jeweiligen amtsangehörigen Gemeinde nicht in der Weise erfolgen kann, daß eine Übertragung der gesamten

---

400) Auch synonym als echte, befreiende, translative oder überwälzende bezeichnet.
401) **Wolff/Bachof**, VerwR II, § 72 IV b 2.
402) Zur Terminologie der echten Delegation nur **Triepel**, Delegation und Mandat im öffentlichen Recht, S. 51f.; **Wolffgang**, Interkommunales Zusammenwirken, S. 37; **Schmidt-Jortzig**, Probleme mehrstufiger Erfüllung, S. 59 (66f.); **Erichsen**, Probleme mehrstufiger Erfüllung, S. 3 (9); **Schmidt-Jortzig/ Wolffgang**, VerwA 75 (1984), 107 (121); **Staupe**, Parlamentsvorbehalt und Delegationsbefugnis, S. 35; **Makswit**, Finanzierung kommunaler Fremdverwaltung, S. 35.

der Gemeinde obliegenden Aufgabenmaterie in Betracht kommt[403].
Der durch § 3 I 1 AO administrativ einbezogene Verwaltungsträger Amt erlangt innerhalb der kommunalen Zusammenarbeit somit nicht Eigen- oder Endzuständigkeitsträgerschaft für die Selbstverwaltungsangelegenheiten. Der Verpflichtungsadressat dieser Aufgabenkategorie ist und bleibt die Gemeinde[404].
Eine vollständige Aufgabenübertragung und damit eine devolvierende Delegation der Aufgabenerfüllung von der Gemeinde auf das Amt muß daher ausscheiden.

/bb/ Die konservierende Delegation

Die sachaufgabenbezogene Abgrenzung von Zuständigkeiten betont § 3 I 1 AO, wenn die Durchführung durch das Amt nur "nach den Beschlüssen" der Gemeinde erfolgen soll. Dadurch wird expressis verbis die gestalterisch eigenständige und uneingeschränkte Sachregelungs- und -lenkungsbefugnis der Gemeinde betont. Versucht man diese Erkenntnisse auf das Verhältnis zu übertragen, in welches das Amt beim Vollzug von gemeindlichen Zuständigkeiten gebracht wird, so ergibt sich, daß es sich dabei durchaus um das Rechtsinstitut der unechten oder konservierenden Delegation handeln könnte.
Die typische und gebräuchliche Erscheinungsform der konservierenden Delegation kann so umschrieben werden, daß der Delegant zwar eine ihm regulär zustehende Aufgabe auf den Delegatar überträgt und diese von ihm auch im eigenen Namen wahrgenommen wird, der Delegant aber die Zuständigkeit zur Wahrnehmung der weitergegebenen Aufgabe noch irgendwie konkurrierend behalten

---

[403] Das nämlich wäre sonst genau der Fall des § 5 I 1 AO, von dem die Konstellation nach § 3 I 1 AO aber ausdrücklich abgesetzt sein soll.

[404] Nachdrücklich beschreibt **Schmidt-Jortzig**, Kommunalrecht, Rn. 553, die Verpflichtung aus einer sachlich-inhaltlichen Zuständigkeitszurechnung: "ihm (dem Aufgabenträger) stehen die Aufgaben kompetentiell zu, er hat sie zur Regelung aufgegriffen, und er muß ihre Inangriffnahme und Verwirklichung entsprechend verantworten."

soll[405].

Mögliche rechtsstaatliche Bedenken[406] im Hinblick auf eine solche Beteiligungsform mit ihren konkurrierenden Verwaltungsträgern können zerstreut werden. Die Durchführung, als Wahrnehmungs- oder Verwaltungszuständigkeit verstanden, wird durch § 3 I 1 AO de lege lata allein und ausschließlich auf das Amt übertragen. Es wäre also das Amt gesetzlich ermächtigt, im eigenen Namen außenwirksame Entscheidungswirkungen für die Gemeinde herbeizuführen.

Es ist das wesentliche Kennzeichen und die auffälligste Änderung des § 3 I 1 AO n.F., daß die Übertragung der Durchführung der Selbstverwaltungsaufgaben von der Gemeinde auf das Amt nicht, wie bisher, durch öffentlich-rechtliche Vereinbarung[407] rechtsgestaltend erfolgt. Die amtsangehörige Gemeinde kann sich demnach nicht autonom die Zuweisung der Wahrnehmungszuständigkeit auf das Amt vorbehalten. Weiterhin ist durch § 3 I 1 AO sichergestellt, daß die amtsangehörige Gemeinde auch nicht in beliebigen Einzelfällen oder generell aufgrund eigenen Entschlusses die dem Amt normativ zugesprochene Durchführungszu-

---

[405)] Zum Begriff **Wolff/ Bachof**, VerwR II, § 72 IV b 2; **Staupe**, Parlamentsvorbehalt und Delegationsbefugnis, S. 35; **Triepel**, Delegation und Mandat im öffentlichen Recht, S. 54; **Schenke**, VerwA 68 (1977), 118 (121,142); **Schmidt-Jortzig/Wolffgang**, VerwA 75 (1984), 107 (121); **Schmidt-Jortzig**, Probleme mehrstufiger Erfüllung, S. 59 (66f.); **Erichsen**, Probleme mehrstufiger Erfüllung, S. 3 (9); **Wolffgang**, Interkommunales Zusammenwirken, S. 38.

[406)] Zu den nicht von der Hand zu weisenden Vorbehalten gegen die konservierende Delegation nur **Schmidt-Jortzig/Wolffgang**, VerwA 75 (1984), 107 (121) "Das Bedürfnis nach Rechtssicherheit und Rechtsklarheit werde durch das Nebeneinander beeinträchtigt"; ausführlich auch **Wolffgang**, Interkommunales Zusammenwirken, S.38f.; **Schenke**, VerwA 68 (1977), 118 (142f.); **Obermayer**, JZ 1956, 625 (627); **Rasch**, Die staatliche Verwaltungsorganisation, S. 171; ders., DVBl. 1983, 617f.

[407)] Vgl. zu der von der Gemeinde gewollten (freiwilligen) mehrstufigen Aufgabenerfüllung durch öffentlich-rechtlichen Vertrag nur **Lauscher**, Die Delegation von Hoheitsrechten, S. 65ff.; **Rengeling**, HdKWP II, S. 385 (401f. mit weiteren Nachweisen); ausdrücklich normiert für Schleswig-Holstein in § 18 I 1 und 2 GkZ/S-H.

ständigkeit ganz oder teilweise an sich ziehen kann[408]. Der Gemeinde ist es also verwehrt, selbst und damit konkurrierend zum Amt, ihre Selbstverwaltungsaufgaben durchzuführen und auf diesem Wege möglicherweise die Befugnisse des Amtes zu überspielen[409]. Der Gesetzgeber hätte also mit § 3 I 1 AO eine insoweit rechtlich unbedenkliche Delegationsform gewählt, die verhindert, daß Gemeinde und Amt in bezug auf einen Verwaltungsvorgang rivalisierend auftreten können[410].
Für den Bürger ist so klargestellt, daß nur die Amtsbehörde für sein verwaltungsmäßiges Anliegen zuständig ist, und er sich auch nur an diese wenden muß[411].

Weiterhin erhebt sich die Frage, ob ein Mitsprache- und Weisungsrecht der Gemeinde bei der Ausführung der Selbstverwaltungsangelegenheiten durch das Amt nicht a limine der Annahme einer Delegation entgegensteht. Charakteristikum dieses Rechtsinstituts ist, daß der Delegatar, anders als beim Mandat, im eigenen Namen auftritt, demnach gerade nicht lediglich als Bevollmächtigter des Deleganten handelt.
Bei der Durchführung sind aber die Beschlüsse der Gemeinde verbindliche Grundlage und Anweisung für das Amt. Bedarf es zwar nach der inhaltlichen Beschlußfassung keiner eigenständigen Anordnung zur Mobilisierung und Bevollmächtigung des Amtes, um die Durchführung der Selbstverwaltungsaufgaben zu

---

408) Von der Ausnahme nach § 3 I 2 AO soll abgesehen werden.

409) Der geschilderte Überlegungsansatz beherrschte aus den unterschiedlichsten Gründen und Erfahrungen die Diskussionen und Auseinandersetzungen um die Verlagerung von Kompetenzen auf das Amt.

410) Ausführlich zum allgemeinen Problem des Nebeneinanders bei der Einschaltung eines weiteren Verwaltungsträgers und zur Möglichkeit der normativen Begrenzung und Reglementierung der Aktionssphären nur **Wolffgang**, Interkommunales Zusammenwirken, S. 40, der obig aufgezeigten Unterfall als alternativ-konservierende Delegation bezeichnet; vgl. auch **Barbey**, Rechtsübertragung und Delegation, S. 124; **Lauscher**, Die Delegation von Hoheitsrechten, S. 54.

411) Das sind eben die verfassungsrechtlich formulierten Forderungen an die Eindeutigkeit der Zurechnung zu einem bestimmten Verwaltungsträger.

gewährleisten, so muß doch gesehen werden, daß die Gemeinde in dem ihr zugewiesenen Rahmen (vgl. § 27 I, 28 GO) den Inhalt und Umfang des außenwirksamen Verwaltungsendprodukts beeinflussen kann. Die fachlich-funktionale Weisungsunterworfenheit des Amtes wird unmittelbar verständlich, vergegenwärtigt man sich, daß der Gemeinde weiterhin die Eigen- oder Endzuständigkeit für die Erledigung der Selbstverwaltungsaufgaben zukommt. Es ist die Gemeinde, die auch nach einer möglichen gesetzlichen Ermächtigung des Amtes zur Wahrnehmung grundsätzlich berechtigt, ja verpflichtet ist, das gewünschte Arbeitsergebnis durch dirigierende Anweisungen entstehen zu lassen[412].
Mit der Sachverantwortung belegt, kann an einer umfassenden fachlichen Direktionsmacht der Gemeinde nicht gezweifelt werden.
Wie Schmidt-Jortzig/Wolffgang[413] ausdrücklich betonen, spricht eine Unterstellung des verwirklichenden Verwaltungsträgers nicht gegen das Vorliegen einer Delegation[414]. Es ist daher unbestreitbar, daß die Gemeinde im jeweiligen Einzelfall oder generell in dem ihr gezogenen rechtlichen Rahmen verbindliche Erwägungen anstellen darf, um so in Interaktionen mit dem Amt die Erfüllungsanstrengungen zu steuern. Hierbei kann selbstverständlich auch eine bestimmte sachlich-inhaltliche Interpretation der zur Ausführung anstehenden Beschlüssen zum Ausdruck gebracht werden.
Es ist durch § 3 I 1 AO deutlich herausgestellt worden, daß der Gemeinde in der gesamten Phase der Erledigung der Selbstverwaltungsangelegenheiten ein Beschluß- und damit verbunden ein Weisungsrecht verpflichtenden Charakters zusteht. Unmißverständlich ist durch den Gesetzgeber die für das Amt verbindliche Beachtung des die Durchführung steuernden und reglementie-

---

412) Zu beachten bleibt freilich, daß eine Ingerenzmöglichkeit ausschließlich auf sachlenkende Anordnungen beschränkt und streng von den unerlaubten organisationsrechtlichen Eingriffen in den Handlungsapparat des Amtes zu trennen ist.
413) Ausführlich in, VerwA 75 (1984), 107 (122f. m.w.N.).
414) Ebenso **Schenke**, VerwA 68 (1977), 118 (120); ablehnend ohne nähere Begründung **Knopp/Fichtner**, Kommentar zum BSHG, § 96 Rn. 4.

renden Willens der Gemeinde mittels der Beschlußfassung in der Gemeindevertretung zum Ausdruck gebracht worden.

Doch trotz der nachhaltigen und intensiven Einwirkungsmöglichkeiten der Gemeinde auf das Amt, spricht das intensive Weisungsverhältnis nicht gegen das Vorliegen einer Delegation[415]. Abgesehen davon, daß sich eine solche Annahme schon deshalb nicht verbietet, weil der so verstandenen Beauftragung ein bürgerlich-rechtlich befrachtetes Verständnis zugrunde liegt, das der Eigenart des öffentlich-rechtlichen Instituts nicht gerecht werden kann[416], sprechen auch weitere Argumente gegen eine derartige begriffliche Verengung. Wenn dem Amt durch § 3 I 1 AO die Verwaltungskompetenz bezüglich der Selbstverwaltungsaufgaben der Gemeinde übertragen wurde, so muß aus der verbleibenden gemeindlichen Eigen- oder Endzuständigkeit mit seiner korrelierenden Sachverantwortung auch die Berechtigung folgen, auf den inhaltlichen Vollzug durch den derart ermächtigten Verwaltungsträger Einfluß zu nehmen. Besteht aber der Wesenszug der konservierenden Delegation darin, daß nicht reguläre Kompetenzen ganz oder teilweise auf einen anderes Subjekt übertragen werden, sondern nur die Wahrnehmung dieser Aufgabe, so wird deutlich, daß der Sachverantwortliche weiterhin die ordnungsgemäße und umfassende Erledigung sicherzustellen hat. Wenn die Gemeinde durch § 3 I 1 AO gehindert sein soll, selbst die Erledigung der Verwaltungsaufgaben durch eigene Verwaltungseinrichtungen wahrzunehmen, so muß ihr zumindest eine zweckhaft-

---

415) Ebenso **Triepel**, Delegation und Mandat im öffentlichen Recht, S. 24 "Oft wird jemand als Beauftragter bezeichnet, der in Wirklichkeit seine Stellung einer Delegation verdankt"; **Wolff/Bachof**, VerwR II, § 74 II b 1; **Fuchs**, Beauftragte, S. 119f.; **Dahlinger**, DÖV 1961, 938f.; ausführlich auch **Schmidt-Jortzig/Wolffgang**, VerwA 75 (1984), 107 (122); **Schmidt-Jortzig**, Probleme mehrstufiger Erfüllung, S. 59 (67); **Erichsen**, Probleme mehrstufiger Erfüllung, S. 3 (9); **Wolffgang**, Interkommunales Zusammenwirken, S. 42, 82.

416) Zu diesem Argumentationsansatz nur **Fuchs**, Beauftragte, S. 120.

inhaltliche Steuerung in die Hand gegeben werden[417]. Die Unterworfenheit des Delegatars unter die lenkenden und überwachenden Weisungen und Aufsichtsrechte des Deleganten ist daher mit der Annahme einer konservierenden Delegation vereinbar.

/aaa/ Gründe für die Annahme einer konservierenden Delgation

Lassen sich überzeugende rechtliche Gründe gegen eine Einbeziehung des Amtes in den Vollzug der Selbstverwaltungsaufgaben der amtsangehörigen Gemeinden in der Beteiligungsform der gesetzlichen Delegation nicht erkennen, so sind nunmehr solche Anhaltspunkte zu prüfen, die für eine solche dogmatische Einordnung sprechen würden.

Zur Bestimmung der Zielsetzungen, Maßstäbe und Vorstellungen, die mit der heteronom angeordneten, erzwungenen Einschaltung des anderen Verwaltungsträgers in die Aufgabenerledigung zu verknüpfen sind, erscheint eine Betrachtung der anderen, gemeindeaufgabenunabhängigen Aktionsfelder des Amtes angebracht. Es wurde bereits deutlich hervorgehoben, daß das Amt nicht als eine neue, eigenständige Organisation errichtet worden ist, um die Durchführung der gemeindlichen Aufgaben zu bewerkstelligen. Vielmehr wird es als bestehender kommunaler Verwaltungsträger hierzu herangezogen. Es ist eine naheliegende Überlegung, daß die mehrstufige Aufgabenerledigung durch die Gemeinde und das Amt das Ergebnis einer vergleichenden Betrachtung des Gesetzgebers sein könnte. In seiner Intention könnte er sich an gegenwärtigen kommunal bewährten und erprobten Erscheinungsformen des Aufgabenbestandes orientiert haben. Schon Effektivitätsgründe lassen die Betrachtung des sonstigen Aufgabenbestandes des Amtes nötig erscheinen.

Eine sachgerechte Bewältigung der Durchführung nach § 3 I 1 AO wird zumindest dadurch gefördert, daß an das Amt im Vergleich

---

[417]) Auf solch ein dringendes Erfordernis bei der konservierenden Delegation weisen ausdrücklich **Schmidt-Jortzig/ Wolffgang**, VerwA 75 (1984), 107 (122) hin.

zu der ansonsten zu bewältigenden Aufgabenerledigung hinsichtlich der Ausgestaltung und Einordnung der neuen Aufgaben gleichartige, bereits eingespielte Verhaltensanforderungen gestellt werden. Für eine Parallelität in der Aufgabenstruktur spricht als weitere Überlegung auch, daß auf ein einheitliches Erscheinungsbild der Verwaltungstätigkeit des Amtes in der Öffentlichkeit abgestellt werden sollte. Wenn der Bürger mit der Verwaltungskraft und dem Stellenwert des Amtes als Verwaltungsträger eine bestimmte Vorstellung verbindet, bot es sich an, bei der Zuteilung neuer Aufgabenfelder auch im Rahmen der interkommunalen Zusammenarbeit die äußere Darstellungskonzeption beizubehalten.

Die Analyse der anderen Aktionssphären des Amtes ergibt, daß dessen wesentlicher und hauptsächlicher Tätigkeitsgegenstand die Erledigung der Aufgaben zur Erfüllung nach Weisung ist (§ 4 AO).
Unbestritten agiert das Amt in dieser Funktion durch konkrete Verwaltungsentscheidungen, etwa durch Verwaltungsakt, in eigenem Namen.
Bei der dem Amt obliegenden Aufgabenkategorie handelt es sich um solche der Fremdverwaltung[418].
Im Ergebnis handelt es sich bei den Aufgaben zur Erfüllung nach Weisung in ihrer Rechtssubstanz um solche des Staates, deren Wahrnehmung aber nicht durch eigene Behörden, sondern durch Verwaltungsträger der kommunalen Ebene erfolgt[419]. Es ist also

---

418) Im Anschluß an **Wolff/Bachof**, VerwR I, § 4 I c 2, § 35 IV b 2 definiert **Schmidt-Jortzig**, DÖV 1981, 393 (394) die Fremdverwaltung als "eine kraft organisatorischen Rechtssatzes erfolgende weisungsabhängige Wahrnehmung von Aufgaben eines Trägers öffentlicher Verwaltung durch einen anderen in eigenem Namen."

419) So die hM; vgl. statt anderer nur **Schmidt-Jortzig**, Kommunalrecht, Rn. 540f., 553f.; ders., Organisationshoheit, S. 188f.; **Wolff/ Bachof**, VerwR II, § 84 IVb 1, § 85 I c, 86 X, 87 II d; **Gönnenwein**, Gemeinderecht, S. 89f.; **Makswit**, Finanzierung kommunaler Fremdverwaltung, S. 38; ausführlich jüngst **Wolffgang**, Interkommunales Zusammenwirken, S. 56ff. (bes. S. 68) mit zahlreichen Nachweisen

von der Erkenntnis auszugehen, daß das Amt als Dauerfunktion nicht die Sachmaterie der Aufgaben zur Erfüllung nach Weisung durch § 4 I 1 AO übertragen wird (also die eigene Inhaberschaft im Sinne der Eigen- oder Endzuständigkeit), wohl aber als eigenes[420] verwaltungsmäßiges Anliegen die Wahrnehmungszuständigkeit.

Charakteristisches Kennzeichen der Fremdverwaltung ist eine Weisungsunterworfenheit der mit dem Vollzug beauftragten Stelle, die verbindlich den umfassenden und intensiven Einwirkungsmöglichkeiten des Landes bezüglich der Wahrnehmungsmodalitäten unterliegt (vgl. §§ 19 I 1, 2. Hs AO, 17 I LVwG/S-H)[421].

Steht nunmehr fest, daß es sich bei den dem Amt durch § 4 I 1 AO übertragenen Aufgaben um solche handelt, die inhaltlich Aufgaben des Landes bleiben und deren Wahrnehmung durch das Amt mit einer umfassenden fachlichen Lenkungsbefugnis gekoppelt ist, ist nunmehr zu prüfen, wie die so erfolgte Einschaltung des Amtes sich rechtsdogmatisch darstellt.

Vergegenwärtigt man sich die Definition der Fremdverwaltung, so drängt sich geradezu die Einbeziehungsform der konservierenden Delegation auf.

Es ist das Amt als kommunaler Verwaltungsträger für die Wahrnehmung der Aufgaben zur Erfüllung nach Weisung zuständig. Die Eigen- oder Endzuständigkeit mit der korrellierenden Zweckverantwortlichkeit verbleibt, versehen mit der Ausübungsfähigkeit umfassender Aufsichts- und Weisungsrechte, dem Staat als einem

---

auch von den Gegenmeinungen. Ausdrücklich erwähnt für Schleswig-Holstein in §§ 51 II, 163 II LVwG/S-H i.V. mit Art. 39 IV LS/S-H.

420) Daß aus der Sicht des kommunalen Trägers nur bezüglich der in Angriff zu nehmenden Wahrnehmungskompetenz von "eigener" Aufgabe gesprochen werden kann, im übrigen aber in sachlich-inhaltlicher Hinsicht der Aufgabenkomplex sich für ihn als "fremd" darstellt, beschreibt treffend **Schmidt-Jortzig**, Kommunalrecht, Rn. 554 unter Bezugnahme auf **Wolff/Bachof**, VerwR II, § 72 I b.

421) Ausführlich zum Begriff und der Reichweite der fachlichen Lenkungsbefugnisse bei der Fremdverwaltung statt vieler nur **Schmidt-Jortzig**, Organisationshoheit, S. 187ff. mit weiteren Nachweisen.

anderen Hoheitsträger[422].

Festzustellen ist, daß das Amt bei der Erfüllung der Aufgaben zur Erfüllung nach Weisung die Verwaltungsentscheidungen im eigenen Namen erläßt und es in dieser Funktion als Delegant für den staatlichen Aufgabenträger auftritt.

Und es liegt die Vermutung nahe, daß der Einbezug des Amtes in die zu untersuchende Zusammenarbeit von Amt und Gemeinde sich vergleichbar gestaltet.

Allerdings sind die Diskussionen und Auseinandersetzungen um die Frage, ob es sich bei der normativen Ermächtigung des Amtes zur Durchführung der Selbstverwaltungsangelegenheiten der jeweiligen Gemeinde um eine Wahrnehmung im eigenen Namen im Rahmen einer (gesetzlichen) Delegation handelt, bis dato nicht zum Stillstand gelangt.

Zwar haben das VG Schleswig und das OVG Lüneburg durch zahlreiche Entscheidungen deutlich zum Ausdruck gebracht, daß das Amt nach § 3 I 1 AO die für den Erlaß von Außenrechtsmaßnahmen allein[423] zuständige Behörde auch im Bereich der Selbstverwaltungsangelegenheiten ist[424]. Zugleich wird nachdrücklich betont, daß ein außenbezogenes Verwaltungshandeln der Gemeinde als fehlerhaft und rechtswidrig angesehen wird.

Zum Teil hat die gemeindliche Praxis indes Schwierigkeiten, die so verstandene Auslegung des § 3 I 1 AO und die damit verbundene vorgegebene Handlungsdirektive der Gerichte mit ihrem generellen und ausschließlichen Geltungsanspruch hinzunehmen.

---

[422] So ausdrücklich auch **Schmidt-Jortzig/Wolffgang**, VerwA 75 (1984), 107 (123) "..ist nachgerade das typische Beispiel einer weisungsbesetzten Delegation"; ähnlich **Makswit**, Finanzierung kommunaler Fremdverwaltung, S. 33f ("delegatio legis"); **Wolffgang**, Interkommunales Zusammenwirken, S. 76; **Schmidt-Jortzig**, Kommunalrecht, Rn. 540.

[423] Die ausdrückliche Ausnahme der Abgabe der Verpflichtungserklärungen für die Gemeinde durch den Bürgermeister nach § 55 VI 2 letzt. Hs. i.V. mit § 50 II GO kann in diesem Zusammenhang vernachlässigt werden.

[424] Vgl. VG Schleswig, Die Gemeinde 1967, 204f.; OVG Lüneburg, OVGE 26, 449 (452); VG Schleswig, Die Gemeinde 1968, 217f.; VG Schleswig, Die Gemeinde 1974, 163f.; OVG Lüneburg, Die Gemeinde 1976, 289f.; VG Schleswig, Die Gemeinde 1984, 115f.; OVG Lüneburg, Die Gemeinde 1985, 56f.; VG Schleswig, Die Gemeinde 1986, 361f.

Immer wieder erheben sich an der kommunalpolitischen Basis, vornehmlich aus dem Kreis der Bürgermeister amtsangehöriger Gemeinden, Stimmen, die die Entscheidungen der Verwaltungsgerichte in ihrer absoluten Aussage bezüglich der Zuständigkeitsverteilung für unrichtig halten und als nicht sachgerecht ansehen. Die "brisante politische Zeitbombe"[425], die die Änderung des § 3 I 1 AO birgt, scheint sich von Zeit zu Zeit zu ver-, aber auch wieder zu entschärfen[426]. Die Gründe für das Unbehagen der Bürgermeister sind schnell auszumachen. Es wird hauptsächlich befürchtet, daß sich das Amt wegen seines Sachverstandes und seiner verwaltungsmäßigen Ausstattung mehr und mehr auch im Bewußtsein der Bevölkerung als der überragende kommunale Hoheitsträger in der ländlichen kommunalen Landschaft herausstellt und damit eine Tendenz zur Großgemeinde gefördert wird.

Es ist daher auch nicht erstaunlich, daß sich bei der Auslegung des § 3 I 1 AO im wesentlichen zwei konträre Lager gebildet haben.

Nach einer Meinung soll das Amt als die erlassende Verwaltungsbehörde angesehen werden, die die (fremden) Selbstverwaltungsangelegenheiten, ähnlich wie die Aufgaben zur Erfüllung nach Weisung, als eigenes verwaltungsmäßiges Anliegen im eigenen Namen wahrnimmt[427].

Die Vertreter des entgegengesetzten Standpunkts gehen im wesentlichen davon aus, daß die Organstellung und insbesondere die Organzuständigkeiten des Bürgermeisters durch § 3 I 1 AO n.F. keine Änderung erfahren haben. Normativ klargestellt sein soll nur, daß der Bürgermeister sich bei der Verwirklichung der

---

425) Ausdruck von **Willing**, Die Gemeinde 1976, 137 (141).
426) Für **Willing**, Die Gemeinde 1976, 137 (141) scheint sich die Unruhe um die Veränderung des Amtes zur nunmehr im eigenen Namen erlassenden Behörde auch in Selbstverwaltungsangelegenheiten angesichts des Runderlasses des Innenministers vom 13.12.1968 (Amtsbl. S-H, S. 96) und der Verwaltungsrechtssprechung gelegt zu haben.
427) Vgl. nur **Bracker**, AO § 3 Rn. 2 a.aa; ders, VR 1982, 78f.; **Thiem**, Die Gemeinde 1967, 279f.; **Foerster**, AO, § 3, Anm. 2; **Schoch**, Vertretungsverbot, S. 155 sowie die einschlägige Verwaltungsrechtssprechung des VG Schleswig und OVG Lüneburg (siehe Fn. 424).

Beschlüsse und dem Erlaß der Verwaltungsrechtsmaßnahmen in "verwaltungstechnischer Hinsicht" des Amtes bedienen muß. Keinesfalls erhält das Amt a priori die Wahrnehmungszuständigkeit für nach außen rechtserhebliches Verwaltungshandeln im Bereich der Selbstverwaltungsaufgaben in eigenem Namen[428].

Die dadurch aufgeworfene Frage nach der zutreffenden Beschreibung des Einbezugs des Amtes bei der Erledigung der Verwaltungsaufgaben, kann durch einen Rückblick auf die Zeit vor 1966 erhellt werden. Die Gemeinde hatte das Recht, sich allein und vollständig die Erledigung ihrer Angelegenheiten vorzubehalten. Es stand ihr frei, ob und in welchem Umfang sie in der Verwirklichungsphase die Verwaltungskraft des Amtes in Anspruch nehmen wollte.

Die kommunale Verwaltungspraxis hatte üblicherweise eingespielte Regeln für die Ausformung der Zusammenarbeit der beiden involvierten Hoheitsträger hervorgebracht. Generell bestand infolge der jederzeitigen Übertragungsbefugnis der Gemeinde respektive der einseitigen Zurücknehmbarkeit der zuvor zedierten Aufgabenfelder die Tendenz, daß das Amt allenfalls im Namen der jeweiligen amtsangehörigen Gemeinde die Verwaltungsrechtsmaßnahmen zu erlassen hat. Doch war eine normativ abgesicherte Begründung für diese Vorgehensweise nicht ersichtlich. Dieser Umstand führte häufig zu Unsicherheiten zwischen den Beteiligten. Es liegt auf der Hand, daß bei einer so ausgestalteten Kooperationsform die Gefahr bestand, daß es zu Mißverständnissen, Doppelarbeit oder gar zu überhaupt keiner Inangriffnahme der notwendigen Aufgabenverwirklichung kommen konnte, wenn nicht deutlich wurde, welcher der beiden Verwaltungsträger überhaupt hierzu befähigt und ermächtigt war[429].

---

428) **Laux**, Die Gemeinde 1967, 282; **Galette**, GO, § 55 Abs. 5, Erl. 2 und 5; **Koehler**, Die Gemeinde 1967, 349 (350 Rn. 1.31); undeutlich **Henf**, Die Gemeinde 1985, 321 (322f.).

429) **Willing**, Die Gemeinde 1976, 137 (141) führt diesen Umstand auch darauf zurück, daß "ohne große Beschlußfassung und ohne viel Formalitäten" den Ämtern die Ausführung der Beschlüsse überlassen wurde. Von dieser pragmatischen Überlegung heraus ist es nur ein kurzer gedanklicher Schritt zu der Annahme, daß der Entzug der auf das Amt

Abgesehen davon, daß die Qualität der Verwaltungsmaßnahmen unter den möglichen Unstimmigkeiten leiden konnte, hatte die jederzeitige Veränderbarkeit des in dem Verwaltungsvorgang beteiligten Trägers in der Verwirklichungsphase die Folge, daß der Bürger oft nicht ermitteln konnte, welcher der beiden Verwaltungsträger mit seiner Angelegenheit befaßt war.

Der schleswig-holsteinische Landesgesetzgeber hat dieses Dilemma erkannt und sich zum Ziel gesetzt, die Aufgabenverteilung zwischen Amt und Gemeinde sowie deren nähere Ausgestaltung einer gründlichen normativen Revision zu unterziehen.
Er legte nach langen Beratungen die obligatorische Beteiligung des Amtes in der Verwirklichungsphase der Selbstverwaltungsangelegenheiten fest.
Dabei hat der Gesetzgeber bei der Beschreibung der allgemeinen Stellung der Ämter durch § 1 I 3 AO ausdrücklich die Verwaltungsträgerschaft des Amtes ohne Einschränkungen auf bestimmte Aufgabenbereiche anerkannt (vgl. hierzu auch §§ 2 I Alt. 4, 11 LVwG/S-H) - ein Umstand, der als weiteres Indiz für die besondere Stellung und Aufwertung des Amtes als leistungsfähiger Hoheitsträger gegenüber der früher herrschenden Ansicht auch bei Erledigung der Selbstverwaltungsangelegenheiten zu gelten hat[430].

Allerdings läßt sich eine stichhaltige Begründung für die Annahme eines selbständigen Auftretens des Amtes beim Erlaß der Verwaltungsrechtsmaßnahme im Bereich der Selbstverwaltungsangelegenheiten mit dem Wortlaut des § 1 I 3 AO allein noch nicht erzielen, bestimmt diese Vorschrift doch nur, daß das Amt als Träger öffentlicher Verwaltung an die Stelle der amtsangehörigen Gemeinde tritt, soweit das Gesetz es zuläßt. Eine ausschließlich aufgrund dieser Formulierung gezogene Schlußfolgerung, daß das Amt als Wahrnehmungssubjekt mit eigener Verwal-

---

      übertragener Aufgaben auf ähnliche Weise vonstatten gehen könne.
430) Damit ist nunmehr auch normativ von der Auffassung, daß es sich beim Amt lediglich um die "Schreibstube der Gemeinde" handelt, abgerückt worden.

tungszuständigkeit nach § 3 I 1 AO agiert, stellt einen Zirkelschluß dar. Es würde dann mit einer Prämisse argumentiert werden, die es erst zu prüfen und festzustellen gilt. Es muß nämlich zunächst eigenständig ermittelt werden, ob durch § 3 I 1 AO das Amt ermächtigt wird, als Verwaltungsträger selbständig anstelle der Gemeinden tätig zu sein.

Als Anzeichen für eine (gesetzliche) Delegation ist indessen der Umstand zu werten, daß das Amt das alleinige Recht hat, sich organisatorisch durchzubilden und kraft normativer Anordnung auch gehalten ist, eine eigene Verwaltungseinrichtung und die erforderlichen Dienstkräfte zur Verfügung zu stellen[431]. Aufgrund dieser zwingend vorzunehmenden Vorkehrungen hinsichtlich seiner Verwaltungsressourcen und instrumentellen Voraussetzungen ist das Amt nunmehr dazu geeignet und in die Lage versetzt, die Verwirklichung der Beschlüsse der amtsangehörigen Gemeinden in vollem Umfange selbst gewährleisten zu können[432]. Die Gemeinde soll sich demgegenüber nach den Vorstellungen des Gesetzgebers eines Verwaltungsunterbaus und eigener Dienstkräfte entäußern (vgl. nur § 15 III 2 AO).

Die Verwaltungswirklichkeit zeigt, daß sich die vom Gesetzgeber gehegten Absichten realisiert haben, und die amtsangehörige Gemeinden in aller Regel mangels eines handlungsfähigen Wirkapparats zur eigenständigen Besorgung des Vollzugs ihrer Beschlüsse, zugegebenermaßen eine hochentwickelte Aufgabenstel-

---

431) Siehe §§ 1 III 1 AO und die Regelbestätigung durch die Ausnahmen nach § 1 III 2 und 3 AO.

432) In dem Zusammenhang sei erneut in Erinnerung gerufen, daß das Amt allein und ohne unmittelbaren rechtlichen Einfluß die Bedingungen seiner Handlungsfundamente durch vielfältige Vorkehrungen, insbesondere durch Organisations- und Geschäftsverteilungspläne, zu gestalten hat. Indes darf nicht ohne weiteres von der organisatorischen Eigenständigkeit auf eine eigenverantwortliche Wahrnehmung von Aufgaben geschlossen werden. Doch schafft der Umstand, daß dem Amt ein hochentwickelter Verwaltungsapparat zur Verfügung steht, deutliche Anhaltspunkte für eine rechtliche Übertragung auch qualitativ höherwertiger wahrzunehmender Funktionen mit regelmäßig eigenen Entscheidungsbefugnissen vgl. zu dem Problemkreis nur **Schmidt-Jortzig**, Organisationshoheit, S. 16f.

lung[433], instrumentiell überhaupt nicht mehr in der Lage sind.

/bbb/ **Inanspruchnahme des Amtes in verwaltungstechnischer Hinsicht**

Der vom Gesetz intendierte Verzicht der Gemeinden auf eine eigene Verwaltungseinrichtung mit dem dazugehörigen Personal soll nun dadurch wettgemacht werden, daß sich der Bürgermeister als der für den Erlaß der Außenrechtsmaßnahmen zuständige Amtswalter in "verwaltungstechnischer Hinsicht" des Amtes bedient[434].
Angesichts des Fehlens eigener, für die Realisierung der Beschlüsse erforderlichen organisatorischen und strukturellen Voraussetzungen, fragt es sich aber, über welchen gegenständlichen Bereich der Bürgermeister durch die "verwaltungstechnische" Inanspruchnahme des Amtes überhaupt verfügen kann.
Es ist der Verdienst von Galette, es versucht zu haben, den wenig aussagekräftigen und auslegungsfähigen Begriff der "verwaltungstechnischen Hilfe" und dessen Umfeld in einer Zusammenschau festzulegen.
Das Amt hat nach Galette seine Informationen, Ideen, insbesondere aber die technischen Einrichtungen seiner Behörde, im wesentlichen im Vorbereitungsstadium zur Erstellung des Außenrechtsprodukts einzubringen und auf diese Weise an der vom jeweiligen Bürgermeister allein verantwortlich wahrzunehmenden Verwaltungszuständigkeit für die Selbstverwaltungsangelegenhei-

---

433) N.N, Die Gemeinde 1950, 73 (76), bezeichnete das Tätigkeitsfeld noch als "täglicher Kleinkram". Daß der Vollzug der Beschlüsse in Außenrechtsmaßnahmen insoweit nicht als mechanischer Prozeß aufzufassen ist, wurde bereits hingewiesen.

434) **Galette**, GO, § 55 Abs. 5, Erl. 5 ; **Laux**, Die Gemeinde 1967, 282; **Koehler**, Die Gemeinde 1967, 349 in Nr. 1.13 jeweils in Anlehnung an die Formulierung der amtlichen Begründung des Änderungsgesetzes von 1966, Lt. Drucksache S-H, 1966, Nr. 646, S. 1 (13f.); ähnlich **Petersen**, Die Gemeinde 1968, 143f., wonach das Amt der "Erleichterung" der Verwaltungsarbeit der Gemeinde dienen soll; vgl. auch schon N.N., Die Gemeinde 1950, 73 (75f.) "technische Geschäftsführung durch das Amt".

ten mitzuwirken[435].

Ersten erheblichen Schwierigkeiten begegnet eine solche Betrachtung bereits deshalb, weil der jeweilige Bürgermeister die Eigenständigkeit der organisatorisch durchgebildeten Amtsverwaltung hinzunehmen hat, und ihm damit keine rechtlichen Möglichkeiten zur Verfügung stehen, auf den arbeitsmäßigen Ablauf innerhalb des Amtes Einfluß zu nehmen.

Aufgrund der vielfältigen Vorkehrungen des Amtes im Rahmen der Durchbildung der Aufbauorganisation, der Gestaltung des Betriebsablaufs, den festgelegten und eingespielten Einzelheiten zur Gewährleistung eines effizienten Geschäftsgangs innerhalb der Amtsbehörde bedarf es der Lösung zahlreicher Fragen, in welcher Weise eine Kooperation und Koordination der Hoheitsträger bei einem konkreten Verwaltungsvorgang auszugestalten ist, hat doch bei der vorgeschlagenen und skizzierten Aufgabenaufteilung der Bürgermeister ein weitgehendes Bestimmungsrecht und eine damit korrellierende Bestimmungspflicht bezüglich der auf das Amt zu überbürdenden Aufgabenqualität und -quantität.

Bei der von Galette gewählten Aufgabenteilung und der damit zusammenhängenden Bestimmung der Rolle des Amtes ergeben sich in erheblichem Maße Unsicherheiten, wie eine sachgerechte, sinnvolle und effiziente Abstimmung der letztlich allein den Bürgermeistern obliegenden Aufgabenerledigungsverantwortung zu erreichen ist[436]. Es wurde bereits deutlich gemacht, daß die Amtsverwaltung regelmäßig nach dem Liniensystem, also dem Prinzip der vertikalen Über- und Unterordnung der einzelnen Mitarbeiter, aufgebaut ist. Da der Bürgermeister ausdrücklich aus der Hierarchie der Leitungsgewalt ausgegrenzt ist, ist unklar, wie der (regelmäßig) ehrenamtliche Bürgermeister neben seinen sonstigen Aufgaben die Erledigung der Beschlüsse der

---

435) **Galette**, GO, § 55 Abs. 5, Erl. 5.
436) Zu den tatsächlichen Schwierigkeiten eines Einwirkens durch außerhalb der Verwaltungsorganisation stehenden Personen nur **Isensee**, Die typisierende Verwaltung, S. 190; **Bosetzky/ Heinrich**, VR 1986, 37 (39f.), **Mayer**, Geschäftsgang, 297 (311f.).

Gemeindevertretung einschließlich des genannten zu beachtenden Entscheidungsumfelds wahrnehmen will[437].

Insbesondere muß die Frage aufgeworfen werden, wie sich denn der mit der Änderung der AO vornehmlich angestrebte Entlastungseffekt für den Bürgermeister bei der Bewältigung der Verwaltungsaufgaben[438] realisieren soll, wenn die von Galette vorgeschlagene Auffassung von der kommunalen Zusammenarbeit zwischen Amt und Gemeinde zugrunde gelegt wird[439]. Auch bei einer Beauftragung des Amtes mit der Bewerkstelligung der technischen Modalitäten der Beschlußausführung und der Erledigung routinemäßiger Entscheidungen muß der Bürgermeister, will er seiner von ihm dann noch geforderten Verwirklichungsverantwortung gerecht werden, weiterhin an einer Vielzahl von Verwaltungsvorgängen teilhaben. Er müßte sich bei einem derartigen Verständnis die schwierigen, seltenen, weittragenden und komplexen Ausführungsentscheidungen vorbehalten, für die keine oder nur unzureichende Problemlösungsverfahren existieren. Vergleicht man die naheliegende Konsequenz mit dem zugrundeliegenden angestrebten Konzept, das zur Neufassung des § 3 I 1 AO geführt hat, so wird die Diskrepanz augenscheinlich. Der Bürgermeister muß die an ihn gestellten Ansprüche auch höchstpersönlich bewerkstelligen, da er sich nicht einmal auf einen kleinen gemeindeeigenen Verwaltungsunterbau stützen kann.

---

437) Zu den Anforderungen, die an den Bürgermeister als Führungsperson, insbesondere in der Gestaltung der Zusammenarbeit, gestellt werden müssen, siehe nur **Laux**, AfK 22 (1983), S. 209ff. (insb. S. 217f.).

438) Dazu statt vieler nur **Petersen**, Die Gemeinde 1965, 2 (4); **Becker**, Die Gemeinde 1965, 6ff. (bes. S. 8); **Geiger**, Die Gemeinde 1967, 4; **Matthiesen**, Die Gemeinde 1964, 174; **Kujath**, Die Gemeinde 1964, 179; **Willing**, Die Gemeinde 1976, 137 (141f.); **Schlegelberger**, Sten. Bericht Lt. S-H, 5./ S. 1895, **Schoof**, Sten. Bericht Lt. S-H, 5./ S. 2219-2221; N.N., Die Gemeinde 1966, 33 (35); vgl. auch schon N.N., Die Gemeinde 1950, 73 (74); **Dietrich**, Die Gemeinde 1950, 75.

439) Auf die Koordinierungsprobleme einer pluralisierten Verwaltung und den Grenzen des Weisungsrechts bei Aufteilung der Verwaltungsaufgabe auf unterschiedliche juristische Personen weist **Bryde**, VVDStRL 46 (1988), 181 (196ff.) hin.

Die Belassung der weitgehenden Verwirklichung der Beschlüsse beim jeweiligen Bürgermeister würde deshalb nahezu zwangsläufig, trotz bester Absichten, zu qualitätsgeminderten Verwaltungsentscheidungen führen, insbesondere dann, wenn seitens der anderen Gemeindeorgane mit Nachdruck die Forderung nach weitgehender eigenhändiger Erledigung betrieben wird.

/ccc/ Stellungnahme

Bei einer fortbestehenden ausschließlichen Verantwortungszuweisung bezüglich der Beschlußverwirklichung an den Bürgermeister und der Heranziehung des Amtes zur bloßen technischen Hilfeleistung würde desweiteren ein besonderes Bedürfnis nach Zusammenarbeit der Gemeinde in anderen Formen erzeugt[440].
Die grundsätzliche Kooperationsfreiheit[441], also die Befugnis, eine interkommunale Kooperationsform in Anspruch zu nehmen, erfährt indes für die amtsangehörigen Gemeinden durch die normativen Anordnungen des GkZ/S-H deutliche Einschränkungen[442]. Ausdrückliche argumentative Unterstützung findet der Begründungsansatz, daß es in einem nicht unerheblichem Maße allein dem Amt obliegen soll, insgesamt die kommunale Leistungsfähigkeit der ländlichen Gemeinden zu heben, in § 27 1 GkZ/S-H, der als Sonderregelung für amtsangehörige Gemeinden nachdrücklich einen Übergang der bis dato bestehenden interkom-

---

440) Zu den Grundlagen interkommunaler Zusammenarbeit und ihre Erscheinungsformen nur **Rengeling**, HdKWP II, S. 386ff.
441) Begriff von **Schmidt-Jortzig**, Kommunalrecht, Rn. 389; ders., Organisationshoheit, S. 196f. m.w.N. in Fn. 128; ders., Festgabe v. Unruh, S. 525ff.; vgl. auch **Duvenbeck**, Interkommunales Zusammenwirken und Art. 28 II GG, S. 81f., 86f., 93; v.**Mutius**, Gutachten E zum 53. DJT., S. 139f.; ders., Probleme mehrstufiger Erfüllung, S. 19 (46f.); **Wolffgang**, Interkommunales Zusammenwirken, S. 6ff.
442) Vgl. für den Zusammenschluß zu einem Zweckverband § 2 III GkZ/S-H; für die öffentlich-rechtliche Vereinbarung § 18 I letzter Satz i.V. mit § 2 III; sowie die Regelungen des § 23 I GkZ/S-H.

munalen Zusammenarbeitsformen auf das Amt vorgesehen hat[443]. Erklärtes Ziel dieser Regelung ist es, zu einer weitgehenden Reduzierung der Anzahl der kommunalen Zweckverbände im Bereich ländlicher Kleingemeinden zu gelangen, um so die Leistungskraft der Verwaltung durch eine Verbesserung der Übersichtlichkeit und Klarheit des Verwaltungsaufbaus zu erhöhen.
Durch diese Bestimmung wird deutlich, daß das Amt nicht lediglich als Hilfsinstrument zur beliebigen Inanspruchnahme konzipiert ist, sondern daß die Einbeziehung des Amtes bei der Erledigung der Selbstverwaltungsangelegenheiten über eine bloße verwaltungstechnische Inpflichtnahme hinausgehen muß, soll das Ziel erreicht werden, daß das Amt den freiwilligen Zusammenschluß der unterschiedlichen Organisationsformen gemeinschaftlicher Aufgabenerfüllung entbehrlich macht.

Wenn die Einschaltung des Amtes das Betätigungsfeld der Gemeinde innerhalb anderer kommunaler Kooperationen, insbesondere dem Zweckverband als beherrschender Form des interkommunalen Zusammenwirkens ohne Minderung der bisherigen Erledigungsqualität ersetzen soll, so muß der tatsächlichen Verwaltungskraft und Entlastungsfähigkeit des Amtes ein erhebliches Gewicht zugemessen werden können.
Dem Erfordernis muß Rechnung getragen werden, wenn nicht der Vorwurf berechtigt sein soll, daß der weitgehende Verlust der bisher vorherrschenden interkommunalen Organisationsformen zu einer unzulänglichen Aufgabenerledigung für die Gemeinden führt.

---

443) Zu der erklärten Absicht des Gesetzgebers, die weiteren kommunalen Zusammenarbeitsformen durch die Änderung der Amtsordnung zu beschneiden nur **Schlegelberger**, Sten. Bericht Lt. S-H, 5./ S. 1966; ders., Sten. Bericht Lt. SH, 5./ S. 2227-2231 " aus den doch nur aus der Not geborenen Zweckverbänden herauszukommen"; **Thee**, Sten. Bericht Lt. S-H, 5./ S. 1900/01; Schleswig-Holsteinische Gemeindetag zum Regierungsentwurf des § 5 I 1 AO, abgedruckt auszugsweise in, Die Gemeinde 1976, 137 (142); Sachverständigengutachten, S. 13, 189, 193; auch schon **Hütteroth**, Die Gemeinde 1950, 182 (184); allgemein zum Erfordernis der Verringerung der interkommunalen Kooperationen nur **Oebbecke**, DÖV 1983, S. 99f.; **Rengeling**, DVBl. 1976, S. 353 (355f.).

Es steht außer Zweifel, daß der Zweckverband als mit eigener Rechtspersönlichkeit ausgestattete öffentlich-rechtliche Körperschaft anstelle der ihm angehörenden Gemeinden in seinem Hoheitsgebiet im eigenen Namen die ihm übertragenen Aufgaben als Träger der Eigen- oder Endzuständigkeit wahrnimmt[444].
Wenn dem Amt im Rahmen des § 3 I 1 AO schon nicht die sachliche Trägerschaft (Endzuständigkeit) zugebilligt werden kann, dann erscheint es angebracht, ihm durch den Durchführungsauftrag für die gemeindlichen Selbstverwaltungsangelegenheiten zumindest die Wahrnehmungszuständigkeit zuzubilligen. Eine bloße technische Unterstützung und Hilfe für den jeweiligen Bürgermeister kann nicht die Gewähr für einen vollwertigen Ersatz für die vom Gesetzgeber unerwünschten kommunalen Zweckverbände bieten. Nur eine eigenständige und selbstverantwortliche Verwaltungszuständigkeit als Ergebnis einer dauerhaften und ausgewogenen Aufgabenverteilung kann Erwartungen an die zweckverbandsgleiche Wirkweise des Amtes erfüllen und Garantien für einen umfassenden, gleichmäßigen und sachgerechten Vollzug der Gemeindebeschlüsse geben.

Unterstrichen wird diese Auffassung durch § 5 I 1 AO, der es der Gemeinde ermöglicht, die vollständige Erledigung der Selbstverwaltungsangelegenheiten[445] zu übertragen. Die Formulierung "über die Regelung des § 3 I 1 AO hinaus" läßt im Umkehrschluß vermuten, daß es sich bei dem verwendeten Terminus der "Durchführung" um eine Aufgabenerledigungsqualität handeln muß, die weit über reine Hilfestellungen hinausgeht.
Das weitere Verbleiben der ausschließlichen Verwirklichungsver-

---

[444] Vgl. § 3 I 1 GkZ/S-H, wonach daneben das Satzungs- und Verordnungsrecht der ursprünglichen kommunalen Träger auf den Zweckverband übergeht; ausführlich statt vieler auch **v. Mutius**, Probleme mehrstufiger Erfüllung, S. 19 (49), der den Übergang von Aufgaben konsequent als echte Delegation bezeichnet; **Schmidt-Jortzig**, Kommunalrecht, Rn. 392f.; **Wolf/ Bachof/Stober**, VwR II, § 91; **Rengeling**, HdKWP II, S. 385 (406ff. insb. 407); **Ottens**, Gemeinderecht, S. 246; **Pagenkopf**, Kommunalrecht I, S. 196.

[445] Hierbei handelt es sich um eine devolvierende Delegation, also auch eine Übertragung der Eigen- oder Endzuständigkeit.

antwortung für die Gemeindebeschlüsse beim Bürgermeister der jeweiligen Gemeinde ließe zudem die Frage entstehen, wie die Vorschrift des § 3 I 2 AO zu verstehen ist. Bei der vorgenommenen Aufgabenteilung in der Realisierungsphase ist der Umfang der auf das Amt übertragenen Aufgabenwahrnehmung weitgehend vom Bürgermeister abhängig und durch diesen beeinflußbar. Zwar wird angesichts des eindeutigen Wortlauts des § 3 I 1 AO anerkannt, daß das Amt bei der Ausführung jedenfalls zu beteiligen ist. Offen bliebe jedoch, in welcher Intensität dies erfolgen muß. Soll unter "Durchführung" lediglich eine handreichende und untergeordnete Handlungsmacht verstanden werden, nicht aber die Übertragung der Wahrnehmungszuständigkeit auf das Amt, so kann nicht einleuchten, warum der Gesetzgeber das streng formale Erfordernis der Zustimmung der Kommunalaufsichtssichtsbehörde vorschreibt, will sich die Gemeinde die Durchführung einzelner Selbstverwaltungsaufgaben vorbehalten. Der Sinn der Ausnahmeregelung erschließt sich erst, wenn nicht nur eine unterstützende Amtstätigkeit beim Vollzug der Selbstverwaltungsangelegenheiten im Rahmen der Durchführung für zulässig erachtet wird, sondern eine eigenständige und selbstverantwortliche Verwaltungszuständigkeit[446].

Bei der Bewertung der von Galette aufgestellten Annahmen über die Stellung des Amtes besteht im übrigen in einem außerordentlichen Maße die Gefahr, daß schon aus zeitlichen Gründen die Inangriffnahme der politischen Aufgaben, die eigentlich dem Bürgermeister obliegen, innerhalb der Gemeinde ins Hintertreffen geraten.

/ddd/ Sachliche Verantwortung des Bürgermeisters

Das gewichtigste rechtliche Argument[447] zur Begründung eines Verbleibs der Verwaltungswahrnehmungszuständigkeit beim Gemeindebürgermeister ist schließlich die Anordnung in § 55 V 2 Alt. 2 i.V. mit § 49 T 3 Alt. 1 GO, wonach der Bürgermeister die

---

446) **Schoof**, Sten. Bericht Lt. S-H, 5./ S. 2219-2221; **Schlegelberger**, Sten. Bericht Lt. S-H, 5./ S. 2227-2231.
447) Insbesondere **Galette**, GO, § 55 Abs. 5, Erl. 1, 5.

sachliche Verantwortung für die Erledigung der Aufgaben behält. Nun ist das starke politische und funktionale Gewicht nicht zu übersehen, welches dem Organ Bürgermeister einer amtsangehörigen Gemeinde nach den Änderungen der einschlägigen Kommunalgesetze auch heute noch beizumessen ist, offenbart es sich doch in umfänglichen Zuständigkeiten mit einer Vielzahl von zu erledigenden Aufgaben und zu erwägenden Gestaltungsmöglichkeiten[448].

Höchst bedenklich mutet indessen die Behauptung an, das Feld der Bürgermeisterverantwortung bezöge sich weiterhin grundsätzlich auf den Gesamtbereich der Erledigung der Selbstverwaltungsangelegenheiten der Gemeinde, im besonderen auch auf die außenwirksame Ausführungsphase.

Die Autoren, die eine umfassende Verwaltungszuständigkeit weiterhin beim Bürgermeister ansiedeln wollen, stützen sich dazu im wesentlichen auf die amtliche Begründung zur Änderung der AO von 1966[449].
Dort heißt es: "Die Aufgabe des Amtes ist verwaltungstechnischer Art. Die Verantwortlichkeit des Bürgermeisters der amtsangehörigen Gemeinden (§§ 49 I, 56 I GO) bleibt unberührt"[450].

Dagegen ist schon einzuwenden, daß eine amtliche Begründung in

---

448) Neben seinen repräsentativen und rechtlichen Ausübungsrechten, die sich aus der Stellung als Gemeindevertretungsvorsitzender ergeben, kommen ihm noch weitere Wahrnehmungszuständigkeiten zu. Erwähnt seien nur die Vorbereitung der Vertretungs- und Ausschußbeschlüsse (§ 55 V 2, Alt. 1 i.V. mit § 49 I 2 Alt. 1 GO), das Eilentscheidungsrecht (§ 55 V 2, 2. Hs. i.V. mit § 49 III GO), das Widerspruchsrecht (und -pflicht) gegen Beschlüsse der Gemeindevertretung und der Ausschüsse (§§ 43, 47 I,III GO), die Entscheidungen nach Übertragung durch die Gemeindevertretung gemäß § 27 I 2 GO sowie das Unterzeichnungsrecht für die Verpflichtungserklärungen für die Gemeinde (§ 55 V 2 , letzter Hs. i.V. mit § 50 II 2 GO).

449) **Galette**, GO, § 55 Abs. 5, Erl. 2; **Laux**, Die Gemeinde 1967, S. 242; **Koehler**, Die Gemeinde 1967, S. 349 Nr. 1.12 mit Fn. 5.

450) Amtl. Begründung des Änderungsgesetzes der AO, Lt. Drucksache S-H, 1966, Nr. 646, S. 1f.

ihrem materiell-rechtlichen Aussagewert nur sehr bedingt geeignet ist, eine derart bedeutungsvolle Beweisführung zu ermöglichen. Dies wird methodisch vor allem darin deutlich, daß dann die zahlreichen normativen Anordnungen und Regelungen sowie die bereits herausgestellten tragenden Gesichtspunkte und Überlegungen aus dem Entwicklungsprozeß der Amtsverfassung ausgeblendet werden, die in eine entgegengesetzte Ansicht weisen[451].

Die Vehemenz, in der diese Literaturansicht vorgebracht wird, aber auch die häufigen Konfliktsituationen in der Verwaltungspraxis machen es aber darüberhinaus nötig, die komplexe Problematik um die Verantwortung des Bürgermeisters einer amtsangehörigen Gemeinde für die Erledigung der Selbstverwaltungsaufgaben grundsätzlich aufzuarbeiten, hängt von der Beantwortung der Fragestellung letztlich die Bestimmung des für den Erlaß der Verwaltungsrechtsmaßnahmen zuständigen Trägers ab[452].

Definitorische Schwierigkeiten bereitet bereits die Bestimmung und Kennzeichnung dessen, was in dem hier gegebenen Zusammenhang rechtlich unter "Verantwortung" verstanden werden kann.
Die weiter zu klärende Frage ist, wem gegenüber eine Verantwortlichkeit des Bürgermeisters ausgemacht werden kann. Solange hierzu keine Antwort gegeben wird, bleibt eine Argumentation unschlüssig, wenn sie mit Hilfe einer derart vagen Verantwortungsfigur die Zuständigkeit des Bürgermeisters für den Erlaß von Außenrechtsmaßnahmen seiner Gemeinde begründen will.
Nun wird man an der politischen Verantwortlichkeit des Bürger-

---

451) Gegen die einseitige Hervorhebung resp. Vernachlässigung von Textpassagen aus der amtlichen Begründung **Laux**, Die Gemeinde 1967, S. 282.

452) Der Umkehrschluß ergibt sich aus dem postulierten, allgemein anerkannten verfassungs- und verwaltungsrechtlichen Grundsatz, wonach von dem Hoheitsträger (-organ) Rechenschaft zu fordern ist, der mit distribuierter Herrschaftsmacht und mit rechtlichen und tatsächlichen Möglichkeiten zum Agieren und Erfüllen der Aufgaben ausgestattet ist; vgl. auch **Zimmer**, Funktion-Kompetenz-Legitimation, S. 173; **Stettner**, Kompetenzlehre, S. 272; **Erichsen**, StaatsR. und VfGbkt. II, S. 89; BVerfGE 9, 268 (281); 45, 297 (332,334).

meisters nicht zweifeln können, die nach § 40a GO äußerstenfalls sogar mit seiner Abberufung enden kann. Die Rechtfertigung einer solchen Inpflichtnahme gründet sich auf dem erheblichen und eigenständigen politischen Ansehen, welches der (ehrenamtliche) Bürgermeister durch seine Stellung als Vorsitzender der Gemeindevertretung erlangt. Die hiermit verbundene Leitungs- und Zuarbeitsfunktion einschließlich des daraus resultierenden Geltunganspruchs[453] sowie der Repräsentation[454] der Gemeinde läßt ihn zu einer Autorität mit einem erheblichen politischen Gewicht werden.

Das Innehaben und die Verzweigtheit seiner vielfältigen politischen Einwirkungs- und Entscheidungsmöglichkeiten setzen ihn im besonderen Maße dem Lob und der Kritik der gemeindlichen Öffentlichkeit aus[455] [456].

Die sich daraus letztlich ergebende Fragestellung ist, ob aus

---

[453] Zum politischen Gewicht des Gemeindevorstehers allein schon durch seine Zuarbeit und Vorbereitung der Beschlüsse der Gemeindevertretung mit dem damit verbundenen erheblichen Einfluß auf die allgemeine Führung und Leitung der Geschicke der Gemeinde nur **Schmidt-Jortzig**, Kommunalrecht, Rn. 230-232; **Wehling**, HdKWP II, S. 230 (232); **Lehmann-Grube**, HdKWP II, S. 119 (127); **Henf**, Die Gemeinde 1985, S. 321f.

[454] Die hier als das politische und gesellschaftliche Auftreten für die Gemeinde in der Öffentlichkeit aufgefaßt werden soll.

[455] Zu den Ausprägungen und der Wirksamkeit der politischen Verantwortung der Kontrolle durch die Öffentlichkeit für die kommunalen Entscheidungsorgane **Püttner**, HdKWP II, S. 435 (438); **Frotscher**, Festgabe v.Unruh, S. 127 (132,147), der die Rückkoppelung des politischen Handelns der kommunalen Entscheidungsorgane durch die Öffentlichkeit im Rahmen der "responsiven Demokratie" für geradezu unerläßlich für den demokratiefördernden Aspekt der kommunalen Selbstverwaltung einstuft; siehe auch **Schmidt-Jortzig**, Kommunalrecht, Rn. 226f.; ders, Organisationshoheit, S. 250f.; zum Einfluß der Medien bei der politischen Kontrolle nur **Wimmer**, NJW 1982, 2793ff.; **Staak**, Festgabe v. Unruh, S. 715ff. m.w.N.

[456] Keiner besonderen Erwähnung bedarf der Umstand, daß über die Gemeinde auch der Bürgermeister hinsichtlich der Wahrnehmung seiner eigenverantwortlichen Aufgabenwahrnehmung der staatlichen Kommunalaufsicht unterliegt (§§ 9, 120ff. GO); zur Kommunalaufsicht ausführlich nur **Bracker**, in Festgabe v. Unruh, S. 459ff.

§§ 55 V 2 i.V. mit 49 I 3 Alt. 1 GO auf eine auf ein Verantwortungsmonopol hinauslaufende Einstehenspflicht des Bürgermeisters für die Verwirklichung der gemeindlichen Beschlüsse geschlossen werden kann.
Als Verantwortungsrichtung für die sachgerechte, vollständige und zweckgerichtete Umsetzung der gemeindlichen Willensäußerungen kommt hier im wesentlichen nur der "Absender", die Gemeindevertretung, in Betracht.

Die Geltung der Amtsverfassung führt nicht zu einer unzulässigen Beschränkung der durch Art. 28 II GG verfassungsrechtlich garantierten Selbstverwaltungsaufgaben für die amtsangehörigen Gemeinden durch Aufstellen eines Katalogs von Aufgaben, die nunmehr ihrem Regelungszugriff entzogen und einem anderen Hoheitsträger zugewiesen werden[457].
Es wird ihnen weiterhin gewährleistet (und diese Überlegung stand auch bei den Beratungen zur Amtsverfassung im Zuge der Funktionalreform im Vordergrund), innerhalb des ihnen verfassungsrechtlich zugesicherten universellen Wirkungskreises die spontane und durch die Regelungen der AO nicht beschränkte grundsätzliche Willensbildungs- und Entscheidungskompetenz über ihren örtlichen Wirkungskreis durch eigenständige, gestalterische Sachregelungen wahrzunehmen[458].
Der auch durch die Einbeziehung der Ämter nicht eingeschränkte gemeindliche Aufgabenbestand garantiert der amtsangehörigen

---

457) So beispielsweise in Niedersachsen, wo den Samtgemeinden eine Vielzahl von Selbstverwaltungsaufgaben zur alleinigen Erledigung übertragen worden sind (vgl. §§ 72 I Nr. 1 bis 5 NdsGO).

458) Aus den unübersehbaren zahlreichen Literaturnachweisen zu den Kompetenzfächern und Ausprägungen des Selbstverwaltungsrechts nur **Knemeyer**, in Festgabe v.Unruh, S. 209 (221ff.); **v. Mutius**, Festgabe v. Unruh, S. 227 (244ff.); **Blümel**, Festgabe v. Unruh, S.265ff. jeweils mit zahlreichen Nachweisen; **Schmidt-Jortzig**, Kommunalrecht, Rn. 462f.; **Püttner**. HdKWP III, S. 3 (6ff.); zu den gestalterischen Einflußmöglichkeiten auch einer kleinen ländlichen Gemeinde nur **Jändling**, Die Gemeinde 1986, 32.

schleswig-holsteinischen Gemeinde einen Aktionsraum[459], der die bürgerschaftliche Mitwirkung und die grundsätzliche Teilhabe am Gestaltungs-und Entscheidungsprozeß des örtlichen Bereichs ermöglicht[460].

Trotz der angedeuteten Gefährdungstendenzen gewährleistet die Zuerkennung von Selbstverwaltungsaufgaben mit ihren politischen Gestaltungs- und Entscheidungsräumen typische Aufgabenfelder, die den Gegenstand des gemeindlichen Selbstverwaltungsrechts kennzeichnen. Sie bieten die prinzipielle Möglichkeit zur individuellen Betonung der örtlichen Interessen und Besonderheiten sowie zur Einbringung von fachlichen Fertigkeiten und Sachkunde der Gemeindeeinwohner[461].

Wie bereits erwähnt, bedürfen die mit Wertungen und Entscheidungskriterien befrachteten Willensbildungsentscheidungen der

---

[459]) Die tatsächliche Inangriffnahme und Realisierbarkeit einer Vielzahl von Aufgaben des gewährleisteten Rechts der kommunalen Selbstverwaltung ist indes von zahlreichen Faktoren wie der Größe der Gemeinde, fachspezifische Sachzwänge und im besonderen von der finanziellen Schlagkraft der Gemeinde abhängig; vgl. zur tatsächlichen Lage und den Bedrohungen des gemeindlichen Aufgabenbestandes und seiner eigenverantwortlicher Wahrnehmung statt anderer eingehend und eindrucksvoll **v. Mutius**, in Festgabe v. Unruh, S. 227ff.

[460]) Die politisch-demokratische Funktion hat insbesondere **v. Mutius**, Gutachten E zum 53 DJT 1980, S. 24f. betont; siehe auch ders., in Festgabe v. Unruh, S. 227 (244); **Frotscher**, Festgabe v. Unruh, S. 127 (131f.); **Rehn**, Festgabe v. Unruh, S. 305; **Berg**, BayVBl. 1982, 552f.; **Zahn**, Einstellung des Bürgers zu seiner Gemeinde, passim; **Hill**, Die Rolle des Bürgers, passim; **Blümel**, VVDStRL 36 (1978), 171 (228f.).

[461]) Zu den örtlichen Belangen und den Gelegenheiten zur politischen Mitwirkung und den Gestaltungsentscheidungen auf kommunaler Ebene statt vieler nur **Schmidt-Jortzig**, Kommunalrecht, Rn 465f.; ders., Kommunale Organisationshoheit, S. 43f., 56f.; ders., ZG 1987, 193 (194); ders., DVBl. 1980, 1 (3); **Püttner**. HdKWP II, S. 3 (7f.); **Schmidt-Aßmann**, HdKWP III, S. 182; **Bork**, HdKWP III, S. 324f.; **Hoppe**, Festgabe v. Unruh, S. 555 (564), der gar von einer "Chance zur Selbstverwirklichung" spricht; **v.Mutius**, Festgabe v. Unruh, S. 227ff (bes. S. 245f.) mit zahlreichen Nachweisen; **Frotscher**, Festgabe v. Unruh, S. 127 (133f.), der insbesondere in der durch das Selbstverwaltungsrecht gewährleisteten Planungshoheit ein Mittel sieht, der Gemeinde ein eigenes Gepräge zu verleihen.

Gemeindevertretungen indes regelmäßig der Umsetzung und Konkretisierung, um als außenwirksamer Rechtsakt bestehen zu können[462]. Der Erlaß der konkreten Anordnungen gegenüber den Drittpersonen[463] mit den von der Gemeindevertretung angelegten, erklärten, gewünschten und erhofften Wirkungen sowie die Besorgung der laufenden Verwaltung liegt in der Hand des Konkretionsorgans, der Verwaltung.
Damit weitgehend gewährleistet ist, daß die intendierten Wirkungen der Beschlüsse auch eintreten und in ihrem Sinn verwirklicht werden, hat die Gemeindevertretung, der selbst der Erlaß der konkreten Außenrechtsmaßnahmen verwehrt ist, neben ihren umfassenden Willensbildungs- und Lenkungsfunktionen als notwendiges Korrelat das Recht der umfassenden Überwachung (§§ 27 II, 30 GO, "Grundsätze und Richtlinien" arg. § 49 I 1 GO)[464].
Durch die Überwachungs- und Kontrollrechte sowie die strikte Bindung der Gemeinde- und Amtsorgane an die Beschlüsse der Gemeindevertretung soll eine Verwirklichung gewährleistet werden, die sich im Einklang mit der gemeindlichen Willensbildung befindet und gegebenfalls jederzeit sichergestellt werden kann[465].

---

[462] Es ist beispielsweise bei einer Abgabensatzung die Konkretisierung des jeweiligen Einzelfalls durch eine Verwaltungsmaßnahme als Begründung einer Verhaltenspflicht für einen Einzelnen und als Grundlage für mögliche Vollstreckungsmaßnahmen vorzunehmen. Zu weiteren Fällen nur **Schmidt-Aßmann**, HdKWP III, S. 182 (188).

[463] Zum Begriff **Wolff/Bachof**, VerwR II, § 75 I d 5.

[464] Zur Überwachungskompetenz der Gemeindevertretung nur **Schmidt-Jortzig**. Kommunalrecht, Rn. 194f.; **Lehmann-Grube**, HdKWP II, S. 119 (122f.); **Frowein**, HdKWP II, S. 81 (85f.).

[465] Die der Gemeindevertretung zur Verfügung stehenden Instrumente sind vielfältiger Natur. Als praktisch höchst relevant und Voraussetzung für mögliche weitergehendere Kontrollrechte stellt sich das umfassende Informationsrecht gemäß § 27 II GO dar. Der Katalog reicht dann weiter über Akteneinsichts- (§§ 30 II 1 GO), Beratungsrechte mit der jederzeitigen Möglichkeit der neuen Beschlußfassung. Sinn und Zweck der Regelung ist die Sicherstellung der Konformität des Verwirklichungshandels, insbesondere die Gewährleistung der Berücksichtigung der intendierten Zweckmäßigkeitsvorstellungen, wodurch ein Schutz und eine Förderungsfunktion für die kommunale Selbstverwaltung erkennbar wird.

Die Gemeindevertretung ist somit in der Lage, mögliche Korrekturen oder gar Gegenmaßnahmen zu ergreifen, wenn sie es für angebracht hält. Desweiteren besteht die Möglichkeit, im Wege einer Analyse die negativen Erfahrungen zukünftig zu verwerten. Nach § 30 I 2 GO ist es in amtsfreien Gemeinden der mit der Konkretion befaßte Bürgermeister, in Städten der Magistrat, welcher der Überwachungszuständigkeit der Gemeindevertretung unterliegt.
Nach § 30 V Hs.1 GO tritt aber bei der amtsangehörigen Gemeinde an die Stelle des Bürgermeisters der Amtsvorsteher. Mit dieser Regelung ist ausdrücklich bestimmt, daß die Gemeindevertretung berechtigt ist, sich beim Amtsvorsteher von der Durchführung[466] ihrer Beschlüsse zu überzeugen. Deshalb ist er es also, der in seiner Mediatstellung für die Verwirklichung der Beschlüsse durch das Amt im Verhältnis zum gemeindlichen Willensbildungsorgan im Rahmen einer Rechenschaftspflicht Rede und Antwort zu stehen hat. Wenn aber der Amtsvorsteher und nicht der Bürgermeister den umfänglichen Überwachungsrechten mit ihren auf das außenwirksame Verwaltungsendprodukt bezogenen inhaltlichen Gestaltungsanordnungen der Gemeindevertretung unterliegt, dann ist es auch nur folgerichtig, das Amt als Vollzugsorgan seiner amtsangehörigen Gemeinden anzuerkennen.

Die aufgezeigte weitreichende Konsequenz könnte der Gesetzgeber aber durch eine auf den ersten Blick zunächst wenig glückliche Bestimmung vereiteln, wenn er in dem Verantwortungsgefüge der Verwaltungsebenen Amt und Gemeinde nicht nur dem Amtsvorsteher eine sachliche Verantwortung für die Erledigung der Aufgaben zuweist (§ 12 II 3, Alt. 1 AO), sondern ebenfalls dem Bürgermeister der amtsangehörigen Gemeinde (§§ 55 V 2 Alt.2 i.V. mit 49 I 3 Alt. 1 GO).
Daraus könnte auf eine Verschmelzung der Tätigkeitsbereiche der

---

[466] Es sei nochmals ausdrücklich darauf hingewiesen, daß der Gesetzgeber hier ebenfalls den Begriff der Durchführung gewählt hat, der unbezweifelt als Recht des Bürgermeisters zur außenwirksamen Verwirklichung der Beschlüsse durch den Erlaß von Außenrechtsmaßnahmen angesehen wird.

beiden kommunalen Organisationseinheiten zu dem einheitlichen Bereich "Erledigung der Selbstverwaltungsangelegenheiten" geschlossen werden, in welchem der jeweilige Bürgermeister die überragende Gesamtverantwortung für die vollständige Aufgabenerledigung trägt.

Gegen eine derartige Betrachtungsweise würden jedoch Bedenken zu erheben sein, die sich aus der Forderung nach einer funktionalen und organisatorischen Entflechtung und eindeutigen Verantwortungsgliederung ergeben, einem Postulat, welches insbesondere bei einer mehrstufigen Aufgabenerledigung durch zwei organisatorisch selbständige Hoheitsträger aufgestellt wird[467].
Es kann nicht an der sachlichen Verantwortung des Bürgermeisters für die ordnungsgemäße Erledigung der Aufgaben gezweifelt werden, die ihm als eigenständige und von der Zuständigkeitsausübung der Gemeindevertretung unabhängigen Wahrnehmungszuständigkeiten auch unter Geltung der AO übertragen sind.
Das Gesetz gibt indessen letztlich durch § 30 I, V GO den eindeutigen Hinweis, daß dem Bürgermeister einer amtsangehörigen Gemeinde nicht eine allumfassende Verantwortlichkeit für die sachliche Erledigung überlassen wird, sondern vielmehr im Gegenteil der Amtsvorsteher in der Verantwortungsrichtung zur Gemeindevertretung allein die ordnungsgemäße und vollständige, zweckrichtige Beschlußverwirklichung, also dem Vollzug, zu verantworten hat.

/eee/ Einwand von Laux

Schließlich ist der Einwand von Laux zu untersuchen, der die unbedingte Beibehaltung der Verwaltungswahrnehmungszuständigkeit beim Bürgermeister aus Gründen der Rechtssicherheit für nötig erachtet[468].

---

467) Auf die grundsätzlich geforderte Trennung der Verwaltungsräume sowie den Grenzen der Zulässigkeit der sog. Verbund- oder Mischverwaltung wurde bereits hingewiesen.
468) **Laux**, Die Gemeinde 1967, 282f.

Als Begründung für die allenfalls anzunehmende Mandatierung des Amtes durch die Gemeinde wird angeführt, daß der Bürgermeister ein Steuerungsmittel brauche, um eventuellen Fehlläufe bei der Realisierung der Gemeindevertretungsbeschlüsse durch das Amt entgegenwirken zu können. Die verbleibende Unterschriftsbefugnis mit einem Evokationsrecht für die Außenrechtsmaßnahmen seien das hierfür geeignete Mittel. Erlassende Behörde einer Außenrechtsmaßnahme kann daher nach Laux nur die Gemeinde sein; eine außenrechtswirksame Durchführung durch das Amt kann nur im Auftrage und namens der Gemeinde erfolgen[469].

Laux übersieht bei seinem Argumentationsansatz die strikte Bindung des Amtes an die Beschlußfassung und den damit verfolgten Zwecken der Gemeinde, wie es § 3 I 1 AO ausdrücklich normiert[470].
Die Bindungswirkung gewährleistet gerade, daß die von der Gemeinde intendierten Wirkungen in den Verwirklichungsbemühungen ihren Niederschlag zu finden haben. Eine Abweichung, die die gemeindlichen Willensbildungs- und Entscheidungsäußerungen um ihren Sinn bringen oder gar denaturieren, ist rechtlich ausgeschlossen und muß gegebenenfalls durch geeignete rechtliche und politische Maßnahmen Geltung verschafft werden[471].

---

[469] Unter Zugrundelegung der von **Laux** vorgebrachten Denkansätze würde es sich um eine Mandatierung handeln. Ein charakteristisches Merkmal des Mandats ist die Beauftragung eines öffentlich-rechtlich organisierten Subjekts für Verwaltungsangelegenheiten im Namen des Mandanten auszuüben, wobei im Einzelfall die beauftragende Stelle die Erledigung der Sache wieder an sich ziehen kann.

[470] Das Amt als Träger öffentlicher Gewalt hat aufgrund seiner Bindung an Recht und Gesetz (Art. 20 III GG) bei allen Äußerungen sich nicht nur an das Recht zu halten, sondern auch der Verwirklichung des Rechtes zu dienen. Hierzu gehört auch die Beachtung und Befolgung der gemeindlichen Beschlüsse, wie es § 3 I 1 AO bestimmt. Ein eigenmächtiges Hinwegsetzen oder Sinnentleeren der gemeindlichen Akte durch das Amt würde dann in einem eklatanten Widerspruch zu den genannten Forderungen stehen.

[471] Für die Gemeinde besteht neben der Ausschöpfung informeller Wege die Einschaltung der Kommunalaufsicht oder gar die Anrufung der Gerichte als Durchsetzungsmittel zur Verfügung.

Auch wenn die Fähigkeit, dem Verwaltungsendprodukt das außenwirksame Aussehen zu geben, eine erhebliche Machtgröße darstellt, ist doch das außenwirksame Verhalten des Amtes durch die Beschlüsse und die anderen rechtlichen Normen weitgehend determiniert.

Desweiteren ist anzumerken, daß sich Amt und Gemeinde die bei der mehrstufigen Aufgabenerledigung nicht antagonistisch gegenüberstehen, sondern beide als legitime Verwaltungsträger ihren Handlungsauftrag erfüllen müssen. Daher kann der Einwand von Laux für die zwingende Beibehaltung der Verwaltungszuständigkeit bei der Gemeinde bei Erledigung der Selbstverwaltungsangelegenheiten schon aus diesem Grunde nicht durchgreifen.

(3) **Das Vorliegen von Differenzen zwischen Amt und Gemeinde**

Bedenken gegen die Annahme einer Delegation der Verwaltungswahrnehmungszuständigkeit für die Gemeinde auf das Amt könnte aber durch eine Spannungslage aufkommen, die in der Verwaltungswirklichkeit nicht selten anzutreffen ist.

Die grundlegende zentrale Stellung der Gemeinde im Bereich der Erledigung der Selbstverwaltungsaufgaben wird durch die strikte Anbindung des Amtes an die gemeindliche Beschlußfassung belegt, die durch § 3 I 1 AO einen unmittelbaren Verbindlichkeitsanspruch erfährt.
Die Abhängigkeit der (Amts-)Verwaltung von den Äußerungen der gemeindlichen Vertretung offenbart sich in einem besonderen Maße, wenn das Amt eine andere rechtliche Auffassung vertritt oder gar der Gemeindevertretungsbeschluß unter unrichtiger Anwendung des Rechts zustande gekommen ist.
Es stellt sich dann die Frage, ob das Amt die Durchführung eines solchen Handlungsauftrags verweigern kann, wohlwissend, daß es andernfalls zur Durchführung einer rechtswidrigen Ent-

scheidung gezwungen würde[472].
Die Beantwortung dieser Fragestellung offenbart in besonderem Maße die rechtlichen Grenzen der Mit- und Einwirkungsberechtigungen des Amtes bei der Verwirklichung der gemeindlichen Selbstverwaltungsangelegenheiten.

Die Bindungswirkung eines rechtswidrigen Beschlusses wird unterschiedlich beurteilt[473].
Für ein Verweigerungsrecht des Amtes könnte der Grundsatz der Bindung der Verwaltung an Recht und Gesetz (Art. 20 III GG) sprechen, der den generellen Handlungsauftrag an die vollziehende Gewalt enthält, im Einklang mit den geltenden Rechtsnormen zu handeln.
Sicherlich kann der Amtswalter nicht an einen Beschluß gebunden sein, den aus tatsächlichen Gründen niemand ausführen kann, oder der die Begehung einer rechtswidrigen Tat verlangt, welche einen Straf- oder Bußgeldtatbestand erfüllt (§ 113 I Nr. 4, 5 LVwG/S-H).

Schließlich darf nicht unerwähnt bleiben, daß das Amt als vollziehende Stelle im besonderen Maße ein Interesse an der Durchführung rechtmäßiger Beschlüsse hat, ist es doch regelmäßig der Verwaltungsträger, der in einem möglichen Prozeß in die Pflicht genommen wird[474].

---

[472] Hierbei handelt es sich nicht nur um eine theoretische Frage, wie der Sachverhalt zeigt, den das VG Schleswig, Die Gemeinde 1986, 361ff. zu entscheiden hatte.

[473] Vgl. nur **Thiem**, Die Gemeinde 1967, 279 (280), der ausführt, daß dann eine Widerspruchspflicht "aus der Eigenverantwortlichkeit des Amtsvorstehers folge"; ähnlich auch **Rietdorf**, AO, 30; andere Auffassung VG Schleswig, Die Gemeinde 1986, 361ff.; **Koehler**, Die Gemeinde 1967, 349 (350).

[474] Das Dilemma läßt sich auch kaum durch den Hinweis lösen, daß die Gemeinde schließlich die rechtswidrige Außenrechtsmaßnahme durch ihren fehlerhaften Beschluß angelegt und nach dem bisher aufgezeigten Bild die Gemeinde als Trägerin der Eigen- oder Endzuständigkeit mit der korrelierenden Zweckverantwortung für ihr rechtswidriges Verhalten (auch finanziell) einzustehen hätte. Die gerichtliche Praxis dürfte jedoch das ausführende Amt in die

Kommunalpolitisch bedenklich erschiene aber, dem Amt das Recht einer generellen Verweigerung des Vollzugs des gemeindlichen Beschlusses zuzubilligen, wenn es diesen für rechtswidrig hält, die Gemeindevertretung aber bei ihrem Standpunkt bleibt. Abgesehen von den oftmals erheblichen rechtlichen und tatsächlichen Schwierigkeiten zur Feststellung einer tatsächlich rechtswidrigen Beschlußfassung, besteht die Gefahr der Degradierung namentlich des Bürgermeisters, dem es gemäß § 43 GO obliegt, dem Beschluß der Gemeindevertretung zu widersprechen. Aber nicht nur bei ihm, sondern bei allen Gemeindeorganen muß der Eindruck entstehen, daß dem Amt angesichts der ohnehin schon faktisch starken Stellung im kommunalen Geflecht eine Kontrollbefugnis als letztmaßgebliche Instanz zukommt. Wenn über die ansonsten schon große Beteiligung des Amtes bei Erledigung der Selbstverwaltungsangelegenheiten der amtsangehörigen Gemeinden hinaus auch die Durchführung mit Hinweis auf die Rechtswidrigkeit des Beschlusses gegen den ausdrücklichen Willen der Gemeindevertretung verweigert wird, könnte zudem die Erhaltung des bürgerschaftlichen Engagements innerhalb der Gemeinde aus einem Gefühl der Gängelung oder gar Bevormundung Schaden nehmen.

Das Amt hat, wie aufgezeigt, eine bedeutende Stellung innerhalb des kommunalen Geflechts der Aufgabenerledigung inne. Kraft seiner normativ festgelegten Stärkungsfunktion (§ 1 I 2 AO) besteht durchaus seine Berechtigung, ja Verpflichtung, die

---

(Haftungs-) Pflicht nehmen, auch wenn es kein Fehlverhalten gezeigt hat. Die Einblicke des aufgezeigten Problemkreises, insbesondere auch die Regelung möglicher Ausgleichsansprüche im Verhältnis zwischen Amt und Gemeinde bei solcherart Haftungen zeichnen sich durch ein wissenschaftliches und praktisches Desiderat aus. Nach dem heutigen Erkenntnisstand ist von der von **Baltzer**, Die Gemeinde 1985, 315 (318) zwar pragmatischen, aber dogmatisch äußerst unbefriedigenden Lage auszugehen "der eine trage des anderen Last".
Ansätze zur Aufarbeitung der Innenhaftung in vergleichbaren Situationen bei anderen Verwaltungsträgern, die einen Anhalt zur Lösung der Problematik geben könnten, sind äußerst dürftig; vgl. jüngst aber **Erichsen**, Zur Haftung im Bund-Länder-Verhältnis, passim.

angehörige Gemeinde über rechtliche Problemkreise, ggfls. unter Hinzuziehung der Kommunalaufsicht, zu informieren und aufzuklären[475]. Ein letztverbindliches Nachprüfungsrecht der gemeindlichen Beschlüsse läßt sich daraus aber nicht folgern. Solcherart Kontrollmaßnahmen obliegen neben dem Bürgermeister der zuständigen Kommunalaufsicht und letztlich den Gerichten[476].

Gestützt werden kann die Auffassung, die dem Amt ein Prüfungs- und Verwerfungsrecht zugestehen will, auch nicht auf allgemeine Rechtsgrundsätze. Im Gegenteil würde ein solches Vorgehen des Amtes die durch Art. 28 II 1 GG verfassungsrechtlich garantierte eigenverantwortliche Aufgabenerledigung der Gemeinde beeinträchtigen.

Wie bereits die erzwungene mehrstufige Aufgabenerledigung durch die Einbeziehung des Amtes in die Erledigung der Selbstverwaltungsaufgaben, bedürfte auch die darüberhinausgehende Zuerkennung von Rechten der hier untersuchten Art für das Amt wegen ihrer Begrenzungswirkung des Gewährleistungsgegenstandes der Legitimation durch Gesetz oder aufgrund eines hinreichend bestimmten Gesetzes[477].

Es ergeben sich jedoch keine normativen Anhaltspunkte für ein Recht des Amtes, die grundsätzliche Bindungswirkung der Beschlüsse zu dispensieren[478].

Zur Bekräftigung dieses Ergebnisses kann ein Vergleich mit dem

---

[475] Soweit es sich um erhebliche Rechtsverstöße handeln sollte, wird die Kommunalaufsicht zum Einschreiten anzuregen sein.

[476] Die Bindung des Amtes an die gemeindliche Beschlußfassung ist, und hierauf wird nachdrücklich hingewiesen, nicht mit Meinungslosigkeit gleichzusetzen. Eine solche Annahme würde auch den in der Praxis allenorts feststellbaren fruchtbaren Meinungsverschiedenheiten und der damit verbundenen Dialogbereitschaft und -fähigkeit über Rechts- und Zweckmäßigkeitsfragen zwischen Amt und Gemeinde widersprechen.

[477] Statt vieler zu den Anforderungen des Gesetzesvorbehalts im Rahmen des Art. 28 II GG nur v. **Mutius**, Probleme mehrstufiger Erfüllung, S. 19 (34); ders., in Festgabe v.Unruh, S.227 (250f.) jeweils mit zahlreichen weiteren Nachweisen.

[478] So ausdrücklich auch VG Schleswig, Die Gemeinde 1986, 361 (362).

komplementären Problem der Weisungsgebundenheit des Beamten fruchtbar gemacht werden[479]. Auch hier unterliegt der Beamte der Verpflichtung, seinen Aufgaben gemeinwohlorientiert und gerecht nachzukommen, trägt er doch hierfür gemäß § 68 I LBG/SH die volle persönliche Verantwortung. Bei Bedenken gegen die Rechtmäßigkeit der angeordneten Maßnahme hat er lediglich das Recht der Remonstration[480]. Er darf aber nicht, (von den extremen Ausnahmen des § 68 II 4 LBG/S-H abgesehen), von sich aus die Befolgung der Weisung verweigern.

cc. Ergebnis

Nach alledem ist nunmehr von der alleinigen Vollzugsinhaberschaft des Amtes für die Beschlüsse der ihnen angehörigen Gemeinden in Form der gesetzlichen Delegation ("delegatio legis") auszugehen.
Es ist eine geläufige Verwaltungsform, einem Verwaltungsträger durch eine Kompetenznorm Aufgaben zuzuweisen, die dieser dann mit eigenen personellen und sächlichen Mitteln im eigenen Namen wahrzunehmen hat, obwohl die Eigen- oder Endzuständigkeit, verbunden mit einem umfangreichen Weisungsrecht, bei einem anderen Hoheitsträger angesiedelt ist[481]. Kennzeichnend für die Form der Auftragsverwaltung ist die Wahrnehmung der zugewiesenen Aufgaben durch die beauftragte Verwaltung als wahrnehmungsmäßig

---

479) So auch **Steinberg**, AöR 110 (1985), 419 (433f.) in einer vergleichbaren Untersuchung.

480) Wegen der grundsätzlichen Eigenverantwortlichkeit ist der Beamte sogar zur Prüfung der Rechtmäßigkeit der Weisung verpflichtet. Diese Annahme kann unmittelbar auch für das Amt Geltung beanspruche. Auch der Amtsvorsteher ist gemäß § 12 II 3 Alt. 1 AO für die sachliche Erledigung verantwortlich. Der Umstand zwingt auch den so normativ angesprochenen Amtsvorsteher zu einer umfassenden Prüfung der Recht- und Zweckmäßigkeit der zu treffenden Entscheidung, zu der auch der zugrunde liegende Beschluß gehört.

481) So beispielsweise bei der Bundesauftragsverwaltung vgl. nur **Maunz**, in Maunz-Dürig-Herzog-Scholz, Art. 85 Rn. 6; **Ronellenfitsch**, Mischverwaltung, S. 246; für die kommunalen Auftragsangelegenheiten nur **Schmidt-Eichstaedt**, HdKWP, Bd. III, S. 20ff. m.w.N.; **Schmidt-Jortzig**, Kommunalrecht, Rn. 541ff.; **Wolf/Bachof**, VerwR II, § 86 X.

eigene Aufgaben[482].

Nach alledem kann nunmehr festgestellt werden, daß § 3 I 1 AO die obligatorische Einbeziehung des Amtes in die Erledigung der Selbstverwaltungsangelegenheiten wie bei den dem Amt ansonsten übertragenen Aufgaben zur Erfüllung nach Weisung (§ 4 I 1 AO) gestaltet hat[483].
Dort wie hier nehmen die Ämter weisungsabhängige Aufgaben eines Dritten im eigenen Namen wahr.
Im Anschluß an Schmidt-Jortzig kann die Einbeziehungsfigur als "interkommunale Fremdverwaltung" bezeichnet werden[484].

Damit besteht für die Gemeinde mangels ausdrücklicher gesetzlicher Bestimmung, von der Ausnahme des § 3 I 2 AO abgesehen, keine Möglichkeit zur eigenen Umsetzung ihrer Beschlüsse in öffentlich-rechtliche Außenrechtsmaßnahmen durch ein Selbsteintrittsrecht oder im Wege der Ersatzvornahme[485].
Konsequenterweise ist das Amt dann auch die zuständige Behörde im Vorverfahren (§§ 70, 72, 73 I Nr. 3 VwGO) und Prozeßpartei in einem gerichtlichen Verfahren (§§ 63 Nr.1 oder 2, 61 Nr. 1, 78 I Nr. 1 VwGO)[486].

---

[482] So ausdrücklich BVerfGE 63, 1 (40f, bes. 42); **Grawert**, Verwaltungsabkommen, S. 195; **Schmidt-Jortzig/Wolffgang**, VerwA 75 (1984), 107 (122); **Steinberg**, AöR 110 (1985) 419 (424).

[483] Die Erfüllung erfolgt bei den gemeindlichen Selbstverwaltungsangelegenheiten, in Abgrenzung zu den Aufgaben zur Erfüllung nach Weisung, nicht gegenüber dem Staat (Land), sondern gegenüber der Gemeinde.

[484] In DÖV 1981, 393 (399) in Anlehnung an Wolff/ Bachof, VerwR II, § 86 X a; ders.. Probleme mehrstufiger Erfüllung, S. 59 (68); **Schmidt-Jortzig/Wolffgang**, VerwA 75 (1984), 107 (123); vgl. auch **Wolffgang**, Interkommunales Zusammenwirken, S. 159f.; **Makswit**, Finanzierung kommunaler Fremdverwaltung, S. 36f.

[485] Die Gemeinde ist zur Durchsetzung ihrer Interessen notfalls auf die Hilfe der Kommunalaufsicht oder der Gerichte angewiesen.

[486] Die Feststellung der Prozeßpartei bereitet in der verwaltungsgerichtlichen Praxis zum Teil erhebliche Schwierigkeiten, was im Verwaltungsstreitverfahren angesichts des eindeutigen Gesetzeswortlauts zunächst wenig verständlich

E. Teleologische Interpretation

Abschließend ist nunmehr zu klären, ob sich aus dem Sinn und Zweck der Eingebundenheit des Amtes in die Erledigung der gemeindlichen Selbstverwaltungsangelegenheiten nach § 3 I 1 AO ergibt, daß diese Einschaltung in Form einer gesetzlichen Delegation gemeindlicher Verwaltungswahrnehmungszuständigkeit an das Amt erfolgen muß oder ob insoweit die Anordnung einer allgemeinen Unterstützungspflicht des Amtes gegenüber den amtsangehörigen Gemeinden ausreicht.

Auszugehen ist bei dieser Frage von § 22 I LVwG/SH, der festlegt, daß bei der Übertragung von Aufgaben der öffentlichen Verwaltung der Träger nach dem Grundsatz einer zweckmäßigen, wirtschaftlichen und ortsnahen Verwaltung bestimmt werden soll.

1. Gebot möglichst ortsnaher Verwaltung

§ 22 I LVwG/S-H geht von einer möglichst ortsnahen Erledigung aus, so daß die Aufgabenzuständigkeitsübertragung soweit wie

---

erscheint. Die Crux ist lediglich, daß die materiellrechtlichen Wirkungen des Urteils sich bei der Gemeinde als der Trägerin der Eigen- oder Endzuständigkeit der betreffenden Selbstverwaltungsangelegenheit entfalten. Dabei handelt es sich um die geläufige Figur des Prozeßstandschaft; vgl. zur gesetzlichen Prozeßstandschaft des Amtes OVG Lüneburg, Die Gemeinde 1985, 56f.; SchlH OLG, Die Gemeinde 1988, 360. Im übrigen besteht selbstverständlich die Möglichkeit einer Beiladung der Gemeinde gemäß § 65 VwGO. Desweiteren kann sie durch ihr Beschlußrecht auf das Amt als der Prozeßpartei einwirken; vgl. zu Fragen der Prozeßfähigkeit des Amtes bei den Selbstverwaltungsangelegenheiten nur **Bracker**, AO, § 3, Erl. 2 ee mit weiteren Nachweisen; **Baltzer**, Die Gemeinde 1985, 315 (318). Im übrigen ist für diesen Bereich mit einer gesetzlichen Klarstellung zu rechnen.

möglich und sachlich verantwortbar auf die niedrigste kommunale Gliederung zu verlagern ist. Im Sinne des Gesetzgebers liegt es also, die gemeindliche Zuständigkeit möglichst zu erhalten oder gar zu vergrößern. Dieser Gesichtspunkt spricht daher für die Annahme, die Einschaltung des Amtes in die Erledigung der Selbstverwaltungsangelegenheiten als eine Unterstützungsrolle aufzufassen.

Andererseits muß jedoch beachtet werden, daß die nunmehrige obligatorische Beteiligung des Amtes in die Aufgabenerledigung auf zwingenden sachlichen Notwendigkeiten beruhte. Die immer komplexer und komplizieren Probleme, die sich in der kommunalen Praxis stellten, überforderten im besonderen Maße die räumlich kleinen und finanziell wenig leistungsfähigen Gemeinden im ländlichen Raum, so daß die nicht von der Hand zu weisende Gefahr bestand, daß wichtige gemeindliche Selbstverwaltungsangelegenheiten nicht, nicht mehr oder nur noch unzureichend erledigt werden konnten.

Um dies zu verhindern und dem Gebot einer möglichst ortsnahen Verwaltung gerecht zu werden, hat der Gesetzgeber die in der Verwaltungswirklichkeit bereits bestehenden Ämter umfassender in den Vollzug der gemeindlichen Selbstverwaltungsaufgaben einbezogen[487].

Ob die Einbeziehung lediglich aus Gründen einer Unterstützung ohne eigene selbständige Befugnisse oder aber durch Delegation mit der Folge eigennamiger Wahrnehmungszuständigkeit erfolgte, läßt sich aus dem Grundsatz der ortsnahen Verwaltung aber nicht entnehmen. Im Gegenteil spricht dieser eher gegen die Übertragung der Verwaltungswahrnehmungszuständigkeit.

2. Das Erfordernis einer zweckmäßigen Aufgabenerfüllung

In Betracht zu ziehen ist weiter, daß das Erfordernis einer

[487) **Franzen**, Die Gemeinde 1985, 319 (320) stuft die Ämter gar als "geborene ortsnahe Verwaltungen" ein.

ortsnahen Verwaltung in Bezug zu bringen ist mit dem Grundsatz einer möglichst zweckmäßigen Aufgabenerledigung. Die erprobte offenkundige Befähigung und Bewährung des Amtes, die durch Ausbildung und Erfahrung mögliche rasche Anpassung an geänderte rechtliche und tatsächliche Grundlagen der zu ergreifenden Verwaltungsmaßnahmen durch die Amtsbediensteten, gewährleistet eine größtmögliche Verwaltungsleitung auch auf kleinster kommunaler Ebene.

Daher ist es nicht angebracht, dem regelmäßig fachlich weniger qualifizierten Organ Bürgermeisters eine Letztenscheidungskompetenz über den Tätigkeitsbereich des Amtes zuzubilligen. Würde man dem Amt lediglich eine allgemeine Unterstützungsfunktion gegenüber dem mit einer vollen Entscheidungskompetenz ausgestatteten Bürgermeister zusprechen, wäre aber genau dies der Fall.

Demgegenüber führt die Aufgabenübertragung in Form der Delegation dazu, daß dasjenige Organ, in dem sich die fachliche Kompetenz bündelt, auch den Vollzug der Verwaltungsentscheidung eigenverantwortlich vornimmt, mithin nicht von einem fachlich weniger befugten Organ abhängig ist.

Der Grundsatz einer möglichst zweckmäßigen Verwaltungstätigkeit spricht daher eindeutig dafür, daß das Amt bei Erledigung der Selbstverwaltungsangelegenheiten der amtsangehörigen Gemeinden als Delegatar eigennamig tätig wird.

Es ist daher abzuwägen, ob einer möglichst ortsnahen Verwaltung oder der Zweckmäßigkeit der Vorrang zu geben ist.

Mißt man dem Amt bei Erledigung der Selbstverwaltungsangelegenheiten nur eine Unterstützungsfunktion zu, so führt dies dazu, daß zwar dem Grundsatz der möglichst ortsnahen Verwaltung Rechnung getragen wird, der Grundsatz der möglichst zweckmäßigen Erledigung aber weitgehend leer liefe.

In Konstellationen, wo der fachlich weniger kompetente Bürgermeister eine andere Auffassung vertritt als die Amtsverwaltung, würde bei einer reinen Unterstützungsaufgabe des Amtes dem Bürgermeister die letztlich verbindliche Entscheidung zukommen mit der Folge, daß sich gerade nicht der Fachverstand durchsetzt.

Geht man von einem Delegationsverhältnis aus, so entscheidet

das Amt eigenverantwortlich über den Vollzug der gemeindlichen Selbstverwaltungsangelegenheit. Der Träger der Sachkompetenz könnte sich dann ohne weiteres durchsetzen.
Der Grundsatz der möglichst ortsnahen Verwaltung wird durch eine solche Aufgabenübertragung andererseits nicht wesentlich beeinträchtigt. Zum einen sind auch die Ämter ortsnahe Behörden und für die einzelnen Bürger erreichbar[488], zum anderen sind die gemeindlichen Organe noch im erheblichen Maße bei der gesamten Phase der Aufgabenerledigung verantwortlich tätig. Aufgrund der alleinigen Entscheidungszuständigkeit der Gemeindevertretung in allen bei der Wahrnehmung gemeindlicher Selbstverwaltungsaufgaben wichtigen Angelegenheiten der Gemeinde bleibt sie wesentlicher Verwaltungsträger, indem sie über die Vornahme einer bestimmten Aufgabe entscheidet und so den Anstoß zu deren Verwirklichung gibt.
Die Gemeinde ist daher weiterhin im Ansehen der Gemeindebürger wesentlich beteiligter Verwaltungsträger. Die Ziele einer möglichst ortsnahen Verwaltung bleiben daher auch erhalten.
Versucht man die Grundsätze der möglichst ortsnahen und zweckmäßigen Verwaltung im Verhältnis praktischer Konkordanz[489] zu verwirklichen, so deutet dies auf die Übertragung des Aufgabenvollzugs auf das Amt in Form der Delegation hin.
Hinzu kommt, daß die Einschaltung des Amtes beim Aufgabenvollzug nicht nur die Wirkung hat, daß den amtsangehörigen Gemeinden der Vollzug der Aufgaben, der ihm früher zugeordnet war, entzogen wird, sondern die Einschaltung des Amtes andererseits auch zu einer Verstärkung der bei der Gemeinde verbliebenen Aufgaben führt. Das Amt ist in der Lage, als mit Sachverstand ausgestatter überörtlicher Verwaltungsträger eher als die auf den engen örtlichen Bereich begrenzte Gemeinde zukünftige Problemlagen zu entdecken bzw. bestehende Regelungsdefizite zu erkennen. Das Amt kann die zur Beschlußfassung über den Entscheidungsgegenstand befugte Gemeindevertretung auf Bedürfnisse

---

488) Vgl. zu den Auswirkungen einer Behördenverlegung für den Bürger nur **Thieme/Blumenthal**, Auswirkungen, S. 55f.
489) Zur Verhältnismäßigen Zuordnung und Grenzziehung zwischen geschützten Rechtsgütern nur **Hesse**, Grundzüge, § 2 Rn. 72.

hinweisen und so ein Tätigwerden der Gemeinde in ihrem örtlichen Bereich veranlassen. Das Amt wird eine so geartete Hinweisfunktion umso eher dann wahrnehmen, wenn es nach außen als Entscheidungsvollziehende in Erscheinung tritt und daher von dem Bürger mit dafür verantwortlich gemacht wird, daß mögliche Defizite alsbald beseitigt werden. Dies wäre dann nur bedingt der Fall, wenn das Amt eine Unterstützungsfunktion wahrzunehmen hätte und daher allein der Bürgermeister für die Versäumnisse der Verwaltung nach außen Rede und Antwort stehen müßte.
Es zeigt sich also, daß die Delegation des Aufgabenvollzugs auf die Ämter nicht nur eine "Schwächung" des örtlichen Verwaltungsträgers bewirkt, sondern zugleich die Möglichkeit eröffnet, in anderer Weise diesen örtlichen Verwaltungsträger wieder zu stärken.
Ein weiterer Aspekt, der es zweckmäßig erscheinen läßt, den Aufgabenvollzug auf das Amt in Form der Delegation vorzunehmen, liegt darin, daß die Amtsverwaltung - im Gegensatz zum Bürgermeister der amtsangehörigen Gemeinde - nicht an eine Kommunalwahl gebunden ist und daher nicht, wie der Bürgermeister, politisch zwingend in eine bestimmte Richtung ausgerichtet ist. Durch die Einschaltung des Amtes bei der Aufgabenverwirklichung wird daher wirksam der Gefahr begegnet, daß nicht nur sachliche, sondern auch politische Gesichtspunkte eine Rolle spielen. Im Gegensatz zur Entscheidung der Gemeindevertretung, wo es um die Gestaltung des gemeindlichen Gemeinwesens geht und die daher zwangsläufig durch politische Vorgaben beeinflußt wird, hat sich der Vollzug der einmal getroffenen Entscheidung an sachlichen Kriterien wie z.B. der Wirtschaftlichkeit, Zweckmäßigkeit, Gleichmäßigkeit zu orientieren. Dies sicherzustellen, ist eher das Amt als der von politischen Parteien getragene Bürgermeister in der Lage. Die politische Neutralität, die durch die Einschaltung des Amtes sichergestellt wird, kann aber nur dann tatsächlich in die Realität umgesetzt werden, wenn das Amt endverantwortlich darüber entscheidet, wie es den Vollzug der Entscheidung gestaltet. Ist das Amt aber der letztlichen Entscheidung des Gemeindebürgermeisters unterworfen, was der Fall wäre, wenn dem Amt lediglich eine Unterstützungsfunktion gegenüber den Bürgermeistern der amtsangehörigen Gemeinden zu-

käme, so würde sich auch beim Entscheidungsvollzug -zwangsläufig- nicht der politisch neutrale, sondern der von einer politischen Partei getragene Verwaltungsträger durchsetzen, mithin eine angestrebte politische Neutralität beim Vollzug der Selbstverwaltungsangelegenheiten nicht erreicht werden. Da die Delegation die Letztentscheidung bezüglich des Vollzugs der Selbstverwaltungsangelegenheiten dem Amt eigenverantwortlich überläßt, spricht auch dieser Gesichtspunkt für einen entsprechenden eigenverantwortlichen Aufgabenvollzugs des Amtes[490]. Aufgrund der fachlichen Kompetenz und der politischen Neutralität des Amtes würde der Bürger eine ihn betreffende Verwaltungsentscheidung eher als sachgerecht annehmen.

3. Wirtschaftlichkeit

Wie die Vorschrift des § 22 LVwG/S-H zeigt, ist ein weiterer Gesichtspunkt bei der Übertragung von Aufgaben auf Verwaltungsträger in dem Ziel zu sehen, eine möglichst wirtschaftliche Verwaltungstätigkeit zu erreichen. Die Delegation von Verwaltungsaufgaben auf das Amt bewirkt, daß nicht mehr in jeder Gemeinde die für bestimmte Verwaltungsaufgaben erforderlichen personellen und sächlichen Mittel vorgehalten werden müssen, sondern dies für alle amtsangehörigen Gemeinden gemeinsam beim Amt der Fall sein muß[491]. Statt kräftezehrender Zersplitterung der Verwaltungsressourcen in den einzelnen amtsangehörigen

---

490) Nicht zu übersehen ist im Verwaltungsalltag, daß der einzelne Bürger eine Verwaltungsentscheidung vom Amt leichter akzeptiert, während dem ehrenamtlichen Bürgermeister, egal ob zu Recht oder Unrecht, leichter unterstellt wird, daß er die für die Verwaltungsentscheidung erforderliche sachliche Kompetenz nicht in vollem Umfange besessen habe bzw. von politisch einseitigen Motiven geleitet worden sei, während ein entsprechender Vorwurf gegenüber der Amtsverwaltung nicht ohne weiteres treffen würde.

491) Zur Finanzierung der Ämter durch die Amtsumlage und der tatsächlich anfallenden Kosten für die Verwaltungsleistung **Baltzer**, Die Gemeinde 1985, 315 (317); **Bitterberg**, Die Gemeinde 1985, 313 (314).

Gemeinden ist durch die Einschaltung des Amtes eine kräfteschonende Bündelung möglich. Auch dies kann in voller Wirksamkeit nur im Wege der Aufgabendelegation erreicht werden. Überläßt man nämlich dem einzelnen Gemeindebürgermeister die letztliche Entscheidung über den Vollzug der Selbstverwaltungsangelegenheiten, so müßte dieser auch die Ressourcen schaffen, um zu einer eigenständigen, vom Willen des Amtes unabhängigen Entscheidung zu gelangen, wollen sie sich nicht letztlich doch vom Willen des Amtes abhängig machen.
Die durch Einschaltung des Amtes in die Aufgabenerledigung angestrebte Ressourcenbündelung würde daher nicht ihre volle Wirkung entfalten können, würde man dem Amt nur eine Unterstützungsfunktion und dem Bürgermeister eine Letztentscheidungskompetenz einräumen.
In diese Richtung deutet auch die mehr im psychologischen Bereich liegende Betrachtung der Motivation der Amtsbediensteten. Vergegenwärtigt man sich, daß der Tätigkeitsbereich des Amtes bei der Durchführung nach § 3 I 1 AO auf Hilfsunterstützungen des Bürgermeisters beschränkt sein soll, so kann auf Ämterebene angesichts der Fremdbestimmtheit ein Gefühl der Degradierung entstehen.
Fest steht, daß das Amt in beträchtlichem Umfang aufgrund ausdrücklicher Zuweisung die Fremdverwaltungsaufgaben mit zum Teil sehr weitreichenden Entscheidungsbefugnissen selbständig im eigenen Namen wahrnimmt.
Es besteht die nicht unbegründete Befürchtung, daß die qualifizierten, mit verwaltungsgerechten Fähigkeiten ausgestattet und durch ihre Erfahrungen in der Verwaltungspraxis geschulten Mitarbeiter des Amtes[492] durch eine Heranziehung als bloße technische Hilfe ohne oder mit nur geringen Entscheidungsbefugnissen eine emotionale Distanz zum Verwaltungsgegenstand empfinden[493].

---

492) Zum Erfahrungsgewinn und -breite des Verwaltungspraktikers nur **Kunze**, Sachgerechtigkeit, S. 229 (238f.).
493) Mit den gleichen Bedenken bei einem vergleichbaren Sachverhalt **Schmidt-Jortzig/Wolffgang**, VerwA 75 (1984), S. 107 (118); **Wolffgang**, Interkommunales Zusammenwirken, S. 251.

Es besteht Einigkeit, daß die Qualität des Arbeitsergebnisses im wesentlichen davon abhängt, ob die Arbeitskraft entsprechend ihrer spezifischen Eignung eingesetzt wird[494]. Neben der erforderlichen Qualifikation ist insbesondere der Wille des einzelnen Amtsträgers erforderlich, seine Leistungsfähigkeit in vollem Umfang zur Verfügung zu stellen. Der angesprochene Leistungswille kann aber beeinträchtigt sein, wenn die Arbeitskräfte nicht ihrer Tauglichkeit entsprechend eingesetzt und gefordert werden[495].

Die Motivation als Voraussetzung für zielorientiertes Verhalten und Hauptansatzpunkt für leistungssteigernde Beeinflussungsstrategien[496] darf nicht hoch veranschlagt werden, wenn die Mitarbeiter des Amtes den Eindruck gewinnen, daß sie in ihren beruflichen Fähigkeiten unterbewertet werden. Die Zufriedenheit in und mit der Arbeit trägt in erheblichem Maße zu einer Steigerung des Leistungswillens bei[497].

Das Engagement der in der Amtsverwaltung Tätigen, auch im Bereich der Selbstverwaltungsangelegenheiten der Gemeinden, wird nur dann gewonnen, wenn ihr persönlicher Einsatz von ihnen auch als wichtiger Beitrag für die Aufgabenerledigung angesehen wird. Bedeutsamer Anreiz für das Hervorbringen einer aktiven Teilnahme und Verbesserung des Arbeitsempfindens oder gar Identifikation mit der verbundenen Tätigkeit kann durch die

---

[494] Statt vieler **Wöhe**, Einführung, S. 117; **Kübler**, Organisation und Führung in Behörden, Rn. 291ff., **Morstein Marx**, Verwaltung, S. 69 (73).

[495] Ausdrücklich und eindringlich statt vieler nur **Wöhe**, Einführung, S. 179f.

[496] Ausführlich jeweils mit weiteren Nachweisen **Staehle**, Management, S. 245ff.; **Meixner**, Personalpolitik, S. 216f.; **Wöhe**, Einführung, S. 117f; **Kieser/Kubicek**, Organisation, S. 40; **Laux**, Führung und Führungsorganisation in der öffentlichen Verwaltung, S. 25f.; **von Fircks**, Motivation im Fürungsprozeß, S. 247 (248ff, insbes. S. 264f.); **Kübler**, Organisation und Führungsorganisation in der öffentlichen Verwaltung, Rn. 286ff.

[497] Zu den gegenseitig Beziehungen zwischen Motivation, Arbeitszufriedenheit und Leistung und der hohen intrinsisch motiverenden Wirkung der Delegation ausführlich **von Fircks**, Motivation im Führungsprozeß, S. 247 (264ff. und 274ff.).

Zubilligung eines hohen Anspruchsniveaus mit eigenverantwortlichen Entscheidungsräumen erreicht werden. Die Zuweisung von vielseitiger Aufgabenerledigung sowie die Erstellung eigener sichtbarer Resultate in Form des Erlasses eigener Verwaltungsentscheidungen bewirkt auch eine motivationssteigernde Aufwertung der Mitarbeiter des Amtes nach außen als kompetente Gesprächspartner[498].

Nach alledem läßt sich feststellen, daß eine Delegation der Wahrnehmungszuständigkeit auf das Amt mit klar abgegrenzten Aufgabenbereichen mit entsprechender Verantwortung sich fördernd auf den Leistungswillen der Mitarbeiter auswirkt.
Mögliche Bedenken wegen des Eintritts negativer Wirkungen durch die Delegation der Verwaltungszuständigkeit in Bezug auf die Qualität der Außenrechtsmaßnahmen greifen nicht durch.
Die organisatorischen Voraussetzungen des Amtes, die personelle und sächliche Ausstattung sind regelmäßig so beschaffen, daß es auch ohne weiteres in der Lage ist, neben den Fremdverwaltungsaufgaben zusätzlich auch die vollständige Durchführung der Selbstverwaltungsangelegenheiten der amtsangehörigen Gemeinden zu übernehmen. Die Amtsbediensteten haben die nötigen Erfahrungen bei der Wahl der zur Aufgabenlösung anzuwendenden Methoden sowie der zu benutzenden Hilfsmittel, um die ihnen übertragenen Aufgaben eigenständig und sachgerecht zu bewältigen.
Teilweise wird vornehmlich in der kommunalen Praxis vorgebracht, daß der Bürgermeister wegen der unmittelbaren Orts- und der damit verbundenen Sachnähe besser in der Lage sein soll, dem individuellen Charakter des Verwaltungsvorgangs Rechnung zu tragen.
In der Tat bedarf es, begleitend zur Verlagerung der Aufgabenwahrnehmung, der Herstellung einer ausreichenden Informationsbasis des Amtes, soll ein weitreichender arbeitsbezogener Entlastungseffekt für den Bürgermeister eintreten.

---

[498] Die Sicherheit für den Bürger, im Amt den für seine Angelegenheiten richtigen und sachverständigen Ansprechpartner zu finden, und zwar unabhängig davon, ob es sich um Belange einer Selbstverwaltungsangelegenheit oder Aufgabe zur Erfüllung nach Weisung handelt, war für den Gesetzgeber ein wesentliches Anliegen; vgl. dazu nur **Schlegelberger**, Sten. Bericht Lt. S-H, 5./ S. 2227.

Die Verwaltung benötigt ohne Zweifel für ihre gestaltenden und zielorientierten Entscheidungen adäquate Informationen. Dem Besitz und den Möglichkeiten zur Gewinnung der erforderlichen Daten kommt daher auch eine überragende Bedeutung zu[499].
Im Falle einer Delegation wäre die Gemeinde wegen der verbleibenden End- oder Eigenzuständigkeit mit einem umfänglichen Weisungsrecht ausgestattet, und so in der Lage, mögliche Wissensdefizite des Amtes zu beseitigen.
Ferner darf nicht übersehen werden, daß das Amt infolge der Mitarbeit in der Planungsphase zur Beschlußfassung durch die Gemeindevertretung in regelmäßig großem Umfange die erforderlichen Informationen selbst beschafft und generiert hat.
Im Ergebnis läßt sich festhalten, daß der Sinn und Zweck der Einschaltung des Amtes in den Aufgabenvollzug der gemeindlichen Selbstverwaltungsangelegenheiten am sachgerechtesten in der Form der Delegation von der amtsangehörigen Gemeinde auf das Amt erreicht werden kann.

4. Tatsächliche Schwierigkeiten bei der Trennung der Aufgabenerledigung

Dagegen sprechen auch nicht die Schwierigkeiten, die aufgrund der Aufteilung der Aufgabenerledigung Amt und Gemeinde festzustellen sind.
Befürchtet wird zwar nicht zu Unrecht, eine erhebliche Dominanz des Amtes, wenn der Vollzug der gemeindlichen Beschlüsse der Gemeinde entzogen und dem anderen, organisatorisch selbständigen Verwaltungsträger Amt zugewiesen wird[500].
In der Tat ist zu konstatieren, daß dem Amt wegen seines hauptamtlich-spezialisierten Unterbaus und den erheblichen Mitwirkungsmöglichkeiten im Vorfeld, erhebliche Steuerungs- und

---

[499] Zu diesem Erfordernis nur **Thieme**, Entscheidungen, S. 132f; **Püttner**, Verwaltungslehre, § 19 II 2.
[500] Vgl.hierzu nur **Schlegelberger**, Sten. Bericht Lt. S-H, 5./ S. 1895; N.N., Die Gemeinde 1966, 33 (35); N.N., Die Gemeinde 1966, 145 (146); Otto, Die Gemeinde 1968, 2 (3); **Petersen**, Die Gemeinde 1965, 2 (4).

Einflußgelegenheiten auch auf die Aufgabenerledigung zugestanden werden. Auf diesem Wege könnte die gemeindliche Vertretung mit ihrer zwar rechtlich überragenden demokratischen Legitimation und den parlamentsähnlichen Willensbestimmungs- und Entscheidungskompetenzen angesichts des mit umfassender Sachkenntnis ausgestatteten Subsystems Amt in die Gefahr der Herabstufung geraten[501].

Die tatsächlichen Schwierigkeiten, denen sich die ehrenamtlichen Gemeinderatsmitglieder gegenübersehen, können aber nicht dazu führen, die normativen Anordnungen zu überspielen und diese einseitig nach einem bestimmten Ergebnis zu orientieren und auszurichten. Vielmehr ist es Aufgabe des Rechtsanwenders, ausschließlich die legitimen Ziele des vorgegebenen gesetzlichen Regelwerks zu würdigen und die Kompetenzen der Beteiligten innerhalb der gesetzlichen Vorgaben aufzuzeigen.

Zweifelsfrei obliegt auch unter Geltung der Amtsverfassung den amtsangehörigen Gemeinden und ihren zuständigen Organen, jederzeit die Selbstverwaltungsaufgaben aufzugreifen, zu initiieren, zu beschließen und letztlich damit den Anstoß zu deren Verwirklichung zu geben. Durch das umfängliche Recht der Beschlußfassung verfügt die Gemeinde als Trägerin der End- oder Eigen-

---

[501] Die hier nur angedeuteten Grundschwierigkeiten sind nicht nur auf die schleswig-holsteinische Amtsverfassung beschränkt. Es ist die allgemein anzutreffende Kalamität der allmählichen Entmachtung der ehrenamtliche Volksvertretung, wenn diese mit der Verwaltung und deren bürokratischen Verfestigungen und dem entlastungsgerechten Instrumenten zusammenwirkt. Allzuleicht ist ein Kräfteungleichgewicht und ein Übergehen der gemeindlichen Vertretung namentlich dann zu besorgen, wenn es gilt, wichtige Entscheidungen im Interesse des Gesamtsystems zügig und nachdrücklich zu treffen und durchzuführen. Häufig ist dann auch eine Tendenz zur Hortung von Aufgaben zur Stärkung des eigenen Gewichts durch die Verwaltung festzustellen, die zur Ausdünnung des ursprünglich der Vertretung allein obliegenden Aufgabenfeldes gehört. Die Folge ist oftmals die rechtlich äußerst bedenkliche Verwischung der Zuständigkeits- und Verantwortungsbereiche; zu dem Problemkreis der Einschaltung eines verselbständigten Verwaltungsträgers bei Erledigung öffentlicher Aufgaben allgemein zur Entmachtung des bürgerschaftlichen Vertretungselements **Schmidt-Jortzig**, Kommunalrecht, Rn. 231f.; **Frotscher**, Festgabe v. Unruh, S. 127 (139); **Forsthoff** VerwR, S. 536.

zuständigkeit im gesamten Verlauf der Aufgabenerledigung über Lenkungsbefugnisse für die inhaltlich-sachliche Bewerkstelligung der Selbstverwaltungsaufgaben[502]. Somit verbleibt der Gemeinde, die Rechtsgrundlagen richtig verstanden, eine echte politische Gestaltungshoheit für den gesamten Bereich der Erledigung ihrer Selbstverwaltungsaufgaben[503].

Die so rechtlich begründete Annahme deckt sich mit den Vorstellungen des Gesetzgebers, sollte doch die amtsangehörige Gemeinde auch nach Änderung des § 3 I 1 AO hinsichtlich ihrer repräsentativen Wahrnehmungszuständigkeiten keine Einschränkungen erfahren.

Das Amt als zusätzlicher Verwaltungsträger hat dann die Verwirklichung der gemeindlichen Beschlüsse unter Ergänzung und Einbeziehung des Verfahrensrechts und anderer Vorschriften zu übernehmen und auf diese Art und Weise einen zufriedenstellenden Leistungsstandard zu erbringen.

Betrachtet man aber die inhaltliche Ausgestaltung einer Vielzahl gemeindlicher Beschlüsse, so wird deutlich, daß die theoretisch deutlich trennbaren Zuständigkeiten sehr wohl gegenseitige Einmischungen bedingen.

So gelangt häufig keineswegs ein abgeklärter und vollständig nachvollziehbarer Beschluß als ohne weiteres durchzuführende Wirkanweisung an das Amt. Vielmehr stellt sich die Grundentscheidung oftmals als weitgehend offen dar oder hält gar alternative Verwirklichungsanweisungen bereit[504].

---

502) Im Anschluß an **Makswit**, Finanzierung kommunaler Fremdverwaltung, S. 113f. soll die Sorge um die inhaltlich-sachliche Bewerkstelligung als "Zweckverantwortung" bezeichnet werden; so auch **Wolffgang**, Interkommunales Zusammenwirken, S. 26f.; ähnlich **Schmidt-Jortzig**, Kommunalrecht, Rn. 554; ders., Probleme mehrstufiger Erfüllung, S. 59 (64).

503) So ausdrücklich auch **Schlegelberger**, Sten. Bericht Lt. SH, 5./ S. 1890; **Fischer-Heidlberger**, Die Rechtsstellung, S. 138.

504) Es zeigt sich hier die Wichtigkeit einer vorausschauenden und gründlichen Sitzungsvorbereitung einschließlich der Vorbereitung der Beschlußvorlagen sowie die Anwesenheits- und Worterlangungsberechtigung des Amtsvorstehers in der Gemeindevertretungssitzung. Durch diese Instrumentarien kann bereits bei der Beschlußfassung auf mögliche Defi-

Die Umsetzung eines solchen Beschlusses ist rechtlich äußerst problematisch, besteht doch die Gefahr, daß es letztlich dem eingeschalteten Funktionsträger Amt obliegt, den offenen Vorausentwurf zu komplettieren, welches sich nun unzulässig in den Entscheidungssphären der Gemeinde bewegt[505]. Hier muß wiederum das Postulat der strikten Beachtung der Zuständigkeitsordnung mit ihren Berechtigungen, aber auch Verpflichtungen eingreifen, welches kein eigenmächtiges Abweichen erlaubt.

Die Verwaltungsrealität bringt gemeindliche Beschlüsse hervor, bei denen es zweifelhaft ist, ob hier noch legitime Auslegung und Konkretisierung vorliegt. Die Grenzen sind fließend und wegen der vielgestaltigen Erscheinungsformen nicht einer allgemeingültigen Beurteilung zugänglich. Im begründeten Zweifel ist jedoch das Amt aus kompetenzrechtlichen Gründen gehalten, durch Einschaltung der jeweiligen Gemeinde den ursprünglichen Beschluß zu verfeinern oder zu korrigieren.

Die Gemeinde jedenfalls kann jederzeit mit vollzugsdirigierenden Beschlüssen, unter Beachtung der bekannten Kautelen, die inhaltliche Steuerung der Verwirklichung durch detaillierende Lenkungsregelungen übernehmen.

5. Ergebnis

Weder die tatsächlichen Schwierigkeiten bei der Übertragung der Wahrnehmungszuständigkeit von der amtsangehörigen Gemeinden noch die vom Gesetzgeber bei der Einschaltung des Amtes in die

---

zite oder Unklarheiten für den Bereich des Vollzugs entgegengewirkt werden.

[505] Dieser Umstand führt in der Praxis zu erheblichen Reibungskonflikten, muß das Amt durch zeitaufwendige Interaktionen mit der Gemeinde den Beschluß erst nach und nach verfeinern. In der täglichen Verwaltungsarbeit werden oftmals vielfältige Formen (z.T. rechtlich nicht unbedenklicher) informeller Abstimmung vorgezogen, die das förmliche Beschlußverfahren entbehrlich machen; allgemein zum Problem der zu unbestimmten Handlungsaufträge an die Verwaltung nur **Scholz**, VVDStRL 34 (1985), 145 (161f. m.w.N. in Anm. 70,71 auf S. 162).

zuständigkeit im gesamten Verlauf der Aufgabenerledigung über Lenkungsbefugnisse für die inhaltlich-sachliche Bewerkstelligung der Selbstverwaltungsaufgaben[502]. Somit verbleibt der Gemeinde, die Rechtsgrundlagen richtig verstanden, eine echte politische Gestaltungshoheit für den gesamten Bereich der Erledigung ihrer Selbstverwaltungsaufgaben[503].
Die so rechtlich begründete Annahme deckt sich mit den Vorstellungen des Gesetzgebers, sollte doch die amtsangehörige Gemeinde auch nach Änderung des § 3 I 1 AO hinsichtlich ihrer repräsentativen Wahrnehmungszuständigkeiten keine Einschränkungen erfahren.
Das Amt als zusätzlicher Verwaltungsträger hat dann die Verwirklichung der gemeindlichen Beschlüsse unter Ergänzung und Einbeziehung des Verfahrensrechts und anderer Vorschriften zu übernehmen und auf diese Art und Weise einen zufriedenstellenden Leistungsstandard zu erbringen.
Betrachtet man aber die inhaltliche Ausgestaltung einer Vielzahl gemeindlicher Beschlüsse, so wird deutlich, daß die theoretisch deutlich trennbaren Zuständigkeiten sehr wohl gegenseitige Einmischungen bedingen.
So gelangt häufig keineswegs ein abgeklärter und vollständig nachvollziehbarer Beschluß als ohne weiteres durchzuführende Wirkanweisung an das Amt. Vielmehr stellt sich die Grundentscheidung oftmals als weitgehend offen dar oder hält gar alternative Verwirklichungsanweisungen bereit[504].

---

502) Im Anschluß an **Makswit**, Finanzierung kommunaler Fremdverwaltung, S. 113f. soll die Sorge um die inhaltlich-sachliche Bewerkstelligung als "Zweckverantwortung" bezeichnet werden; so auch **Wolffgang**, Interkommunales Zusammenwirken, S. 26f.; ähnlich **Schmidt-Jortzig**, Kommunalrecht, Rn. 554; ders., Probleme mehrstufiger Erfüllung, S. 59 (64).

503) So ausdrücklich auch **Schlegelberger**, Sten. Bericht Lt. SH, 5./ S. 1890; **Fischer-Heidlberger**, Die Rechtsstellung, S. 138.

504) Es zeigt sich hier die Wichtigkeit einer vorausschauenden und gründlichen Sitzungsvorbereitung einschließlich der Vorbereitung der Beschlußvorlagen sowie die Anwesenheits- und Worterlangungsberechtigung des Amtsvorstehers in der Gemeindevertretungssitzung. Durch diese Instrumentarien kann bereits bei der Beschlußfassung auf mögliche Defi-

Die Umsetzung eines solchen Beschlusses ist rechtlich äußerst problematisch, besteht doch die Gefahr, daß es letztlich dem eingeschalteten Funktionsträger Amt obliegt, den offenen Vorausentwurf zu komplettieren, welches sich nun unzulässig in den Entscheidungssphären der Gemeinde bewegt[505]. Hier muß wiederum das Postulat der strikten Beachtung der Zuständigkeitsordnung mit ihren Berechtigungen, aber auch Verpflichtungen eingreifen, welches kein eigenmächtiges Abweichen erlaubt.

Die Verwaltungsrealität bringt gemeindliche Beschlüsse hervor, bei denen es zweifelhaft ist, ob hier noch legitime Auslegung und Konkretisierung vorliegt. Die Grenzen sind fließend und wegen der vielgestaltigen Erscheinungsformen nicht einer allgemeingültigen Beurteilung zugänglich. Im begründeten Zweifel ist jedoch das Amt aus kompetenzrechtlichen Gründen gehalten, durch Einschaltung der jeweiligen Gemeinde den ursprünglichen Beschluß zu verfeinern oder zu korrigieren.

Die Gemeinde jedenfalls kann jederzeit mit vollzugsdirigierenden Beschlüssen, unter Beachtung der bekannten Kautelen, die inhaltliche Steuerung der Verwirklichung durch detaillierende Lenkungsregelungen übernehmen.

5. Ergebnis

Weder die tatsächlichen Schwierigkeiten bei der Übertragung der Wahrnehmungszuständigkeit von der amtsangehörigen Gemeinden noch die vom Gesetzgeber bei der Einschaltung des Amtes in die

---

zite oder Unklarheiten für den Bereich des Vollzugs entgegengewirkt werden.

505) Dieser Umstand führt in der Praxis zu erheblichen Reibungskonflikten, muß das Amt durch zeitaufwendige Interaktionen mit der Gemeinde den Beschluß erst nach und nach verfeinern. In der täglichen Verwaltungsarbeit werden oftmals vielfältige Formen (z.T. rechtlich nicht unbedenklicher) informeller Abstimmung vorgezogen, die das förmliche Beschlußverfahren entbehrlich machen; allgemein zum Problem der zu unbestimmten Handlungsaufträge an die Verwaltung nur **Scholz**, VVDStRL 34 (1985), 145 (161f. m.w.N. in Anm. 70,71 auf S. 162).

Erledigung der gemeindlichen Selbstverwaltung angestrebten Ziele sprechen daher gegen eine Aufgabeübertragung im Wege der Delegation. Sie liefern vielmehr deutliche Hinweise dahingehend, daß dem Amt beim Vollzug eine eigenständige, eigenverantwortliche und nur dem sachlich-inhaltlichen Willen der Gemeinde unterworfene Wirkungszuständigkeit zukommt.
Die Auslegung des § 3 I 1 AO hat ergeben, welche Rechtsfolgen an ihren Tatbestand geknüpft werden.
Damit ist bereits aus dem Gesetz hinreichend deutlich zu ersehen, mit welcher Tendenz von der Ermächtigung Gebrauch zu machen ist. Für die Annahme einer Unbestimmtheit der gesetzlichen Fassung des § 3 I 1 AO oder einer Rechtslücke, wie Galette[506] ausführt, ist daher kein Raum[507].

VI. Zusammenfassung

Zusammenfassend bleibt festzustellen, daß sowohl dem Amt als auch der amtsangehörigen Gemeinde bei der Wahrnehmung der gemeindlichen Selbstverwaltungsaufgaben wichtige eigenständige Aufgaben zukommen.
Das Amt hat gemeinsam mit den Bürgermeistern der amtsangehörigen Gemeinden die Aufgabe, in der Phase der Planung einer der gemeindlichen Selbstverwaltung zugehörigen Aufgabe die notwendigen Informationen zu sammeln, Problemlösungsvorschläge zu erarbeiten, sowie diese mit ihren Vor- und Nachteilen der Gemeindevertretung über den Bürgermeister zu offerieren.
Die Phase der Entscheidungsfindung über gemeindliche Selbstverwaltungsaufgaben obliegt grundsätzlich allein der Gemeindevertretung. Lediglich bei "unwichtigen" Routineangelegenheiten der laufenden Verwaltung kommt dem Amt eine eigene Zuständigkeit in

---

[506] **Galette**, GO, § 55 Abs. 5, Erl. 5.
[507] Zur Bestimmtheitsanforderung an eine Norm nur BVerfGE 33, 358 (364); 36, 224 (228); 62, 203 (209); **Maurer**, Allg. VerwR. § 13 Rn. 4; **Wolff/ Bachof/Stober**, VerwR II, § 86 Rn. 101f.; **Faber**, VerwR, § 14 III jeweils mit weiteren Nachweisen.

der Phase der Verwaltungsentscheidung zu.

Die Verwirklichung der Beschlüsse in Außenrechtsmaßnahmen obliegt schließlich weitgehend dem Amt und nicht den Bürgermeistern der amtsangehörigen Gemeinden. Insoweit ist dem Amt durch § 3 I 1 AO im Wege der konservierenden Delegation eine eigennamige Wahrnehmungszuständigkeit eingeräumt worden, die das Amt endgültig aus seiner früheren Rolle als "Schreibstube der amtsangehörigen Gemeinden" heraushebt und es zu einem gleichberechtigtem Verwaltungsträger bei der Erledigung der gemeindlichen Selbstverwaltungsangelegenheiten macht. Das Amt kann daher heute nicht mehr nur als "Erfüllungsgehilfe" der Gemeindebürgermeister angesehen werden.

Literaturverzeichnis

Achterberg, Norbert	Allgemeines Verwaltungsrecht, 2. Auflage 1986, Heidelberg (zit.: VerwR)
Achterberg, Norbert	Einwirkungen des Verfassungsrechts auf das Verwaltungsrecht, JA 1980, S. 210ff.; 273ff.
Adami, Rainer	Zuständigkeit, Unzuständigkeit und Unzuständigkeitsfolgen in der staatlichen Verwaltungsorganisation, Diss. Würzburg, 1971 (zit.: Zuständigkeit)
Bacmeister, Friedrich D.	Die Reform des deutschen Kommunalverfassungsrechts durch die britische Besatzungszone. Wiedereinführung einer demokratischen Stadtverfassung in Lüneburg 1945 und die Neufassung der Deutschen Gemeindeordnung 1946, Frankfurt u.a. 1988 (zit.: Reform)
Badura, Peter	Das Verwaltungsverfahren, in Erichsen/Martens (Hrsg.), Allgemeines Verwaltungsrecht, S. 373ff.
Badura, Peter	Das Verwaltungsrecht des liberalen Rechtsstaats. Methodische Überlegungen zur Entstehung des wissenschaftlichen Verwaltungsrechts, Göttingen 1967 (zit.: Das Verwaltungsrecht des liberalen Rechtsstaats)
Badura, Peter	Die Gesetzgebungskompetenz des Bundes für das Staatshaftungsgesetz, NJW 1981, S. 1337ff.

Baltzer, Klaus	Die Schleswig-Holsteinische Amtsverfassung in der Bewährung, Die Gemeinde 1985, S. 315ff.
Barbey, Günther	Rechtsübertragung und Delegation. Eine Auseinandersetzung mit der Delegationslehre Heinrich Triepels, Diss. Münster 1966 (zit.: Rechtsübertragung und Delegation)
Barschel, Uwe	Sicherung der Selbstverwaltung durch Entbürokratisierung, in: v. Mutius (Hrsg.), Selbstverwaltung im Staat der Industriegesellschaft, Festgabe zum 70. Geburtstag von Georg Christoph von Unruh, S.1171ff. (zit.: Festgabe v. Unruh)
Bartlsperger, Richard	Organisierte Einwirkungen auf die Verwaltung. Zur Lage der zweiten Gewalt; VVDStRL 33 (1975), S. 221ff.
Baumann, Jürgen	Einführung in die Rechtswissenschaft, 7. Auflage, München 1984 (zit,: Einführung)
Battis, Ulrich	Allgemeines Verwaltungsrecht, Heidelberg 1985 (zit.: Allg VerwR)
Bechert, Claus	Bürgermeister einer hauptamtlich verwalteten Landgemeinde, Die Gemeinde 1967, S. 355f.
Becker, Bernd	Aufgabentyp und Organisationsstruktur von Verwaltungsbehörden, Strukturfragen programmierter Verwaltungsaufgaben, Die Verwaltung 1976, S. 273ff. (zit.: Die Verwaltung 1976)
Becker, Erich	Verwaltungsaufgaben, in Morstein Marx, Fritz (Hrsg.), Verwaltung, Eine einführende Darstellung, S. 187ff.(zit.: Verwaltung)
Becker, Erich	Probleme gemeindlicher Neugliederung, Die Gemeinde 1965, 207ff.

Becker, Heinrich	Über die Arbeitsweise größerer Ämter und die Praxis der kleinen Ämter des Kreises Südtondern, Die Gemeinde 1965, S. 6f.
Benne, Günter	Die Verwaltungsstruktur des ländlichen Raumes des Landes Niedersachsen. Nach der Gebiets- und Verwaltungsreform, Köln u.a. 1980 (zit.: Verwaltungsstruktur des ländlichen Raumes)
Bethge, Herbert	Der Kommunalverfassungsstreit, in: Handbuch der kommunalen Wissenschaft, G. Püttner (Hrsg.), Band 3, S. 176ff. (zit.: HdKWP III)
Biaso, Silvio	Entscheidung als Prozeß, Stuttgart 1969.
Bieback, Karl Jürgen	Die öffentliche Körperschaft. Ihre Entstehung, die Entwicklung ihres Begriffs und die Lehre vom Staat und den innerstaatlichen Verbänden in der Epoche des Konstitutionalismus in Deutschland, Berlin 1976 (zit.: Körperschaft)
Bitterberg, Siegfried	Anforderungen an Verwaltungskraft und Leistungsfähigkeit ländlicher Gemeinden, Die Gemeinde 1985, S. 313ff.
Blümel, Willi	Gemeinden und Kreise vor den öffentlichen Aufgaben der Gegenwart, VVDStRL 36 (1978), S. 170ff.
Blümel, Willi	Wesensgehalt und Schranken des kommunalen Selbstverwaltungsrechts, in: v. Mutius (Hrsg.), Selbstverwaltung im Staat der Industriegesellschaft, Festgabe zum 70. Geburtstag von Georg Christoph von Unruh, S. 265ff. (zit.: Festgabe v. Unruh)
Böckenförde, Ernst-Wolfgang	Die Organisationsgewalt im Bereich der Regierung, Berlin 1964 (zit.: Organisationsgewalt)

Böckenförde, Ernst-Wolfgang	Organ, Organisation, Juristische Person. Kritische Überlegungen zu Grundbegriffen und Konstruktionsbasis des staatlichen Organisationsrechts, in: Festschrift für Hans-Julius Wolff zum 75. Geburtstag, München 1973 (zit.: FS für Wolff)
Bogner, Walter	Mehrstufige kommunale Organisationseinheiten, Handbuch der kommunalen Wissenschaft, G. Püttner, (Hrsg.), Band 1, S. 316ff. (zit.: HdKWP I)
Bork, Gundolf	Das Verhältnis der kommunalen Planungen zur staatlichen Planung, Handbuch der kommunalen Wissenschaft, G. Püttner (Hrsg.), Band 3, S. 324ff. (zit.: HdKWP III)
Bosetzky, Horst Heinrich, Peter	Bürokultur - Eindrücke aus dem Lebensraum "Verwaltung", VR 1986, S. 37ff.
Bracker, Reimer	Amtsordnung für Schleswig-Holstein, in: Galette, Alfons/ Laux, Eberhard, Kommentare (zit.: AO)
Bracker, Reimer	Theorie und Praxis der Kommunalaufsicht, in: v. Mutius (Hrsg.), Selbstverwaltung im Staat der Industriegesellschaft, Festgabe zum 70. Geburtstag von Georg Christoph von Unruh, S. 459ff. (zit.: Festgabe v. Unruh)
Bracker, Reimer	Das Amt nach schleswig-holsteinischem Kommunalrecht, VR 1982, S. 78ff.
Bracker, Reimer	Die Ämterneuordnung in Schleswig-Holstein, Die Gemeinde 1970, S. 149ff.
Brockhaus	Enzyklopädie, 17. Auflage, 5. Band Dom-Ez, Wiesbaden
Brohm, Winfried	Verwaltungsvorschriften und besonderes Gewaltverhältnis, DÖV 1964, S. 238ff.

Brohm, Winfried	Die Dogmatik des Verwaltungsrechts vor den Gegenwartsaufgaben der Verwaltung, VVDStRL 30 (1972), S. 245ff.
Brückner, Wolfgang	Die Organisationsgewalt des Staates im kommunalen Bereich, Diss. Würzburg 1974 (zit.: Organisationsgewalt)
Brünner, Christian	Aufgaben der Verwaltung, in Wenger, Karl/Brünner, Christian/Oberndorfer, Peter, Grundriß der Verwaltungslehre, Wien u.a. 1983, S. 89ff. (zit.: Grundriss der Verwaltungslehre)
Bryde, Brun-Otto	Die Einheit der Verwaltung als Rechtsproblem, VVDStRL 46 (1988), S. 181ff.
Bull, Hans Peter	Allgemeines Verwaltungsrecht, 2. Auflage 1986, Heidelberg (zit.: Allg. VerwR)
Coing, Helmut	Grundzüge der Rechtsphilosophie, 4. Auflage 1985, Berlin
Dahlinger, Erich	Die Heranziehung der Gemeinden bei der Durchführung von Aufgaben nach dem BSHG, DÖV 1961, S. 938ff
Dahm, Georg	Deutsches Recht. Die geschichtliche und dogmatischen Grundlagen des geltenden Rechts, 2. Auflage 1963, Stuttgart u.a. (zit.: Deutsches Recht)
Dehmel, Hans Hermann	Übertragener Wirkungskreis; Auftragsangelegenheiten und Pflichtaufgaben nach Weisung. Die Durchführung staatlicher Aufgaben durch die Gemeinden - Grundlage und Wandlungen- Berlin 1970 (zit.: Übertragener Wirkungskreis)
Derlien, Hans-Ulrich	Die Erfolgskontrolle staatlicher Planung. Eine empirische Untersuchung über Organisation, Methode und Politik der Programmevaluation, Baden Baden 1976 (zit.: Erfolgskontrolle staatlicher Planung)

Dieckmann, Rudolf	Problemaufriß zur Verselbständigung von Verwaltungsträgern in: Frido Wagener (Hrsg.), Bonn 1976 (zit.: Problemaufriß)
Dietrich, H.	Betrachtung zu dem Artikel "Probleme der Amtsordnung von Landrat a.D. Hütteroth in Nr. 12/1950 in: Die Gemeinde in: Die Gemeinde 1951, S. 75
Dobiey, Burkhard	Die politische Planung. Zwischen Bundesregierung und Bundestag, Berlin 1975 (zit.: Die politische Planung)
Donath, Börnsen	Amt oder Großgemeinde?, in: Die Gemeinde 1964, S. 252f.
Dreier, Ralf	Stichwort "Organlehre", Sp. 1702, in: Evangelisches Staatslexikon, 2. Auflage 1975, Stuttgart/Berlin
Dunker, Christian	Der Amtsschreiber im Blickfeld der öffentlichen Meinung, Die Gemeinde 1951, S. 125f.
Dunker, Christian	Entwicklung und Situation der Ämter, Die Gemeinde 1964, S. 171f.
Duvenbeck, Wilhelm	Interkommunale Zusammenarbeit und Art. 28 Abs. 2 GG, Diss. Münster, 1966
Ehmke, Horst	Prinzipien der Verfassungsinterpretation, VVDStRL 20 (1963), S. 53ff.
Eichhorn, Peter	Verwaltungshandeln und Verwaltungskosten. Möglichkeiten zur Verbesserung der Wirtschaftlichkeit in der Verwaltung, Baden Baden 1979 (zit.: Verwaltungshandeln und Verwaltungskosten)
Eichhorn, Peter Friedrich, Peter	Verwaltungsökonomie I. Methodologie und Management der öffentlichen Verwaltung, Baden Baden 1976 (zit.: Verwaltungsökonomie I)

Ellwein, Thomas	Staatliche Steuerung in der parlamentarischen Demokratie - Zum Thema der Podiumsdiskussion des Deutschen Juristentages, DÖV 1984, S. 748ff.
Elsner, Gerd	Die Verwaltungsform der Dithmarscher Kirchspielslandgemeinden in ihrer Entwicklung bis zur Gegenwart, Diss. Kiel 1966 (zit.: Kirchspielslandgemeinde)
Endrös, Alfred	Entstehung und Entwicklung des Begriffs "Körperschaft des öffentlichen Rechts" Wien u.a. 1985 (zit.: Körperschaft)
Endruweit, Günter	Die Großgemeinden - eine Notwendigkeit der Industriegesellschaft? AfK 19 (1980), S. 1ff.
Engelke	Die hauptamtlichen Kräfte in der ländlichen Selbstverwaltung, Die Gemeinde 1955, S. 144f.
Engisch, Karl	Einführung in das juristische Denken, 7. Auflage 1977, Stuttgart u.a.
Erichsen Hans-Uwe	Verwaltungsrecht und Verwaltungsgerichtsbarkeit, Bd. I, 2. Auflage, München 1984 Bd. II, 2. Auflage, München 1979
Erichsen, Hans-Uwe	Zur Haftung im Bund-Länder-Verhältnis, Berlin 1986
Erichsen, Hans-Uwe	Zum Verhältnis von Gesetzgebung und Verwaltung nach dem Grundgesetz, VerwA 70 (1979), S. 249ff.
Erichsen, Hans-Uwe	Unbestimmter Rechtsbegriff und Beurteilungsspielraum, VerwA 63 (1972), S. 337ff.

Erichsen, Hans-Uwe	Verfassungs- und verwaltungsrechtliche Möglichkeiten und Grenzen der Einbeziehung anderer Träger in die Erfüllung von Verwaltungsaufgaben, in: v. Mutius/Schmidt-Jortzig (Hrsg.), Probleme mehrstufiger Erfüllung, Siegburg 1982, S. 3ff. (zit.: Probleme mehrstufiger Erfüllung)
Erichsen, Hans-Uwe Knoke, Ulrich	Organisation bundesunmittelbarer Körperschaften durch die Länder? in: DÖV 1985, S. 53ff.
Erichsen, Hans-Uwe Martens, Wolfgang	Allgemeines Verwaltungsrecht, 8. Auflage, Berlin u.a. 1988 (zit.: Allg. VerwR)
Ermacora, Felix	Die Organisationsgewalt, VVDStRL 16 (1958), S. 191ff.
Frese, Erich	Grundlagen der Organisation, 2. Auflage 1984, Wiesbaden
Finkelnburg, Klaus Lässig, Curt Lutz	Kommentar zum Verwaltungsverfahrensgesetz 1. Lfg. §§ 1-10, Düsseldorf 1979 (zit.: VwVfG)
Fischer-Heidlberger, Heinz	Die Rechtsstellung der Mitgliedsgemeinden in der Verwaltungsgemeinschaft, Köln u.a. 1983
Foerstemann, Friedhelm	Die kurze und effiziente Sitzung der Gemeindevertretung, Die Gemeinde 1988, S. 133ff.
Foerstemann, Friedhelm	Vorsitz und Verfahren in der kommunalen Vertretungskörperschaft, in: Handbuch der kommunalen Wissenschaft, G. Püttner (Hrsg.), Band 2, S. 90ff (zit.: HdKWP II)
Foerster, German	Kommunalverfassungsrecht Schleswig-Holstein, 2. Auflage Köln u.a. 1981 (zit.: AO resp. LVwG)
Forsthoff, Ernst	Lehrbuch des Verwaltungsrechts, Band I, Allgemeiner Teil, 10. Auflage, München 1973 (zit.: VerwR)

Frahm, Heinrich	Welche Chance hat das flache Land? in: Die Gemeinde 1967, S. 124f.
Franzen, Andreas	Die Zukunft der Schleswig-Holsteinischen Amtsverfassung, Die Gemeinde 1985, S. 319f.
Freibert, Anke	Grundlagen der inneren Behördenorganisation, in: Mattern, Karl-Heinz, Allgemeine Verwaltungslehre, 2. Auflage 1985, Regensburg, S. 101ff. (zit.: Verwaltungslehre)
Frenzel, Michael	Herkunft und Entwicklung des rechtsstaatlichen Verfahrensgedankens am Beispiel der Enteignungsrechte, Der Staat Bd. 18 (1979), S. 592ff.
Friauf, Karl Heinrich	Grundfragen der heutigen Verwaltungsrechtslehre, Der Staat Bd. 9 (1970), S. 223ff.
Frotscher, Werner	Selbstverwaltung und Demokratie, in: v. Mutius (Hrsg.), Selbstverwaltung im Staat der Industriegesellschaft, Festgabe zum 70. Geburtstag von Georg Christoph von Unruh, S. 127ff. (zit.: Festgabe v. Unruh)
Frowein, Jochen	Der Status der kommunalen Volksvertretung, Handbuch der kommunalen Wissenschaft, G. Püttner (Hrsg.), Band. 2, S. 81ff. (zit.: HdKWP II)
Fuchs, Michael	Beauftragte in der öffentlichen Verwaltung, Berlin 1985
Fürst, Dietrich	Kommunale Entscheidungsprozesse. Ein Beitrag zur Selektivität politisch-administrativer Prozesse, Baden Baden 1975, (zit.: Kommunale Entscheidungsprozesse)
Galette, Alfons	Wege zur Stärkung der Verwaltungskraft der Gemeinden, Die Gemeinde 1959, S. 143ff.

Galette, Alfons Laux, Eberhardt	Kommentare zur Gemeindeordnung, Kreisordnung, Amtsordnung für Schleswig-Holstein, Wiesbaden, Stand Oktober 1987 (zit.: GO)
Geiger	Von der Würde und Bürde eines Bürgermeisters, Die Gemeinde 1967, S. 4f.
Geppert, Manfred	Ziele und Aufgaben der Verwaltung, in: Joerger, Gernot/Geppert, Manfred, Grundzüge der Verwaltungslehre, Band 2, 3. Auflage 1983, Stuttgart u.a., S. 46ff. (zit.: Grundzüge der Verwaltungslehre)
Germann, Oskar Adolf	Probleme und Methoden der Rechtsfindung, 2. Auflage, Bern 1967
Göb, Josef	Verfassungsrecht der Ämter und amtsangehörigen Gemeinden, in: Handbuch der kommunalen Wissenschaft und Praxis, Band 1, Kommunalverfassung, Peters, Hans (Hrsg.), Berlin u.a. 1956 (zit.: HdKWP I 1956)
Göb, Rüdiger	Gemeindefreiheit heute und morgen, Die Gemeinde 1965, S. 263ff.
Göb, Rüdiger	Verwaltungsstruktur und Raumordnung, Die Gemeinde 1965, S. 204ff.
Gönnenwein, Otto	Gemeinderecht, Tübingen 1963
Grabitz, Eberhard	Der Grundsatz der Verhältnismäßigkeit in der Rechtsprechung des Bundesverfassungsgerichts, AöR 98 (1973), S. 568ff.
Grawert, Rolf	Gemeinden und Kreise vor den öffentlichen Aufgaben der Gegenwart, VVDStRL 36 (1977), S. 277ff.
Grawert, Rolf	Verwaltungsabkommen zwischen Bund und Ländern in der Bundesrepublik Deutschland, Berlin 1967 (zit.: Verwaltungsabkommen)

Gröttrup, Hendrik	Die kommunale Leistungsverwaltung. Die Grundlagen der gemeindlichen Daseinsvorsorge, Stuttgart u.a. 1973 (zit.: Die kommunale Leistungsverwaltung)
Gusy, Christoph	Der Vorrang des Gesetzes, JuS 1983, S. 189ff.
Häberle, Peter	Verfassungsprinzipien im "Verwaltungsverfahrensgesetz", in: Festschrift zum 50jährigen Bestehen des Richard Boorberg Verlags (1977), S. 47ff. (zit.: FS zum 50jährigen Bestehen des Richard Boorberg Verlags 1977)
Häberle, Peter	"Leistungsrecht" im sozialen Rechtsstaat, in Festschrift Küchenhoff, Recht und Staat, S. 453ff. (zit.: FS Küchenhoff 1977)
Häberle, Peter	Grundrechte im Leistungsstaat, VVDStRL 30 (1972), S. 43ff.
Hegner, Friedhart	Das "magische Viereck" der Verwaltungsführung: motivierte Mitarbeiter, gut funktionierende Organisation, abnahmefähige Leistungen, zufriedene Klienten, in: Verwaltungsführung, Remer, Andreas (Hrsg.), Berlin u.a. 1982 (zit.: Verwaltungsführung)
von der Heide, Hans-Jürgen	Der Strukturwandel des "flachen Landes" als Verwaltungsproblem, Der Landkreis 1965, S. 72ff.
Heinze, Christian	Das Zusammenwirken von Behörden beim Erlaß von Verwaltungsakten, VerwA 52 (1961), S. 159ff., 275ff.
Henf, Frieder	Bürgermeister=Bürgermeister? Die Stellung des Bürgermeisters in der amtsangehörigen Gemeinde, Die Gemeinde 1985, S. 321ff.
Hergenhan, Otto	Amtsverband oder amtsfreie Gemeinde? in: Die Gemeinde 1964, S. 266ff.

Hesse, Konrad	Grundzüge des Verfassungsrechts der Bundesrepublik Deutschland, 15. Auflage 1985, Heidelberg (zit.: Grundzüge)
Heussner, Hermann	Vorbehalt des Gesetzes und "Wesentlichkeitstheorie", in: Avenarius, Hermann (Hrsg.), Festschrift für Erwin Stein, Bad Homburg 1983, S. 111ff. (zit.: Vorbehalt des Gesetzes und "Wesentlichkeitstheorie")
Hill, Hermann	Das fehlerhafte Verfahren und seine Folgen im Verwaltungsrecht, Heidelberg 1986
Hill, Hermann	Die Rolle des Bürgers in der Gemeindeverfassung unter dem Einfluß der Territorialreform, Diss. Mainz 1979 (zit.: Die Rolle des Bürgers in der gemeindeverfassung)
Hillmann, Gert	Aspekte der Bürodiskussion, VerwA 77 (1986), S. 1ff.
Hintzen, Johannes	Das kommunale Dienstrecht, in: Handbuch der kommunalen Wissenschaft, G. Püttner (Hrsg.), Band 3, S. 217ff. (zit.: HdKWP III)
Höhn, Reinhard	Moderne Führungsprinzipien in der Kommunalverwaltung. Zugleich eine Antwort an die kommunale Gemeinschaftsstelle für Verwaltungsvereinfachung (KGSt.), Bad Harzburg 1972 (zit.: Moderne Führungsprinzipien)
Hoppe, Werner	Kommunale Selbstverwaltung und Planung, in: v. Mutius (Hrsg.), Selbstverwaltung im Staat der Industriegesellschaft, Festgabe zum 70. Geburtstag von Georg Christoph von Unruh, S. 555ff. (zit.: Festgabe v. Unruh)
Hoppe, Werner Rengeling, Hans-Werner	Rechtsschutz bei der kommunalen Gebietsreform. Verfassungsrechtliche Maßstäbe zur Überprüfung von Neugliederungsgesetzen, Franfurt 1973 (zit.: Rechtsschutz)

Horn, Thomas J.	Das organisationsrechtliche Mandat, NVwZ 1986, S. 808ff.
Hruschka, Joachim	Das Verstehen von Rechtstexten. Zur hermeneutischen Transpositivität des positiven rechts, München 1972 (zit.: Das Verstehen von Rechtstexten)
Hütteroth	Probleme der Amtsordnung, Die Gemeinde 1950, S. 192f.
Isbary, Gerhard	Kennt die Zukunft noch Dörfer? in: Der Landkreis 1968, S. 7ff.
Isensee, Josef	Die typisierende Verwaltung. Gesetzesvollzug im Masseverfahren am Beispiel der typisierenden Betrachtungsweise des Steuerrechts, Berlin 1976 (zit.: Die typisierende Verwaltung)
Jändling, Hans	Ein kleines Dorf erprobt den Aufstand, Die Gemeinde 1986, S. 32f.
Jarass, Hans Diether	Politik und Bürokratie als Elemente der Gewaltenteilung, München 1975
Jensen	Das Amt des Bürgermeisters, Die Gemeinde 1967, S. 354
Joerger, Gernot Geppert, Manfred (Hrsg.)	Grundzüge der Verwaltungslehre, Band 2, 3. Auflage, Stuttgart u.a. 1983
Jourdan, Rudolf	Organisation, in: Joerger, Gernot/Geppert, Manfred, Grundzüge der Verwaltungslehre, Band 2, 3. Auflage 1983, Stuttgart u.a., S. 318f. (zit.: Grundzüge der Verwaltungslehre)
Karehnke, Helmut	Einige Überlegungen zur Verbesserung des Leistungsbereichs in Bundesministerien, DVBl. 1975, S. 965ff.
Kevenhörster, Paul	Kontrolle der Aufgabenerfüllung, in: Handbuch der kommunalen Wissenschaft, G. Püttner, (Hrsg.), Band 3, S. 441ff. (zit.: HdKWP III)

Kieser, Alfred Kubicek, Herbert	Organisation, 2. Auflage 1983, Berlin u.a.
Kisker, Gunter	Kooperation im Bundesstaat. Eine Untersuchung zum kooperativen Föderalismus in der Bundesrepublik Deutschland, Tübingen 1971 (zit.: Kooperation im Bundesstaat)
Kloepfer, Michael	Der Vorbehalt des Gesetzes im Wandel, JZ 1984, S. 685ff.
Klüber, Hans	Das Gemeinderecht in den Ländern der Bundesrepublik Deutschland, Berlin u.a. 1972 (zit.: Gemeinderecht)
Klüber, Hans	Handbuch der Kommunalpolitik, Göttingen 1971
Knack, Hans-Joachim	Verwaltungsverfahrensgesetz, 2. Auflage, Köln u.a. 1982 (zit.: VwVfG)
Knemeyer, Franz-Ludwig	Die verfassungsrechtliche Gewährleistung des Selbstverwaltungsrechts, in: v. Mutius (Hrsg.), Selbstverwaltung im Staat der Industriegesellschaft, Festgabe zum 70. Geburtstag von Georg Christoph von Unruh, S. 209ff. (zit.: Festgabe v. Unruh)
Knopp, Anton Fichtner, Otto	Bundessozialhilfegesetz, 6. Auflage 1988, Berlin u.a. (zit.: Kommentar zum BSHG)
Koehler, Wolrad	Zur Auslegung des § 3 I Satz 1 der AO, Die Gemeinde 1967, S. 349f.
Körner, Hans	Ist die Amtsverfassung zeitnah? in: Die Gemeinde 1967, S. 63f.
Köstering, Heinz	Das Verhältnis zwischen Gemeinde- und Kreisaufgaben einschließlich der Funktionalreform, in: Handbuch der kommunalen Wissenschaft, G. Püttner (Hrsg.), Band 3. S. 65ff. (zit.: HdKWP III)

Köstering, Heinz	Sicherung der Selbstverwaltung durch Territorial- und Funktionalreform, in: v. Mutius (Hrsg.), Selbstverwaltung im Staat der Industriegesellschaft, Festgabe zum 70. Geburtstag von Georg Christoph von Unruh, S. 1131ff. (zit.: Festgabe v. Unruh)
Köttgen, Arnold	Kommunale Selbstverwaltung zwischen Krise und Reform, Stuttgart u.a. 1968
Köttgen, Arnold	Die Organisationsgewalt, VVDStRL 16 (1958), S.154ff.
Köttgen, Arnold	Der Strukturwandel des flachen Landes als Verwaltungsproblem, AfK 3 (1964), S. 155ff.
Kopp, Ferdinand	Verwaltungsverfahrensgesetz, 4. Auflage München 1986 (zit.: VwVfG)
Kottenberg, Kurt Rehn, Erich	Gemeindeordnung für das Land Nordrhein-Westfalen, 12. Ergänzungslieferung, Siegburg (zit.: GO)
Krautter, Horst Müller-Hedrich, Bernd	Planen, Entscheiden, Wirtschaftlichkeit, in: Joerger, Gernot/Geppert, Manfred, Grundzüge der Verwaltungslehre, Band 2, 3. Auflage 1983, Stuttgart u.a., S. 33ff. (zit.: Grundzüge der Verwaltungslehre)
Krebs, Walter	Zur Rechtsprechung der Exekutive durch Verwaltungsvorschriften, VerwA 70 (1979), S. 259ff.
Kriele, Martin	Theorie der Rechtsgewinnung, entwickelt am Problem der Verfassungsinterpretation, 2. Auflage 1976, Berlin (zit.: Theorie der Rechtsgewinnung)
Krüger, Herbert	Allgemeine Staatslehre, 2. Auflage, Stuttgart 1966.
Kübler, Hartmut	Organisation und Führung in Behörden, Stuttgart u.a. 1974

Kujath	Probleme in den Schleswig-Holsteinischen Ämtern, Die Gemeinde 1964, S. 179ff.
Kummer, Bernd	Die funktionelle Organisation/ Ablauforganisation, in: Handbuch der kommunalen Wissenschaft, G. Püttner (Hrsg.), Band 3, S. 121ff. (zit.: HdKWP III)
Kunze, Richard	Sachgerechtigkeit, in: Morstein Marx, Fritz, Verwaltung. Eine einführende Darstellung, Berlin 1965, S. 229ff.(zit.: Sachgerechtigkeit)
Kunze, Richard Bronner, Otto Katz, Alfred Rothberg, Konrad Freiher von	Gemeindeordnung für Baden-Württemberg, 6. Ergänzungslieferung, Stuttgart u.a., Stand März 1988 (zit.: GO)
Laband, Paul	Das Staatsrecht des Deutschen Reiches, Band 1 und 2, 5. Auflage 1911, Freiburg u.a. (zit.: Staatsrecht)
Lampe, Ernst-Joachim	Juristische Semantik, Bad Homburg u.a. 1970
Lange, Hermann	Aufgabenkritik und Entbürokratisierung -berechtigte Hoffnung oder Selbsttäuschung, DÖV 1985, S. 169ff.
Lanvermeyer, Eckehard	Planung und Entscheidung, in: in: Mattern, Karl-Heinz, Allgemeine Verwaltungslehre, 2. Auflage 1985, Regensburg, S. 162ff. (zit.:Verwaltungslehre)
Larenz, Karl	Methodenlehre der Rechtswissenschaft, 5. Auflage 1983, Berlin u.a. (zit.: Methodenlehre)
Laubinger, Hans-Werner	Grundrechtsschutz durch Gestaltung des Verwaltungsverfahrens, VerwA 73 (1982), S. 60ff.

Lauscher, Carl-Wilhelm	Die Delegation von Hoheitsrechten durch Gemeinden auf Gemeinden und Gemeindeverbände, Diss. Münster 1966 (zit.: Die Delegation von Hoheitsrechten)
Laux, Eberhard	Die Entwicklung der Schleswig-Holsteinischen Landgemeinden seit 1867, Die Gemeinde 1960, S. 81ff., 101ff., 121ff.
Laux, Eberhard	Zur Auslegung von § 3 Abs. 1 Satz 1 der Amtsordnung, Die Gemeinde 1967, S. 282f.
Laux, Eberhard	Die "verselbständigten Verwaltungsträger" in der wissenschaftlichen Diskussion, DÖV 1981, S. 861ff.
Laux, Eberhard	Über "Führung", AfK 22 (1983), S. 209ff.
Lecheler, Helmut	Die Personalgewalt öffentlicher Dienstherren, Berlin 1977 (zit.: Die Personalgewalt)
Lecheler, Helmut	Die Personalhoheit der Gemeinden, in: v. Mutius (Hrsg.), Selbstverwaltung im Staat der Industriegesellschaft, Festgabe zum 70. Geburtstag von Georg Christoph von Unruh, S. 541ff. (zit.: Festgabe v. Unruh)
Lehmann-Grube, Hinrich	Aufgaben und Zuständigkeiten der kommunalen Vertretungskörperschaft, in: Handbuch der kommunalen Wissenschaft, G. Püttner, (Hrsg.), S. 119ff. (zit.: HdKWP II)
Leis, Günther	Stand und Entwicklung der Bürokommunikation in der öffentlichen Verwaltung - Verwaltungspolitische Perspektiven -, VerwA 76 (1985), S. 61ff.

Lengheimer, Karl — Die Gehorsamspflicht der Verwaltungsorgane. Eine verfassungsrechtliche Untersuchung zum Dienstrecht. Gleichzeitig ein Beitrag zur Lehre vom Verwaltungsakt, Wien u.a. 1975 (zit.: Die Gehorsamspflicht der Verwaltungsorgane)

Loeser, Roman — Die bundesstaatliche Verwaltungsorganisation in der Bundesrepublik. Verwaltungsverflechtungen zwischen Bund und Ländern, Baden Baden 1981 (zit.: Bundesstaatliche Verwaltungsorganisation)

Loeser, Roman — Mischverwaltung, Diss. Göttingen 1973

von Loewenich, Gerhard — "..... Den Menschen im ländlichen Raum eine Perspektive geben, in: Der Landkreis 1987, S. 529ff.

Loschelder, Wolfgang — Kommunale Selbstverwaltungsgarantie und gemeindliche Gebietsgestaltung, Berlin 1976

Loschelder, Wolfgang — Personalverwaltung und Personalführung, in: Morstein Marx, Fritz, Verwaltung. Eine einführende Darstellung, Berlin 1965, S.127ff. (zit.: Verwaltung)

Loschelder, Wolfgang — Selbstverwaltung durch mehrstufige Aufgabenerfüllung auf kommunaler Ebene, in: v. Mutius (Hrsg.), Selbstverwaltung im Staat der Industriegesellschaft, Festgabe zum 70. Geburtstag von Georg Christoph von Unruh, S.381ff.(zit.: Festgabe v. Unruh)

Lücke, Jörg — Soziale Grundrechte als Staatszielbestimmung und Gesetzgebungsaufträge, AöR 107 (1982), S. 15ff.

Lüersen, Karl
Neuffer, Martin — Niedersächsische Gemeindeordnung, 14. Lieferung, Kaiserslautern, Stand Februar 1987 (zit.: NdsGO)

Luhmann, Niklas	Legitimation durch Verfahren, Neuwied am Rhein u.a., 1969
Luhmann, Niklas	Theorie der Verwaltungswissenschaft, Köln u.a. 1966
Luhmann, Niklas	Lob der Routine, VerwA 55 (1974), S. 1ff.
Mackensen	Deutsches Wörterbuch, 10. Auflage 1982, München
Mahrt, Peter	Noch einmal Amtsverwaltung, Die Gemeinde 1951, S. 195ff.
Makswit, Jürgen	Finanzierung kommunaler Fremdverwaltung unter besonderer Berücksichtigung des finanzverfassungsrechtlichen Konnexitätsprinzips, Frankfurt u.a. 1984 (zit.: Finanzierung kommunaler Fremdverwaltung)
Masson, Christoph fortgeführt von Samper, Rudolf	Bayrische Kommunalgesetze, Kommentar, Gemeindeordnung, Landkreisordnung, Bezirksordnung, München, 51. Lieferung, Stand Mai 1988 (zit.: BayGO)
Matthiesen, Peter	Einige Gedanken zur Stärkung der Verwaltungskraft der Ämter, Die Gemeinde 1964, S. 174ff.
Maunz, Theodor Dürig, Günter	Kommentar zum Grundgesetz, Loseblatt München 1979 (zit.: Bearbeiter, Maunz-Dürig-Herzog-Scholz, GG)
Maunz, Theodor Zippelius, Reinhold	Deutsches Staatsrecht, 26. Auflage 1985
Maurer, Hartmut	Allgemeines Verwaltungsrecht, 5. Auflage, München 1986 (zit.: Allg. VerwR)
Maurer, Hartmut	Der Verwaltungsvorbehalt, VVDStRL 43 (1985), S. 135ff.

Mayer, Franz	Geschäftsgang, in: Morstein Marx, Fritz, Verwaltung. Eine einführende Darstellung, Berlin 1965, S.298ff. (zit.: Verwaltung)
Mayer, Franz	Allgemeines Verwaltungsrecht, 4. Auflage, Stuttgart u.a. 1977 (zit.: Allg. VerwR)
Mayer, Otto	Deutsches Verwaltungsrecht, Erster Band, 3. Auflage, München u.a. 1924 (zit.: Verwaltungsrecht)
Matthiesen, Peter	Einige Gedanken zur Stärkung der Verwaltungskraft der Ämter, Die Gemeinde 1964, S. 174ff.
Mayntz, Renate	Soziologie der öffentlichen Verwaltung, 3. Auflage, Heidelberg 1985
Meixner, Hans-Eberhard	Personalpolitik, Köln u.a. 1982
Menger, Christian-Friedrich Erichsen, Hans-Uwe	Höchstrichterliche Rechtsprechung zum Verwaltungsrecht, VerwA 58 (1967), S. 70ff.
Meyer, Hans Borgs-Maciejewski, Hermann	Verwaltungsverfahrensrecht, 2. Auflage, Frankfurt 1982 (zit.: VwVfG)
Meyer, Poul	Die Verwaltungsorganisation, Göttingen 1962
Meyer	Großes Konservationslexikon, 6. Auflage, 5. Band, Leipzig 1904
Möller, Peter	Die schleswig-holsteinischen Gemeinden und Ämter, Die Gemeinde 1981, S. 266ff.
Mohn, Hans	Die Kommunalverfassung in Nordrhein-Westfalen, DVBl. 1978, S. 131ff.

Mombaur, Peter Michael	Daseinsvorsorge in Gemeinden und Kreisen, in: v. Mutius (Hrsg.), Selbstverwaltung im Staat der Industriegesellschaft, Festgabe zum 70. Geburtstag von Georg Christoph von Unruh, S. 503ff. (zit.: Festgabe v. Unruh)
Morstein Marx, Fritz	Bürokratisierung und Leistungsordnung, in: Morstein Marx, Fritz, Verwaltung. Eine einführende Darstellung, Berlin 1965, S. 76ff. (zit.: Verwaltung)
Morstein Marx, Fritz	Hierarchie und Entscheidungsweg, in: Morstein Marx, Fritz, Verwaltung. Eine einführende Darstellung, Berlin 1965, S. 109ff. (zit.: Verwaltung)
Morstein Marx. Fritz	Das Dilemma des Verwaltungsmannes, Berlin 1965
Morstein Marx, Fritz	Verwaltung. Eine einführende Darstellung, Berlin 1965
Mronz, Dieter	Körperschaften und Zwangsmitgliedschaft. Die staatsorganisations- und grundrechtliche Problematik der Zwangsverbände, aufgezeigt am Beispiel von Arbeitnehmerkammern, Berlin 1973 (zit.: Körperschaften)
Müller, Edda	Organisationsstruktur und Aufgabenerfüllung -Bemerkungen zur ministeriellen Organisation-, DÖV 1986, S. 10ff.
Müller-Hedrich, Bernd	Planen, Entscheiden, Wirtschaftlichkeit, in: Joerger, Gernot/Geppert, Manfred, Grundzüge der Verwaltungslehre, band 2, 3. Auflage 1983, Stuttgart u.a., S. 116ff. (zit.: Grundzüge der Verwaltungslehre)
v. Münch, Ingo	Besonderes Verwaltungsrecht, 8. Auflage, Berlin u.a. 1988
Mußgnug, Reinhard	Das Recht auf den gesetzlichen Verwaltungsbeamten?, Göttingen 1970

v. Mutius, Albert	Kommunalrechtliche und verwaltungswissenschaftliche Determinanten mehrstufiger Aufgabenerfüllung, in: v. Mutius, Albert/ Schmidt-Jortzig, Edzard (Hrsg.), Probleme mehrstufiger Erfüllung von Verwaltungsaufgaben auf kommunaler Ebene, Siegburg 1982, S. 19ff. (zit.: Probleme mehrstufiger Erfüllung)
v. Mutius, Albert	Örtliche Aufgabenerfüllung. Traditionelles, funktionales oder neues Selbstverwaltungsverständnis, in: v. Mutius (Hrsg.), Selbstverwaltung im Staat der Industriegesellschaft, Festgabe zum 70. Geburtstag von Georg Christoph von Unruh, S.227ff. (zit.: Festgabe v. Unruh)
v. Mutius, Albert (Hrsg.)	Selbstverwaltung im Staat der Industriegesellschaft, Festgabe zum 70. Geburtstag von Georg Christoph von Unruh, Heidelberg 1983
v. Mutius, Albert	Sind weitere rechtliche Maßnahmen zu empfehlen, um den notwendigen Handlungs- und Entfaltungsspielraum der kommunalen Selbstverwaltung zu gewährleisten? Gutachten für den 53. Deutschen Juristentag, Bd. 1, München 1980 (zit.: Gutachten E zum 53. DJT)
v. Mutius, Albert	Grundfälle zum Kommunalrecht, JuS 1976, S. 652ff.
v. Mutius, Albert	Grundrechte als "Teilhaberechte". Zu den verfassungsrechtlichen Aspekten des "numerus clausus", VerwA 64 (1973), S. 183ff.
v. Mutius, Albert Schmidt-Jortzig, Edzard (Hrsg.)	Probleme mehrstufiger Erfüllung von Verwaltungsaufgaben auf kommunaler Ebene, Siegburg 1982

Niemeier, Hans	Bund und Gemeinden. Aktuelle Organisations-, Finanz- und Verfassungsprobleme, Berlin 1972 (zit.: Bund und Gemeinden)
Nocke, Joachim	Wissen in der Organisation. Strukturelle und funktionale Abhängigkeiten der Verwaltungsqualifikation, Berlin 1980 (zit.: Wissen in der Organisation)
Novak, Ekkehard	Personalwesen, in: Mattern, Karl-Heinz, Allgemeine Verwaltungslehre, 2. Auflage 1985, Regensburg, S. 199ff. (zit.: Verwaltungslehre)
Obermayer, Klaus	Die Übertragung von Hoheitsbefugnissen im Bereich der Verwaltungsbehörden, JZ 1956, S. 625ff.
Odenbreit, Walter	Das rheinisch-westfälische Amt, Münster/Westfalen 1939
Oebbecke, Janbernd	Weisungs- und unterrichtungsfreie Räume in der Verwaltung, Köln u.a. 1986 (zit.: Räume in der Verwaltung)
Oebbecke, Janbernd	Zweckverbände und kommunale Gebietsreform in Nordrhein-Westfalen, DÖV 1983, S. 99ff.
ohne Verfassernennung	Das Änderungsgesetz zur Amtsordnung, Die Gemeinde 1950, S. 73ff.
ohne Verfassernennung	Änderung der Amtsordnung, die Gemeinde 1966, S. 33ff.
ohne Verfassernennung	Blieben von dem Hering nur noch Gräten? Vom fetten Schwein zum Spanferkel, in: Die Gemeinde 1966, S. 145ff.
Ossenbühl, Fritz	Die Erfüllung von Verwaltungsaufgaben durch Private, VVDStRL 29 (1971), S. 137ff.
Ossenbühl, Fritz	Verwaltungsvorschriften und Grundgesetz, Bad Homburg u.a. 1968

Ossenbühl, Fritz	Verwaltungsverfahren zwischen Verwaltungseffizienz und Rechtsschutzauftrag, NVwZ 1982, S. 465ff.
Ostermann, Jürgen	Technische Mittel der Aufgabenerfüllung, in: Handbuch der kommunalen Wissenschaft, G. Püttner (Hrsg.), S. 201ff. (zit.: HdKWP III)
Ottens, Wolfgang	Gemeinderecht in Schleswig-Holstein, Herford 1980 (zit.: Gemeinderecht)
Otto, Hans-W.	Die kommunalpolitische Lage auf dem flachen Lande, Die Gemeinde 1968, S. 2ff.
Pagenkopf, Hans	Kommunalrecht I: Verfassungsrecht, 2. Auflage, Köln u.a. 1975 (zit.: Kommunalrecht)
Pappermann, Ernst	Funktionalreform im kommunalen Bereich, insbesondere zum Standort der Kreise, in: Thränhardt, Dietrich (Hrsg.), Funktionalreform - Zielperspektiven und Probleme einer Verwaltungsreform (zit.: Funktionalreform)
Pappermann, Ernst	Der Status der Gemeinden und Kreise als Gebietskörperschaften, in: Handbuch der kommunalen Wissenschaft, G. Püttner (Hrsg.), S. 299ff. (zit.: HdKWP I)
Pappermann, Ernst	Bürokritik und kommunale Selbstverwaltung, Der Städtetag 1980, S. 667ff.
Peters, Hans (Hrsg.)	Handbuch der kommunalen Wissenschaft und Praxis, Band 1, Kommunalverfassung, Berlin u.a. 1956
Petersen, Andreas	Das Widerspruchs- und Beanstandungsrecht des Bürgermeisters in ehrenamtlich verwalteten Landgemeinden, Die Gemeinde 1968, S. 142ff.

Petersen, Klaus	Über Planung einer Neuordnung der Ämter in dem Festlandsteil des Kreises Südtondern, Die Gemeinde 1965, S. 2ff.
Pfaff, Richard	Die Gemeinden als legitime und legale Repräsentanten von Bürgerinteressen. Zugleich ein Beitrag zur "kommunalen Verbandsklage", VerwA 70 (1979), S. 1ff.
Poppner	Probleme einer amtsangehörigen Entwicklungsgemeinde, Die Gemeinde 1964, S. 217f.
Püttner, Günter	Verantwortlichkeit und Kontrollpflicht, in: Handbuch der kommunalen Wissenschaft, G. Püttner (Hrsg.), S. 435ff. (zit.: HdKWP III)
Püttner, Günter	Vorbemerkungen, in: Handbuch der kommunalen Wissenschaft, G. Püttner, (Hrsg.), S. 3ff. (zit.: HdKWP III)
Püttner, Günter	Verwaltungslehre, München 1982
Püttner, Günter (Hrsg.)	Handbuch der kommunalen Wissenschaft und Praxis, Band 1, 2. Auflage 1981; Band 2, 2. Auflage, 1981; Band 32. Auflage 1983, Berlin u.a.
Radbruch, Gustav	Rechtsphilosophie, 5. Auflage, Stuttgart 1956
Rasch, Ernst	Die staatliche Verwaltungsorganisation, Köln u.a. 1967
Rasch, Ernst	Bemerkungen zur Rechtsnatur organisatorischer Maßnahmen, DVBl. 1983, S. 617ff.
Raschauer, Bernhard Kazda, Wolfgang J.	Organisation in der Verwaltung, in: Wenger, Karl/Brünner, Christian/ Oberndorfer, Peter (Hrsg.), Grundriß der Verwaltungslehre, Wien u.a. 1983, S. 141ff. (zit.: Organisation der Verwaltung)

Rauball, Werner	Kommunale Auftragsangelegenheiten in Nordrhein-Westfalen - eine Bestandsaufnahme -, VR 1987, S. 181ff.
Reding, Kurt	Die Effizienz staatlicher Aktivitäten, Baden Baden 1981
Reichert, Bernd	Das Spannungsverhältnis zwischen Bürgermeister und Gemeinderat, dargestellt am Beispiel des Informations- und Kontrollrechts des Gemeinderats in Baden-Würrtemberg, Diss. Speyer 1979 (zit.: Das Spannungsverhältnis zwischen Bürgermeister und Gemeinderat)
Rehn, Erich	Repräsentative Demokratie und bürgerschaftliche Mitwirkung in der Kommunalverwaltung, in: v. Mutius (Hrsg.), Selbstverwaltung im Staat der Industriegesellschaft, Festgabe zum 70. Geburtstag von Georg Christoph von Unruh, S. 305ff. (zit.: Festgabe v. Unruh)
Remer, Andreas (Hrsg.)	Verwaltungsführung. Beiträge zu Organisation, Kooperationsstil und Personalarbeit in der öffentlichen Verwaltung, Berlin u.a. 1982
Rengeling, Hans-Werner	Verwaltungswissenschaftliche Grundlagen der kommunalen Gebietsreform, DVBl. 1976, S. 353ff.
Rengeling, Hans-Werner	Formen interkommunaler Zusammenarbeit, in: Handbuch der kommunalen Wissenschaft, G. Püttner (Hrsg.), S. 385ff. (zit.: HdKWP II)
Reuß, Hermann	Freiheit und Bindung der Verwaltung im Rechtsstaat, DVBl. 1959, S. 533f.
Richter, Jürgen	Verfassungsprobleme der kommunalen Funktionalreform. Zur dogmatischen Einordnung des Art. 28 Abs. 2 GG, Köln 1977 (zit.: Verfassungsprobleme der kommunalen Funktionalreform)

Richter, Lutz	Die Organisationsgewalt. Verwaltungsreform und Rechtsstaat, Leipzig 1926 (zit.: Die Organisationsgewalt)
Rietdorf, Fritz	Die Gemeinschaftsaufgaben - ein Schritt zur gemeinsamen Aufgabenplanung von Bund und Ländern?, in: DÖV 1972, S. 513ff.
Rietdorf, Fritz	Die neue Amtsordnung für Schleswig-Holstein, Die Gemeinde 1953, S. 124ff.
Rietdorf, Fritz	Die Amtsordnung für Schleswig-Holstein (Neufassung 1952), Kiel 1952 (zit.: AO)
Rinken, Alfred	Einführung in das juristische Studium, München 1977 (zit.: Einführung)
Ronellenfitsch, Michael	Die Mischverwaltung im Bundesstaat, Berlin 1975 (zit.: Mischverwaltung)
Roth, Günter H.	Recht, Politik, Ideologie in der Rechtsprechung - Rechtssoziologische Bemerkungen aus Anlaß des Bundesverfassungsgerichtsurteils zu § 218 StGB, JuS 1975, S. 617ff.
Rudolf, Walter	Verwaltungsorganisation, in: Erichsen, Hans-Uwe/Martens, Hans-Uwe, Allgemeines Verwaltungsrecht, S. 617ff.
Rudzio, Wolfgang	Die Neuordnung des Kommunalwesens in der Britischen Zone. Zur Demokratisierung und Dezentralisierung der politischen Struktur: eine britische Reform und ihr Ausgang, Stuttgart 1968 (zit.: Neuordnung)
Rückwardt, Bernd	Koordination des Verwaltungshandelns. Grundlage der Koordination.Koordinationsbedarf.Instrumente der Koordination.Anwendungsbeispiele, Berlin 1978 (zit.: Koordination des Verwaltungshandelns)

Rüfner, Wolfgang	Die Rechtsformen der sozialen Sicherung und das Allgemeine Verwaltungsrecht, VVdStRL 28 (1970), S. 187ff.
Rupp, Hans Heinrich	Grundfragen der heutigen Verwaltungsrechtslehre. Verwaltungsnorm und Verwaltungsrechtsverhältnis, Tübingen 1965 (zit.: Grundfragen)
Ryffel, Hans	Eigenverantwortlichkeit, in: in: Morstein Marx, Fritz, Verwaltung. Eine einführende Darstellung, Berlin 1965, S. 456ff. (zit.: Eigenverantwortlichkeit)
Sachs, Michael	Die normsetzende Vereinbarung im Verwaltungsrecht, VerwA 74 (1983), S. 25ff.
Sachverständigengutachten	Zur lokalen und regionalen Verwaltungsneuordnung in Schleswig-Holstein, 1968 (zit.: Sachverständigengutachten)
Salzwedel, Jürgen	Kommunale Gebietsänderung und Selbstverwaltungsgarantien, DÖV 1969, S. 810f.
Schäfer, Rudolf Volger, Gernot	Kommunale Vertretungskörperschaften -Ein Literaturbericht- AfK 16 (1977), S. 68ff.
Scheerbarth, Hans Walter Höffken, Heinz	Beamtenrecht, 4. Auflage 1982, Siegburg
Schenke, Wolf-Rüdiger	Organisatorische Regelungen mit Außenwirkung durch Verwaltungsvorschriften - Bemerkungen zum Beschluß des HessVGH vom 01.04.1985 - 2 Th 1805/84, DÖV 1986, S. 190f.
Schenke, Wolf-Rüdiger	Anmerkungen zum Beschluß des BDiszG vom 24.01.1985, DÖV 1985, S. 452ff.
Schenke, Wolf-Rüdiger	Delegation und Mandat im öffentlichen Recht, VerwA 68 (1977), S. 118ff.

Scheuner, Ulrich	Die Verwaltungsreform und die bürgerschaftliche Mitwirkung in der Selbstverwaltung, Die Gemeinde 1966, s. 65ff.
Schimanke, Dieter	Verwaltungsreform Baden-Württemberg. Verwaltungsinnovation als politisch-administrativer Prozeß, Berlin 1978 (zit.: Verwaltungsreform Baden-Württemberg)
Schimanke, Dieter	Mehrgliedrige kommunale Organisationsformen, AfK 16 (1977), S. 211ff.
Schink, Alexander	Rechtsnachfolge bei Zuständigkeitsveränderungen in der öffentlichen Verwaltung, Köln 1984 (zit.: Rechtsnachfolge)
Schink, Alexander	Formen und Grenzen interkommunaler Zusammenarbeit durch öffentlich-rechtliche Vereinbarungen, DVBl. 1982, S. 769ff.
Schlegelberger, Hartwig	Die Gemeinden in der modernen Gesellschaft, Die Gemeinde 1965, S. 258ff.
Schlempp, Hans fortgeführt von Schlempp, Dieter	Kommentar zur Hessischen Gemeindeordnung, 16. Nachlieferung, Mai 1987, Wiesbaden (zit.: HGO)
Schlink, Bernhard	Die Amtshilfe, Berlin 1982
Schmidt, Jörg	Der Verlust der örtlichen Zuständigkeit während des Verwaltungsverfahrens, DÖV 1977, S. 774ff.
Schmidt, Walter	Die Programmierung von Verwaltungsentscheidungen, AöR 96 (1971), S. 321ff.
Schmidt-Aßmann, Eberhard	Kommunalrecht, in: v. Münch, Ingo (Hrsg.), Besonderes Verwaltungsrecht, 8. Auflage 1988, Berlin

Schmidt-Aßmann, Eberhard	Die kommunale Rechtssetzungsbefugnis, in: Handbuch der kommunalen Wissenschaft, G. Püttner (Hrsg.), Band 3, S. 182ff. (zit.: HdKWP III)
Schmidt-Aßmann, Eberhard	Verwaltungsorganisation zwischen parlamentarischer Steuerung und exekutiver Organisationsgewalt in: Festschrift für Hans-Peter Ipsen, Tübingen 1977, S. 333ff. (zit.: FS für Ipsen 1977)
Schmidt-Aßmann, Eberhard	Verwaltungsverantwortung und Verwaltungsgerichtsbarkeit, VVDStRL 34 (1976), S. 221ff.
Schmidt-Eichstaedt, Gerd	Die Machtverteilung zwischen der Gemeindevertretung und dem Hauptverwaltungsbeamten im Vergleich der deutschen Kommunalverfassungssysteme, AfK 24 (1985), S. 20ff.
Schmidt-Eichstaedt, Gerd	Die Rechtsqualität der Kommunalaufgaben, in: Handbuch der kommunalen Wissenschaft, G. Püttner (Hrsg.), Band 3, S. 9ff (zit.: HdKWP III)
Schmidt-Jortzig, Edzard	Kommunale Organisationshoheit. Staatliche Organisationsgewalt und körperschaftliche Selbstverwaltung, Göttingen 1979 (zit.: Organisationshoheit)
Schmidt-Jortzig, Edzard	Die Einrichtungsgarantien der Verfassung. Dogmatischer Gehalt und Sicherungskraft einer umstrittenenen Figur, Göttingen 1979 (zit.: Die Einrichtungsgarantien der Verfassung)
Schmidt-Jortzig, Edzard	Rechte der Ratsfraktionen gegenüber der Gemeindeverwaltung, DVBl. 1980, S. 719ff.
Schmidt-Jortzig, Edzard	Probleme der kommunalen Fremdverwaltung - Fehlentwicklungen in der Struktur einer bewährten Verwaltungsform -, DÖV 1981, S. 393ff.
Schmidt-Jortzig, Edzard	Kommunalrecht, Stuttgart u.a. 1982

Schmidt-Jortzig, Edzard	Rechtliche und praktische Finanzierungsbedingungen einer mehrstufigen Aufgabenerfüllung der Verwaltung, in: v. Mutius, Albert/Schmidt-Jortzig, Edzard (Hrsg.), Probleme mehrstufiger Erfüllung von Verwaltungsaufgaben auf kommunaler Ebene, Siegburg 1982, S. 59ff. (zit.: Bearbeiter, Probleme mehrstufiger Erfüllung)
Schmidt-Jortzig, Edzard	Kooperationshoheit der Gemeinde und Gemeindeverbände bei Erfüllung ihrer Aufgaben. Organisationshoheit und Entscheidung für eine gemeinschaftliche Kompetenzwahrnehmung, in: v. Mutius (Hrsg.), Selbstverwaltung im Staat der Industriegesellschaft, Festgabe zum 70. Geburtstag von Georg Christoph von Unruh, S. 525ff. (zit.: Festgabe v. Unruh)
Schmidt-Jortzig, Edzard	Kommunale Satzungen als Form materieller Rechtssetzung durch Selbstverwaltungskörperschaften, ZG 1987, S. 193ff.
Schmidt-Jortzig, Edzard Wolffgang, Hans-Michael	Strukturen einer Einbeziehung kreisangehöriger Gemeinden in den Vollzug von Kreiszuständigkeiten (Dargestellt am Beispiel der Sozialhilfeverwaltung), VerwA 75 (1984), S. 107ff.
Schmitz-Pfeiffer, Heinz	Ablauforganisation, in: Joerger, Gernot/Geppert, Manfred, Grundzüge der Verwaltungslehre, Band 2, 3. Auflage 1983, Stuttgart u.a., S. 311ff. (zit.: Ablauforganisation)
Schnapp, Friedrich E.	Amtsrecht und Beamtenrecht. Eine Untersuchung über normative Strukturen des staatlichen Innenbereichs, Berlin 1977 (zit.: Amtsrecht)

Schnapp, Friedrich E.	Dogmatische Überlegungen zu einer Theorie des Organisationsrechts, AöR 105 (1980), S. 243ff.
Schnapp, Friedrich E.	Ausgewählte Probleme des öffentlichen Organisationsrechts, Jura 1980, S. 293ff.
Schnapp, Friedrich E.	Der Verwaltungsvorbehalt, VVDStRL 43 (1985), S. 172ff.
Schneider, Gerhard	Die Magistratsverfassung in Hessen und Schleswig-Holstein, in: Handbuch der kommunalen Wissenschaft, G. Püttner (Hrsg.), Band 2, S. 209ff. (zit.: HdKWP II)
Schoch, Friedrich Karl	Das kommunale Vertretungsverbot, Siegburg 1981
Schönfelder, Hermann	Rat und Verwaltung im kommunalen Spannungsfeld, Köln u.a. 1979
Scholler, Heinrich	Die Gemeinde als Gesetzgeber, in: Handbuch der kommunalen Wissenschaft, G. Püttner (Hrsg.), Band 2, S. 165ff (zit.: HdKWP II)
Scholz, Rupert	Verwaltungsverantwortung und Verwaltungsgerichtsbarkeit, VVDStRL 34 (1976), S. 145ff.
Schuhmacher, Karl Josef	Der Behördenchef und sein Stellvertreter, VR 1987, S. 378ff.
Schwab, Siegfried	Organisation als Führungsaufgabe, DöD 1987, S. 141ff.
Schwabe, Jürgen	Zum organisationsrechtlichen Mandat, DVBl. 1974, S. 69ff.
Schwan, Eggert	Zuständigkeitsregelungen und Vorbehalt des Gesetzes, Berlin 1971
Schwebbach, Werner	Probleme und Ziele, in: Mattern, Karl-Heinz, Allgemeine Verwaltungslehre, 2. Auflage 1985, Regensburg, S.154ff. (zit.: Probleme und Ziele)

Seele, Günter	Die allgemeine untere Verwaltungsbehörde in der Kreisstufe, in: Handbuch der kommunalen Wissenschaft, G. Püttner (Hrsg.), Band 3, S. 69ff. (HdKWP III).
Seewald, Otfried	Kommunalrecht, in: Steiner (Hrsg.), Besonderes Verwaltungsrecht I (zit.: BesVerwR)
Siecken, Hans Jochen	Die Sozialstaatsklausel des Grundgesetzes in Literatur und Rechtsprechung, Diss. Göttingen 1974
Siedentopf, Heinrich	Personalwirtschaft und die Instrumente des Personalwesens, in: Handbuch der kommunalen Wissenschaft, G. Püttner (Hrsg.), Band 3, S. 235ff. (zit.: HdKWP III)
Sodan, Helge	Kollegiale Funktionsträger als Verfassungsproblem. Dargestellt unter besonderer Berücksichtigung der Kunststoffkommission des Bundesgesundheitsamtes und der Transparenzkommission, Diss. Berlin 1986 (zit.: Kollegiale Funktionsträger als Verfassungsproblem)
Staak, Magnus	Kommunale Öffentlichkeitsarbeit und Medien, in: v. Mutius (Hrsg.), Selbstverwaltung im Staat der Industriegesellschaft, Festgabe zum 70. Geburtstag von Georg Christoph von Unruh, S. S. 715ff.
Staehle, Wolfgang H.	Management, 3. Auflage 1987, München
Starck, Christian	Die Bindung des Richters an Gesetz und Verfassung, VVDStRL 34 (1976), S. 43ff.
Staupe, Jürgen	Parlamentsvorbehalt und Delegationsbefugnis. Zur "Wesentlichkeitstheorie" und zur Reichweite legislativer Regelungskompetenz, insbesondere im Schulrecht, Berlin 1986 (zit.: Parlamentsvorbehalt und Delegationsbefugnis)

Steiger, Heinhard	Organisatorische Grundlagen des parlamentarischen Regierungssystems, Berlin 1973 (zit.: Organisatorische Grundlagen)
Steinberg, Rudolf	Komplexe Verwaltungsverfahren zwischen Verwaltungseffizienz und Rechtsschutzauftrag, DÖV 1982, S. 619ff.
Steinberg, Rudolf	Handlungs- und Entscheidungsspielräume des Landes bei der Bundesauftragsverwaltung unter besonderer Berücksichtigung der Ausführung des Atomgesetzes, AöR 110 (1985), S. 419ff.
Steiner, Udo (Hrsg.)	Besonderes Verwaltungsrecht, 3. Auflage 1988, Heidelberg
Stern, Klaus	Das Staatsrecht der Bundesrepublik Deutschland, 2. Auflage 1984, München.
Stettner, Rupert	Grundfragen einer Kompetenzlehre, Berlin 1983 (zit.: Kompetenzlehre)
Stober, Rolf	Kommunalrecht, Heidelberg 1987
Strebos, Jochen	Rechtsnatur und Justitiabilität gerichtlicher Geschäftsverteilungspläne, Diss. Kiel 1977 (zit: Geschäftsverteilungspläne)
Stüer, Bernhard	Funktionalreform und kommunale Selbstverwaltung, Göttingen 1980 (zit.: Funktionalreform)
Thiem, Hans	Neue Regelung für die Durchführung von Selbstverwaltungsangelegenheiten der Gemeinden durch die Ämter, Die Gemeinde 1967, S. 279ff.
Thieme, Werner	Vom Nutzen kleinerer Gemeinden, AfK 11 (1972), S. 358ff.
Thieme, Werner	Selbstverwaltungsgarantie und Gemeindegröße, DVBl. 1966, S. 325ff.
Thieme, Werner	Entscheidungen in der öffentlichen Verwaltung, Köln 1981

Thieme, Werner	Verwaltungslehre, 4. Auflage 1984, Köln u.a.
Thieme, Werner	Sicherung der Selbstverwaltung durch Organisationsreformen, in: v. Mutius (Hrsg.), Selbstverwaltung im Staat der Industriegesellschaft, Festgabe zum 70. Geburtstag von Georg Christoph von Unruh, S. 1155ff. (zit.: Festgabe v. Unruh)
Thieme, Werner Blumenthal, Thomas	Die Auswirkungen einer Behördenverlegung auf die Sitzgemeinde, Baden Baden 1983 (zit.: Auswirkungen)
Thränhardt, Dietrich (Hrsg.)	Funktionalreform - Zielperspektiven und Probleme einer Verwaltungsreform, Meisenheim am Glan 1978
Triepel, Heinrich	Delegation und Mandat im öffentlichen Recht. Eine kritische Studie, Stuttgart u.a. 1942 (zit.: Delegation und Mandat)
v. Unruh, Georg Christoph	Demokratie und kommunale Selbstverwaltung -Betrachtungen über die Eigenart des Inhalts von Art. 28 GG-, DÖV 1986, S. 217ff.
Vollert, Hans-Christian	Die Organisationsgewalt des Hauptverwaltungsbeamten in der Kommunalverwaltung, Diss. Münster 1979 (zit.: Die Organisationsgewalt)
Wagener, Frido	Zur zukünftigen Aufgabenstellung und Bedeutung der Kreise, DÖV 1976, S. 253ff.
Wagener, Frido (Hrsg.)	Verselbständigung von Verwaltungsträgern, Bonn 1976
Wagener, Frido	Neubau der Verwaltung. Gliederung der öffentlichen Aufgaben und Träger nach Effektivität und Integrationswert, Berlin 1969 (zit.: Neubau der Verwaltung)

Wahl, Rainer — Stellvertretung im verfassungsrecht, Berlin 1971

Wallerath, Maximilian — Strukturprobleme kommunaler Selbstverwaltung - Rat und Verwaltung im gemeindlichen Willensbildungsprozeß - in: DÖV 1986, S. 533ff.

Weber, Werner — Die Körperschaften, Anstalten und Stifungen des öffentlichen Rechts, München u.a. 1940 (zit.: Körperschaften)

Weber, Wolf — Selbstverwaltung und Demokratie in den Gemeinden nach der Gebietsreform, Siegburg 1982 (zit.: Selbstverwaltung und Demokratie)

Wehling, Hans-Georg — Die Süddeutsche Ratsverfassung in Baden-Württemberg und Bayern, in: Handbuch der kommunalen Wissenschaft, G. Püttner, (Hrsg.), Band 2, S. 230ff. (zit.: HdKWP II)

Wenger, Karl
Brünner, Christian
Oberndorfer, Peter (Hrsg.) — Grundriß der Verwaltungslehre, Wien u.a. 1983

Wessel, Klaus — Verfassungs- und verfahrensrechtliche Probleme der Amtshilfe im Bundesstaat, Frankfurt 1983 (zit.: Amtshilfe)

Wilke, Dieter — Über Verwaltungsverantwortung, DÖV 1975, S. 509ff.

Willamowski, Gerd Lothar — Zur Verteilung der innergemeindlichen Organisationsgewalt in Nordrhein-Westfalen, Bochum 1983 (zit.: Verteilung)

Willing, Gerd — Stärkung der ländlichen Verwaltungskraft, Die Gemeinde 1965, S. 256ff.

Willing, Gerd — Jubiläum der neuen Amtsordnung (1966 - 1976), Die Gemeinde 1976, S. 137ff.

Willing, Gerd — Die Amtsordnung 1977, Die Gemeinde 1977, S. 261ff.

Willing, Gerd	Gegenwartsprobleme unserer Gemeinden, Die Gemeinde 1964, S. 242ff.
Willing, Gerd	Die Verwaltungskraft kleiner Gemeinden, Die Gemeinde 1965, S. 103ff.
Winkelmann, Helmut	Das Recht der öffentlich-rechtlichen Namen und Bezeichnungen, insbesondere der Gemeinden, Straßen und Schulen, Köln 1984 (zit.: Das Recht der öffentlich-rechtlichen Namen)
Wöhe, Günter	Einführung in die Allgemeine Betriebswirtschaftslehre, 15. Auflage 1984, München (zit.: Einführung)
Wolff, Hans Julius Bachof, Otto	Verwaltungsrecht, Band 1, 9. Auflage, München 1974 (zit.: VerwR I) Verwaltungsrecht, Band 3, 4. Auflage, München 1978 (zit.: VerwR III)
Wolff, Hans-Julius Bachof, Otto Stober, Rolf	Verwaltungsrecht, Band 2, 5. Auflage, München 1987 (zit.: VerwR II)
Wolffgang, Hans-Michael	Interkommunales Zusammenwirken durch Einbeziehung kreisangehöriger Gemeinden in den Vollzug von Kreisaufgaben, Frankfurt u.a. 1987 (zit.: Interkommunales Zusammenwirken)
Wurzel, Gabriele	Gemeinderat als Parlament? Eine rechtsvergleichende Studie über die Volksvertretung im kommunalen und staatlichen Bereich, Würzburg 1975 (zit.: Gemeinderat als Parlament?)
Zacher, Hans F.	Was können wir über das Sozialstaatsprinzip wissen? in: Festschrift für Hans Peter Ipsen, Hamburg.Deutschland.Europa, Tübingen 1977 (zit.: FS für Ipsen 1977)

Zahn, Erich	Entwicklungstendenzen und Problemfelder über strategische Planung, in Bergner, Hans (Hrsg.), Planung und Rechnungswesen in der Betriebswirtschaftslehre, Berlin, 1981, S. 145ff. (zit.: Planung und Rechnungswesen in der Betriebswirtschaftslehre)
Zahn, Hans-Hermann	Die Einstellung der Bürger zu ihrer Gemeinde, dargestellt am Beispiel Brackwede - Bielefeld, Baden Baden 1982 (zit.: Die Einstellung der Bürger zu ihrer Gemeinde)
Zimmer, Gerhard	Funktion - Kompetenz - Legitimation. Gewaltenteilung in der Ordnung des Grundgesetzes. Staatsfunktionen als gegliederte Wirk- und Verantwortungsbereiche. Zu einer verfassungsgemäßen Funktion- und Interpretationslehre, Berlin 1979 (zit.: Funktion-Kompetenz-Legitimation)
Zöllner, Uwe	Ablauforganisation, in: Handwörterbuch der Verwaltung und Organisation (HdVO) für Praxis und Ausbildung in der öffentlichen Verwaltung, Strutz, Hans (Hrsg.), Köln u.a. 1982 (zit.: Ablauforganisation)

Sybille Waller

Die Entstehung der Landessatzung von Schleswig-Holstein vom 13. 12. 1949

Frankfurt/M., Bern, New York, Paris, 1988. 326 S.
Verfassungspolitik - Heidelberger Studien zur Entstehung von Verfassungen nach 1945. Bd. 6
ISBN 3-8204-9589-4　　　　　　　　　　　br./lam. sFr. 66.--

In Abhängigkeit von einer bestimmten historischen Situation und bestimmten politischen Kräfteverhältnissen entstanden zwischen 1945 und 1950 in Schleswig-Holstein drei verschiedene Verfassungsmodelle: Die "Vorläufige Verfassung" von 1946 unter dem Einfluß der britischen Kommunalverfassung, der Referentenentwurf von 1947 als einziger Versuch in Schleswig-Holstein, eine "Voll"-Verfassung mit dem Grundsätzen einer demokratischen Wirtschaftsordnung zu erstellen und schließlich die "Landessatzung" von 1949, ein Organisationsstatut, das als Handlungskonzept für eine Übergangszeit bestimmt war, jetzt aber schon seit über 30 Jahren inkraft ist. Untersucht wird der Prozeß der Verfassungsgebung unter besonderer Berücksichtigung der Bedeutung des Referentenentwurfs für die Landessatzung.

Aus dem Inhalt: Einflußnahme der Militärregierung auf die Verfassungsgebung - Wirtschaftskonzeption der Parteien - Bodenreformdiskussion - Stellung der Landessatzung zwischen Referentenentwurf und Grundgesetz.

Verlag Peter Lang Frankfurt a.M. · Bern · New York · Paris
Auslieferung: Verlag Peter Lang AG, Jupiterstr. 15, CH-3000 Bern 15
Telefon (004131) 321122, Telex pela ch 912 651, Telefax (004131) 321131
- Preisänderungen vorbehalten -

Olaf Sievert / Hermann Naust / Dieter Jochum /
Michael Peglow / Thorolf Glumann

Steuern und Investitionen

Frankfurt/M., Bern, New York, Paris, 1989. XXXVI/, 1040 S.
Europäische Hochschulschriften: Reihe 5, Volks- und
Betriebswirtschaft. Bd. 950
ISBN 3-631-40742-4   2 Teile, br./lam. sFr. 165,--

Prägend für die breit angelegte Studie ist die Verknüpfung mit der Diskussion über die Steuerreform, namentlich über die noch anstehende Reform der Unternehmensbesteuerung. Der Schwerpunkt liegt bei der theoretischen und durch Simulationsrechnungen gestützten Analyse der steuerlichen Gesamtbelastung von Sparen und Investieren in der Bundesrepublik. Besonders berücksichtigt wurde der Zusammenhang mit den Investitionsrisiken. Nach einem Blick über die Grenzen mündet alles in die Erörterung von Möglichkeiten und Vorschlägen zur Fortentwicklung der steuerlichen Entlastung von Investitionen und zur besseren Beteiligung des Fiskus an den Investitionsrisiken.

Aus dem Inhalt: Für ein investitionsfreundliches Steuersystem - Belastungskonzepte - Effektive Belastung von Sparen und Investieren in der Bundesrepublik und im Ausland - Steuern und Investitionsrisiken - Möglichkeiten und Vorschläge für eine Reform.

"Das bundesdeutsche Steuersystem kann investitionsfreundlicher ausgestaltet werden. Wer sich mit dieser Thematik beschäftigt, findet jetzt in einem zweibändigen Werk des ehemaligen Sachverständigenratsvorsitzenden Olaf Sievert eine hilfreiche, weil umfassend angelegte Hilfe". In *Wirtschaftswoche*.

Verlag Peter Lang Frankfurt a.M. · Bern · New York · Paris
Auslieferung: Verlag Peter Lang AG, Jupiterstr. 15, CH-3000 Bern 15
Telefon (004131) 321122, Telex pela ch 912 651, Telefax (004131) 321131

- Preisänderungen vorbehalten -

Staatliche Wirtschaftsförderung
Ökonomische Effizienz und politische Rationalität
Herausgegeben von Manfried Gantner
und Claus Rinderer

Frankfurt/M., Bern, New York, Paris, 1988. 205 S.
ISBN 3-8204-8830-8 br./lam. sFr. 48,--

Der vorliegende Sammelband enthält 14 Referate zu ausgewählten Problembereichen der staatlichen Wirtschaftsförderung aus dem Blickwinkel von Theorie und Praxis. Es handelt sich dabei um für die Drucklegung überarbeitete Vorträge, die beim XX. Hochschulkurs des Instituts für Finanzwissenschaft an der Universität Innsbruck gehalten wurden. In einem Einleitungsbeitrag beleuchten die Herausgeber die ökonomische Effizienz und die politische Rationalität des staatlichen Subventionshandelns und unternehmen dabei den Versuch, anhand von normativen Leitideen die nachfolgenden Beiträge zu kategorisieren.

Aus dem Inhalt: Wirtschaftsförderung und Ordnungstheorie - Betriebliche Entscheidung - Struktur- und Regionalpolitik - Wachstumspolitik - Konsolidierung öffentlicher Budgets - Subventionsabbau - Förderungsverwaltung und -kontrolle - Fallstudien konkreter Wirtschaftsförderungsaktivitäten in der BRD, der Schweiz und Österreich.

Verlag Peter Lang Frankfurt a.M. · Bern · New York · Paris
Auslieferung: Verlag Peter Lang AG, Jupiterstr. 15, CH-3000 Bern 15
Telefon (004131) 321122, Telex pela ch 912 651, Telefax (004131) 321131
- Preisänderungen vorbehalten -

VERFASSUNGS- UND VERWALTUNGSRECHT UNTER DEM GRUNDGESETZ

Band 1 Jürgen W. Hidien: Die positive Konkretisierung der öffentlichen Zweckbindung kommunaler Wirtschaftsunternehmen. Zugleich ein Beitrag zu Inhalt und Grenzen der unternehmenswirtschaftlichen Betätigung der Kommunen. 1985.

Band 2 Eckhard Schmidtke: Verfassungsrechtliche Anforderungen an die kassen(zahn-) ärztliche Vergütung unter Berücksichtigung der Kostendämpfungsgesetzgebung des Bundes. 1986.

Band 3 Hans-Michael Wolffgang: Interkommunales Zusammenwirken durch Einbeziehung kreisangehöriger Gemeinden in den Vollzug von Kreisaufgaben. 1987.

Band 4 Friedrich D. Bacmeister: Die Reform des deutschen Kommunalverfassungsrechts durch die britische Besatzungsmacht. Wiedereinführung einer demokratischen Stadtverfassung in Lüneburg 1945 und die Neufassung der Deutschen Gemeindeordnung 1946. 1988.

Band 5 Birgit Spießhofer: Der Störer im allgemeinen und im Sonderpolizeirecht. 1989.

Band 6 Wolfgang Richter: Gentechnologie als Regelungsgegenstand des technischen Sicherheitsrechts. Rechtliche Steuerung unter Bedingungen der Ungewißheit. 1989.

Band 7 Peter Engel: Das schleswig-holsteinische Amt bei Erledigung der Selbstverwaltungsangelegenheiten der amtsangehörigen Gemeinden. 1990.